*Moog/Schmidt*
**Abstandsflächen und Abstände**

*Bauordnungsrecht Rheinland-Pfalz*

# Landesbauordnung Rheinland-Pfalz
# Abstandsflächen und Abstände

*nach der neuen LBauO vom 8. März 1995*
*mit Erläuterungen zum öffentlichen und privaten Nachbarrecht*
*sowie mit Abdruck des Nachbarrechtsgesetzes für Rheinland-Pfalz*

*Geschäftsführer, Architekt Dipl.-Ing. Wilfried E. Moog,*
*Ltd. Baudirektor a. D.*
*Ltd. Regierungsdirektor Franz-Josef Schmidt*

*3., überarbeitete und erweiterte Auflage 1997*

**Werner Verlag**

1. Auflage 1987
2. Auflage 1992
3. Auflage 1997

Die Deutsche Bibliothek – CIP-Einheitsaufnahme

**Bauordnungsrecht Rheinland-Pfalz.** – Düsseldorf : Werner
Moog, Wilfried E.: Landesbauordnung Rheinland-Pfalz. –
3., überarb. und erw. Auflage 1997
**Moog, Wilfried E.:**
Landesbauordnung Rheinland-Pfalz : Abstandsflächen und
Abstände ; nach der neuen LBauO vom 8. März 1995 ; mit
Erläuterungen zum öffentlichen und privaten Nachbarrecht /
Wilfried E. Moog ; Franz-Josef Schmidt. – 3., überarb. und
erw. Aufl. – Düsseldorf : Werner, 1997
(Bauordnungsrecht Rheinland-Pfalz)
ISBN 3-8041-4388-1
NE: Schmidt, Franz-Josef:

© Werner Verlag GmbH & Co. KG · Düsseldorf · 1997
Printed in Germany
Alle Rechte, auch das der Übersetzung, vorbehalten.
Ohne ausdrückliche Genehmigung des Verlages ist es auch nicht gestattet,
das Buch oder Teile daraus auf fotomechanischem Wege
(Fotokopie, Mikrokopie) zu vervielfältigen sowie
die Einspeicherung und Verarbeitung in elektronischen
Systemen vorzunehmen.
Zahlenangaben ohne Gewähr.

Gesamtherstellung: ICS Communikations-Service GmbH, Bergisch Gladbach
Schrift: Times von Linotype
Archiv-Nr.: 753/3-7.97
Bestell-Nr.: 3-8041-4388-1

# Inhaltsverzeichnis

| | |
|---|---|
| Vorwort | VII |
| Abkürzungsverzeichnis | XI |
| Text des § 8 der Landesbauordnung | 1 |
| Inhaltsübersicht zu § 8 | 5 |
| Kommentar zu § 8 | 8 |
| Inhaltsübersicht zur Nachbarschutzrelevanz der Abstandsflächen und zum privaten Nachbarrecht | 109 |
| Kommentar zur Nachbarschutzrelevanz der Abstandsflächen | 110 |
| Erläuterungen zum privaten Nachbarrecht | 131 |
| Text des Nachbarrechtsgesetzes | 146 |
| Text des § 9 der Landesbauordnung | 169 |
| Inhaltsübersicht zu § 9 | 171 |
| Kommentar zu § 9 | 172 |

# Vorwort zur 3. Auflage

Die neue LBauO für das Land Rheinland-Pfalz ist am 1. April 1995 in Kraft getreten. Sie hat eine Reihe von Änderungen beim § 8 – Abstandsflächen – zum Gegenstand. Die Änderungen, aber auch die fortentwickelte Rechtsprechung machen eine weitere Überarbeitung des seit Jahren in der Praxis bewährten Werkes erforderlich.

Auch nach der Änderung bleibt das Abstandsflächenrecht die unübersichtlichste und mithin schwierigste Materie des Bauordnungsrechts. Gleichzeitig nehmen Gebäude- und Grenzabstände in einem ganz hohen Maß Einfluß auf wirtschaftlich und gestalterisch sinnvolles Bauen.

Der Gesetzgeber ist mit dem Ziel angetreten, das Bauen zu erleichtern und zu vereinfachen. Auch mit den Neuerungen des Abstandsflächenrechts hat er dieses Ziel sicher noch nicht erreicht. Die Komplexität in Verbindung mit der neueren Rechtsprechung nimmt weiter zu. Bundesweit betrachtet schreitet die Zersplitterung und Rechtsunsicherheit eher noch voran, und der Blick ins Gesetz hilft bei wichtigen Problemen kaum weiter.

In dieser dritten, neu überarbeiteten und erweiterten Auflage werden die Regelungen des § 8 – Abstandsflächen – und des § 9 – Übernahme von Abständen und Abstandsflächen auf Nachbargrundstücken – wie bisher abschnittsweise und sukzessiv erläutert und durch Skizzen praxisgerecht verständlich gemacht.

Die in der Zwischenzeit bei der Anwendung der neuen Abstandsflächenregeln gewonnenen Erfahrungen und Erkenntnisse finden in dieser Auflage ihren Niederschlag. Weiterhin werden die neueste Rechtsprechung, die Erläuterungen und die Entscheidungen der obersten Bauaufsichtsbehörde dargestellt und kommentiert sowie durch weitere Skizzen erläutert. Darüber hinaus werden die Nachbarschutzaspekte der neuen Regelung weiter vertieft und in ihrer Beziehung zum privaten Baurecht dargestellt.

Das Buch soll ein Beitrag zur Erleichterung des Verständnisses und der Anwendung der Abstandsflächenregeln für Baubehörden, für Architekten, für entsprechend tätige Ingenieure und Planer, für die übrigen am Bau Beteiligten und für Verwaltungsrechtler sein.

Die Verfasser erhoffen sich eine gute Aufnahme in der Praxis. Sie sind für weitere Anregungen dankbar.

Düsseldorf und Koblenz, im August 1996            Die Verfasser

# Vorwort zur 2. Auflage

Am 28. November 1986 (GVBl. S. 307) ist die neue Landesbauordnung von Rheinland-Pfalz verkündet worden, die eine umfassende Neuregelung des Bauordnungsrechts mit sich gebracht hat. Sie ist bis auf wenige Vorschriften, die am Tag nach der Verkündung in Kraft traten, zum 1. Juli 1987 in Kraft gesetzt worden.

Ein Schwerpunkt der materiell-rechtlichen Änderungen ist die völlig neue Abstandsflächenregelung in § 8. Sie ersetzt die bisherigen Regelungen im Gesetz (§§ 17, 18 und 19) und in zwei Rechtsverordnungen über Grenzabstände, Gebäudeabstände, Abstände zur Wahrung des Wohnfriedens sowie über Belichtungsbereiche. Die Vorschrift des § 9 LBauO 1986 löst die Vorschrift des § 20 LBauO 1974 ab. Sie regelt die Übernahme von Abständen und Abstandsflächen auf Nachbargrundstücke.

Nach der am 16. Februar 1987 (GVBl. S. 48) erfolgten Berichtigung einiger Bestimmungen wurde die neue Landesbauordnung durch § 40 des Gesetzes vom 4. April 1989 (GVBl. S. 71) und durch das Landesgesetz zur Änderung der Landesbauordnung vom 8. April 1991 (GVBl. S. 118) geändert. Die Abstandsflächenregelungen sind von dieser Änderung allerdings nicht betroffen.

Die erste Auflage des Buches „Abstandsflächen und Abstände nach der neuen LBauO vom 28. November 1986" wurde bereits einige Monate vor Inkrafttreten des Gesetzes veröffentlicht. Mithin konnte weder auf Erfahrungen mit dieser neuen Vorschrift in der Praxis noch auf Rechtsprechung zurückgegriffen werden. Die Ausführungen in der ersten Auflage wurden in der jetzt vorliegenden zweiten Auflage völlig überarbeitet und um Lösungsansätze für in der Praxis aufgetretene Problemfälle sowie um zwischenzeitlich ergangene Rechtsprechung ergänzt. Wie bisher wurden dabei die neuen Regelungen der §§ 8 und 9 LBauO auch anhand von weiteren Skizzen erläutert. Darüber hinaus werden die Nachbarschutzaspekte der neuen Regelungen weiter vertieft und auf das private Baurecht ausgedehnt.

Das Buch soll das Arbeiten mit den neuen Abstandsflächenregelungen erleichtern und ist in diesem Sinne für Baubehörden, Architekten, entsprechend tätige Ingenieure und Planer sowie für die übrigen am Bau Beteiligten und für Verwaltungsrechtler gedacht.

Düsseldorf und Koblenz, im November 1991            Die Verfasser

# Vorwort zur 1. Auflage

Mit der Verkündung der neuen Landesbauordnung am 28. November 1986 ist eine umfassende Neuregelung des rheinland-pfälzischen Bauordnungsrechts durchgeführt worden. In einem vorweggenommenen Schritt waren durch das Zweite Landesgesetz zur Änderung der Landesbauordnung für Rheinland-Pfalz vom 20. Juli 1982 (GVBl. S. 264) bereits die Verfahrensbestimmungen der Landesbauordnung mit dem Ziel einer Vereinfachung und Beschleunigung des Baugenehmigungsverfahrens geändert worden. Durch die jetzt vorgenommene grundlegende Überarbeitung der materiell-rechtlichen Bestimmungen soll das Bauordnungsrecht insgesamt vereinfacht und gestrafft werden. Ziele des Gesetzgebers waren vor allem eine Verbesserung der Übersichtlichkeit und Verständlichkeit des Gesetzes, was durch die Zusammenfassung und Straffung der Bestimmungen sowie durch die Streichung entbehrlicher Regelungen erreicht werden soll, die Schaffung materiell-rechtlicher Erleichterungen und Vereinfachungen sowie die Einführung zusätzlicher Verfahrenserleichterungen.

Ein Schwerpunkt der materiell-rechtlichen Änderungen ist die völlig neue Abstandsflächenregelung in § 8. Sie ersetzt die bisherigen Regelungen im Gesetz (§§ 17, 18 und 19) und in zwei Rechtsverordnungen über Grenzabstände, Gebäudeabstände, Abstände zur Wahrung des Wohnfriedens sowie über Belichtungsbereiche. Sie bringt Erleichterungen für den Bauherrn, mutet allerdings dem Nachbarn wesentlich mehr zu als die bisherigen Regelungen. Die Vorschrift des § 9 LBauO 1986 löst die Vorschrift des § 20 LBauO 1974 ab; sie regelt die Übernahme von Abständen und Abstandsflächen auf Nachbargrundstücke.

Wenn auch die neue Landesbauordnung erst am 1. Juli 1987 in Kraft tritt, können die §§ 8 und 9 bereits jetzt zur Anwendung kommen. § 88 Abs. 3 bestimmt nämlich, daß der Antragsteller verlangen kann, daß der Entscheidung über seinen Bauantrag die Bestimmungen der neuen Landesbauordnung zugrunde gelegt werden, wenn über den Antrag nach der Verkündung, jedoch vor dem Inkrafttreten des Gesetzes entschieden wird.

In der vorliegenden Veröffentlichung werden die einzelnen Absätze der §§ 8 und 9 LBauO 1986 systematisch sowohl textlich als auch zeichnerisch dargestellt, die Verknüpfungen der Absätze untereinander, die nachbarschützende Funktion der Vorschrift sowie Beziehungen auf die Rechtsprechung des Oberverwaltungsgerichts Rheinland-Pfalz zu den bisherigen Vorschriften aufgezeigt.

Die Verfasser, Baudirektor Wilfried Moog, für die zeichnerischen Abbildungen verantwortlich, und Regierungsdirektor Franz-Josef Schmidt, für die textlichen Ausführungen verantwortlich, haben durch verschiedenartige Tätigkeiten in der Verwaltung (sowie als Freiberufler) vielseitige Erfahrungen im Umgang mit den Baugesetzen gesammelt.

## Vorwort

Das Buch soll den Einstieg in die neuen Abstandsflächenregelungen erleichtern und ist in diesem Sinne für Baubehörden, Architekten, entsprechend tätige Ingenieure und Planer, für die übrigen am Bau Beteiligten und für Verwaltungsrechtler gedacht.

Düsseldorf und Koblenz, im Februar 1987                              Die Verfasser

# Abkürzungsverzeichnis

| | |
|---|---|
| a. a. O. | am angegebenen Ort |
| Abb. | Abbildung |
| Abs. | Absatz |
| Anm. | Anmerkung |
| ARGEBAU | Arbeitsgemeinschaft der für das Bau- und Wohnungswesen zuständigen Minister und Senatoren der Länder |
| Art. | Artikel |
| AS | Amtliche Sammlung von Entscheidungen der Oberverwaltungsgerichte Rheinland-Pfalz und Saarland |
| B. | Beschluß |
| BauGB | Baugesetzbuch |
| BauNVO | Baunutzungsverordnung |
| BauR | Baurecht, Zeitschrift für das gesamte öffentliche und zivile Baurecht |
| BayBO | Bayerische Bauordnung |
| BayVBl. | Bayerische Verwaltungsblätter |
| BayVGH | Bayerischer Verwaltungsgerichtshof |
| BBauG | Bundesbaugesetz |
| ber. | berichtigt |
| BGB | Bürgerliches Gesetzbuch |
| BGHZ | Entscheidungen des Bundesgerichtshofes in Zivilsachen |
| BRS | Baurechtssammlung |
| BVerwG | Bundesverwaltungsgericht |
| BVerwGE | Entscheidungen des Bundesverwaltungsgerichts |
| BWVPr | Baden-Württembergische Verwaltungspraxis |
| d. | der, des |
| DIN | Norm des Deutschen Instituts für Normung |
| DÖV | Die öffentliche Verwaltung |
| DVBl. | Deutsches Verwaltungsblatt |
| Erl. | Erläuterung |
| f. | folgend |
| ff. | folgende |
| gem. | gemäß |
| GG | Grundgesetz |
| GVBl. | Gesetz- und Verordnungsblatt |
| i. d. F. | in der Fassung |
| Komm. | Kommentar |
| LBauO | Landesbauordnung Rheinland-Pfalz |
| LBO BW | Landesbauordnung für Baden-Württemberg |

## Abkürzungsverzeichnis

| | |
|---|---|
| MBO | Musterbauordnung |
| MdF | Ministerium der Finanzen |
| MinBl. | Ministerialblatt |
| m. w. N. | mit weiteren Nachweisen |
| NachbarG | Nachbarrechtsgesetz |
| NJW | Neue Juristische Wochenschrift |
| Nr. | Nummer |
| n. v. | nicht veröffentlicht |
| NVwZ | Neue Zeitschrift für Verwaltungsrecht |
| NVwZ-RR | NVwZ – Rechtsprechungs-Report Verwaltungsrecht |
| OVG | Oberverwaltungsgericht |
| OVGE | Entscheidungen des Oberverwaltungsgerichts Nordrhein-Westfalen in Münster sowie für die Länder Niedersachsen und Schleswig-Holstein in Lüneburg |
| RdErl. | Runderlaß |
| Rdn. | Randnummer |
| Rh.-Pf. | Rheinland-Pfalz |
| S. | Seite |
| s. | siehe |
| v. | vom |
| VerwRspr. | Verwaltungsrechtsprechung in Deutschland |
| VGH | Verwaltungsgerichtshof |
| vgl. | vergleiche |
| VwGO | Verwaltungsgerichtsordnung |
| VwVfG | Verwaltungsverfahrensgesetz |

# Landesbauordnung Rheinland-Pfalz (LBauO) vom 8. März 1995
## (Gesetz- und Verordnungsblatt Nr. 4, Seite 19)[1])

## § 8
## Abstandsflächen

(1) Vor Außenwänden oberirdischer Gebäude sind Flächen von Gebäuden freizuhalten (Abstandsflächen). Abstandsflächen sind nicht erforderlich vor Außenwänden, die an Nachbargrenzen errichtet werden, wenn nach planungsrechtlichen Vorschriften

1. das Gebäude an die Grenze gebaut werden muß oder

2. das Gebäude an die Grenze gebaut werden darf und öffentlich-rechtlich gesichert ist, daß vom Nachbargrundstück angebaut wird.

Darf nach planungsrechtlichen Vorschriften nicht an die Nachbargrenze gebaut werden, ist aber auf dem Nachbargrundstück ein Gebäude an der Grenze vorhanden, so kann gestattet oder verlangt werden, daß angebaut wird. Muß nach planungsrechtlichen Vorschriften an die Nachbargrenze gebaut werden, ist aber auf dem Nachbargrundstück ein Gebäude mit Abstand zu dieser Grenze vorhanden, so kann gestattet oder verlangt werden, daß eine Abstandsfläche eingehalten wird.

(2) Die Abstandsflächen müssen auf dem Grundstück selbst liegen. Sie dürfen auch auf öffentlichen Verkehrs-, Grün- oder Wasserflächen liegen, jedoch nur bis zu deren Mitte.

(3) Die Abstandsflächen vor Wänden, die einander gegenüberstehen, dürfen sich nicht überdecken; dies gilt nicht für

1. Wände, die in einem Winkel von mehr als 75° zueinander stehen,

2. Gebäude und andere bauliche Anlagen, die in den Abstandsflächen zulässig sind oder gestattet werden.

(4) Die Tiefe der Abstandsfläche bemißt sich nach der Höhe der Wand oder des Wandteils (Wandhöhe); sie wird senkrecht zur Wand gemessen. Als Wandhöhe gilt das Maß von der Geländeoberfläche bis zur Schnittlinie der Wand mit der Dachhaut oder bis zum oberen Abschluß der Wand. Bei

---

[1]) Die Änderungen gegenüber der Fassung v. 28. 11. 1986 (GVBl. 24 S. 307, 341) sind unterstrichen.

Text § 8

Wänden unter Giebelflächen gilt als oberer Abschluß der Wand die Waagrechte in Höhe der Schnittlinien nach Satz 2; liegen die Schnittlinien nicht auf einer Höhe, ist die Waagrechte in der Mitte zwischen den Schnittlinien anzunehmen.
Maßgebend ist die im Mittel gemessene Höhe der Wand oder des Wandteils. Zur Wandhöhe werden hinzugerechnet

1. voll die Höhe von

    a) Dächern und Dachteilen mit einer Dachneigung von mehr als 70°,

    b) Giebelflächen, wenn die Summe der Dachneigungen mehr als 140° beträgt, sowie Giebelflächen von Pultdächern mit einer Dachneigung von mehr als 70°,

2. zu einem Drittel die Höhe von

    a) Dächern und Dachteilen mit einer Dachneigung von mehr als 45°,

    b) Dächern mit Dachgauben oder anderen Dachaufbauten, wenn diese zusammen mehr als halb so breit wie die Wand sind,

    c) Giebelflächen, die nicht unter Nummer 1 Buchst. b fallen.

Nicht hinzugerechnet wird in den Fällen des Satzes 5 Nr. 1 Buchst. b und Nr. 2 Buchst. c die Höhe von Giebelflächen, die innerhalb eines Dreiecks mit einer in Höhe der Waagrechten nach Satz 3 anzunehmenden Grundlinie von 8 m Länge und mit 4 m Höhe liegen; dies gilt nicht, wenn Dachaufbauten weniger als 1,50 m von der Giebelfläche entfernt sind. Die Summe der Maße nach den Sätzen 2 bis 6 ergibt das Maß H.

(5) Für vor- oder zurücktretende Wandteile wird die Abstandsfläche gesondert ermittelt. Vor die Wand vortretende Gebäudeteile wie Pfeiler, Gesimse, Dachvorsprünge, Blumenfenster, Hauseingangstreppen und deren Überdachungen sowie untergeordnete Vorbauten wie Erker und Balkone bleiben bei der Bemessung der Tiefe der Abstandsfläche außer Betracht, wenn sie nicht mehr als 1,50 m vortreten; von der gegenüberliegenden Nachbargrenze müssen sie mindestens 2 m entfernt bleiben.

(6) Die Tiefe der Abstandsfläche beträgt 0,4 H, in Gewerbe- und Industriegebieten 0,25 H. In Kerngebieten sowie in Sondergebieten, die nicht der Erholung dienen, kann eine geringere Tiefe als 0,4 H gestattet werden, wenn die Nutzung der Gebiete dies rechtfertigt. In allen Fällen muß die Tiefe der Abstandsfläche jedoch mindestens 3 m betragen.

(7) Vor Wänden aus brennbaren Baustoffen, die nicht mindestens feuerhemmend sind, sowie vor feuerhemmenden Wänden, die eine Außenfläche oder überwiegend eine Bekleidung aus normalentflammbaren Baustoffen haben,

darf die Tiefe der Abstandsfläche 5 m nicht unterschreiten. Dies gilt nicht für Gebäude mit nicht mehr als zwei Geschossen über der Geländeoberfläche.

(8) Für bauliche Anlagen, andere Anlagen und Einrichtungen, von denen Wirkungen wie von oberirdischen Gebäuden ausgehen, gelten die Absätze 1 bis 7 gegenüber Gebäuden und Nachbargrenzen entsprechend. Sie können ohne eigene Abstandsflächen und in den Abstandsflächen von Gebäuden gestattet werden, wenn die Beleuchtung mit Tageslicht nicht erheblich beeinträchtigt wird und der Brandschutz gewährleistet ist.

(9) In den Abstandsflächen eines Gebäudes sowie ohne eigene Abstandsflächen oder mit einem Abstand von Nachbargrenzen bis zu 1 m sind zulässig:

1. Garagen und sonstige Gebäude ohne Aufenthaltsräume und Feuerstätten, jeweils bis zu einer mittleren Wandhöhe von 3,20 m über der Geländeoberfläche an der Grenze; die Höhe der an der Grenze errichteten Wand darf an der Einfahrtseite (Straßenseite) nicht mehr als 2,80 m betragen; die Gebäude dürfen eine Länge von 12 m an einer Nachbargrenze und von insgesamt 18 m an allen Nachbargrenzen des Grundstücks nicht überschreiten,

2. Gebäude und Anlagen zur örtlichen Versorgung mit Elektrizität, Wärme, Gas und Wasser bis zu 12 m Länge und bis zu einer mittleren Wandhöhe von 3,20 m über der Geländeoberfläche an der Grenze,

3. Einfriedungen und Stützmauern bis zu 2 m Höhe, in Gewerbe- und Industriegebieten ohne Begrenzung der Höhe.

Satz 1 gilt nicht, wenn Dächer zur Grenze mehr als 45° geneigt sind oder bei Giebeln an der Grenze eine Höhe von 4 m über der Geländeoberfläche überschritten wird. Dächer von Gebäuden nach Satz 1 dürfen mit dem Dach eines anderen Gebäudes, das für sich betrachtet die erforderliche Abstandsfläche einhält, baulich verbunden werden.

(10) Geringere Tiefen der Abstandsflächen können gestattet werden

1. vor Wänden, die auf demselben Grundstück in einem Winkel von 75° oder weniger zueinander stehen, wenn es sich handelt um

    a) Wände von Gebäuden, die nicht dem Wohnen dienen,

    b) Wände von Wohngebäuden, in denen keine Fenster von Wohn- oder Schlafräumen angeordnet sind,

    c) Wände derselben Wohnung zu einem eigenen Innenhof,

2. in überwiegend bebauten Gebieten, wenn die Gestaltung des Straßenbildes oder städtebauliche Verhältnisse dies erfordern,

Text § 8

sofern die Beleuchtung mit Tageslicht und die Lüftung von Aufenthaltsräumen nicht erheblich beeinträchtigt werden und der Brandschutz gewährleistet ist.

(11) Geringere Abstandsflächen sind zulässig, wenn durch Festsetzungen der Grundflächen der Gebäude und der Zahl der Vollgeschosse oder durch andere zwingende Festsetzungen eines Bebauungsplans die Beleuchtung mit Tageslicht, die Lüftung und der Brandschutz gewährleistet sind.

# Anmerkungen

## Übersicht § 8

|   | Rdn. |
|---|---|
| 1 Abstandsflächen und Abstände | |
| 1.1 Allgemeines | 1 |
| 1.2 Ziele und Zwecke | 2 |
| 1.3 Grundlagen der Abstandsflächenregelung | 3, 4 |
| 1.4 Verhältnis der Abstandsflächenregelung zu den bisherigen Abstandsvorschriften | 5 |
|     a) Einheitlicher Begriff | 6 |
|     b) Änderung des Bezugspunktes für die Abstände | 7 |
|     c) Änderung der Bemessung des Abstandes | 8 |
|     d) Wegfall der Regelung über den Belichtungsbereich | 9 |
| 1.5 Systematik der Vorschrift und Anwendungsbereich | 10 |
| 1.6 Vereinbarkeit des Abstandsflächenrechts mit dem Grundgesetz | 11, 12 |
| 2 Das Verhältnis der Abstandsflächenregelung zu den bauplanungsrechtlichen Vorschriften | 13, 15 |
| 3 Die Abstandsflächenregelungen nach der Landesbauordnung | |
| 3.1 Erfordernis der Abstandsflächen (Absatz 1) | |
|     a) Grundsatz | 16–18 |
|     b) Grundsatz bei Gebäudeänderungen | 19–22 |
|     c) Abstandsflächen und planungsrechtliche Vorschriften | 23–26 |
|     d) Notwendigkeit der Grenzbebauung | 27–32 |
|     e) Möglichkeit der Grenzbebauung | 33–40 |
|     f) Abweichungen von der Grundregelung über das Erfordernis von Abstandsflächen | 41–50 |
| 3.2 Lage der Abstandsflächen (Absatz 2) | 51–53 |
| 3.3 Überdeckungsregeln (Absatz 3) | 54–60 |
| 3.4 Bemessungsregeln (Absatz 4) | |
|     a) Grundsatz der Bemessung der Tiefe | 61 |
|     b) Wandhöhe als Bezugsgröße | 62–64 |
|     c) Berechnung von Wänden unter Giebelflächen | 65–67 |
|     d) Maßgebliche Wandhöhe | 68–70 |
|     e) Anrechnung von Dächern, Dachaufbauten und Giebelflächen | 71 |
|         1) Volle Anrechnung | 72, 73 |
|         2) Anrechnung zu einem Drittel | 74–77 |
|         3) Keine Anrechnung | 78, 79 |
|     f) Besondere Dach- und Giebelformen | 80–85 |

3.5 Ermittlung der Abstandsfläche für vor- oder zurücktretende
    Wandteile (Absatz 5)
    a) Grundsatz ... 86
    b) Erleichterung für einzelne Gebäudeteile ... 87–89
3.6 Tiefe der Abstandsfläche (Absatz 6)
    a) Änderungen zur bisherigen Rechtslage ... 90
    b) Art der baulichen Nutzung als Bezugspunkt für die
       Abstandsfläche ... 91
    c) Die Abstände in den einzelnen Baugebieten ... 92
    d) Mindesttiefe der Abstandsfläche ... 93
3.7 Abweichungen aus Gründen des Brandschutzes
    (Absatz 7)
    a) Bisheriger Absatz 7 ... 94
    b) Sinn und Zweck der Regelung ... 95
    c) Voraussetzungen für die Forderung der größeren
       Mindesttiefe ... 96, 97
    d) Nichtgeltung für ein- und zweigeschossige Gebäude ... 98
3.8 Abstandsflächen vor baulichen Anlagen und anderen
    Anlagen und Einrichtungen, von denen Wirkungen
    wie von Gebäuden ausgehen (Absatz 8)
    a) Anwendungsbereich der Vorschrift ... 99
    b) Anlagen, von denen Wirkungen wie von einem
       Gebäude ausgehen ... 100
    c) Terrassen und Freisitze an der Nachbargrenze
       und auf Dächern ... 101–104
    d) Anlagen, von denen keine Wirkungen wie von
       Gebäuden ausgehen ... 105
    e) Zulässigkeit ohne Abstandsflächen und in
       Abstandsflächen von Gebäuden ... 106
3.9 In Abstandsflächen zulässige bauliche Anlagen
    (Absatz 9)
    a) Übersicht über die Änderungen und grundsätzliche
       Anmerkungen ... 107, 108
    b) Anwendungsfälle des Absatz 9 ... 109
    c) Erleichterungen für Garagen und sonstige Gebäude
       ohne Aufenthaltsräume ... 110–117
    d) Erleichterung für Gebäude und Anlagen zur
       örtlichen Versorgung ... 118
    e) Erleichterungen für Einfriedungen und Stützmauern ... 119–121
    f) Wegfall der Erleichterungen bei steilen Dächern und
       hohen Giebeln ... 122
    g) Bauliche Verbindung von Dächern ... 123, 124

3.10 Gestattung geringerer Tiefen der Abstandsflächen
 (Absatz 10)
 a) Allgemeines 125
 b) Ausnahmen nach Absatz 10 Nr. 1 126
 c) Ausnahmen nach Absatz 10 Nr. 2 127–134
 d) Zusätzliche Voraussetzungen für Ausnahmen nach
  Nr. 1 und 2 135
3.11 Vorrang von Festsetzungen in Bebauungsplänen
 (Absatz 11) 136–140

# 1 Abstandsflächen und Abstände (§ 8)

## 1.1 Allgemeines

1 Bauliche Anlagen unterliegen sowohl bauplanungsrechtlichen als auch bauordnungsrechtlichen Anforderungen. Während das Bauplanungsrecht in erster Linie im Baugesetzbuch und in der Baunutzungsverordnung geregelt ist, finden sich die bauordnungsrechtlichen Anforderungen vorwiegend in der Landesbauordnung. Ein zentraler Punkt des Bauordnungsrechts sind die Vorschriften über Abstandsflächen und Abstände.

Mit der Landesbauordnung Rheinland-Pfalz vom 28. 11. 1986 wurde eine grundlegende Neufassung der Abstandsvorschriften vorgenommen. Während die entsprechenden Regelungen unter der Geltung der Landesbauordnung von 1974 in mehreren Paragraphen des Gesetzes selbst als auch in Rechtsverordnungen geregelt waren, sah die Landesbauordnung 1986 nur noch einen Paragraphen mit 12 Absätzen vor. Der Gesetzgeber stand vor der nicht einfachen Aufgabe, eine Regelung zu schaffen, die für jeden einzelnen Baufall in gleicher Weise gelten sollte. Bei einem vielfältigen und differenzierten Baugeschehen läßt sich aber nicht jeder konkrete Baufall in eine abstrakte Rechtsnorm fassen. Deshalb muß sich jedes Gesetz, das ein gewisses Maß an Übersichtlichkeit behalten will, auf bestimmte Grundregelungen beschränken.

Die neue Landesbauordnung vom 8. März 1995 reduziert die Regelungen noch einmal und enthält im § 8 jetzt nur noch 11 Absätze. Der bisherige Absatz 7, der das 16-Meter-Privileg, auch Schmalseitenprivileg genannt, beinhaltete, wurde gestrichen. Damit wurde dem Bauherrn aber kein Privileg genommen, vielmehr wurde es noch ausgeweitet. Der Mindestabstand wurde nämlich für alle Seiten des Gebäudes, nicht nur wie bisher für zwei Seiten, von 80 Prozent der Wandhöhe auf 40 Prozent halbiert. Das Minimum bleibt allerdings 3 Meter.

Diese Änderung der Abstandsflächenregelung soll kostengünstiges und flächensparendes Bauen fördern, zugleich aber auch die Anwendung des Rechts für die Baupraxis erleichtern.

## 1.2 Ziele und Zwecke

2 Die wesentlichen Ziele, denen die Einhaltung von Abstandsflächen dienen soll, führt die Amtliche Begründung zur Landesbauordnung 1986 (s. Landtagsdrucksache 10/1344) unter Bezugnahme auf die bisherigen Bestimmungen auf:

Grenzabstände dienen dem Brandschutz; sie dienen ferner – allgemein – der Beleuchtung mit Tageslicht (bisher als „Belichtung" bezeichnet) und der

Lüftung, dem Schutz benachbarter Grundstücke vor Gefahren und unzumutbaren Belästigungen sowie der Gestaltung. Ebenfalls dem Brandschutz dienen die Gebäudeabstände.

Die Erforderlichkeit von Regelungen über Abstandsflächen und Abstände läßt sich auf folgende Punkte zusammenfassen:

– ausreichende Versorgung der Aufenthaltsräume in den Gebäuden und der nicht bebauten Teile des Grundstücks mit Tageslicht und Luft;

– geordnete Bebauung aus Gründen des Brandschutzes zur Vorbeugung gegen Ausbreitung von Schadensfeuern;

– gestalterische Auflockerung der Bebauung;

– Schaffung bzw. Wahrung von Freiflächen als Grundlage für gesunde Wohnverhältnisse;

– Schutz des Nachbarn, vor allem Verhinderung einer unzumutbaren Beeinträchtigung der Nachbargrundstücke und Nachbargebäude.

Ganz allgemein bezwecken es die Abstandsvorschriften in Verbindung mit den bauplanungsrechtlichen Bestimmungen des Bundesbaugesetzes und der Baunutzungsverordnung, eine möglichst aufgelockerte Bebauung und damit ein gesundes Wohnen und Arbeiten zu gewährleisten.

## 1.3 Grundlagen der Abstandsflächenregelung

Die Abstandsflächenregelung in § 8 der Landesbauordnung Rheinland-Pfalz ist in enger Anlehnung an den § 6 der Musterbauordnung formuliert worden. Diese Musterbauordnung war von der Ministerkonferenz der für das Bau-, Wohnungs- und Siedlungswesen zuständigen Minister der Länder (ARGEBAU) im Dezember 1981 verabschiedet und im Juni 1982 durch Beschluß der Fachkommission „Bauaufsicht" der ARGEBAU ergänzt worden. Die Ministerkonferenz hat in ihrem Beschluß zum Ausdruck gebracht, daß sie in der Neufassung einen wesentlichen Beitrag für die Wahrung der Einheitlichkeit des Bauordnungsrechts in den Ländern, für die Vereinfachung des Baugenehmigungsverfahrens und für die Senkung der Baukosten sieht. Die Ministerkonferenz ging bei der Verabschiedung der neuen Musterbauordnung davon aus, daß die Bundesländer bei der Fortentwicklung des Landesbauordnungsrechts die Musterbauordnung zugrunde legen.

In der Zwischenzeit haben die Bundesländer Baden-Württemberg, Bayern, Hamburg, Nordrhein-Westfalen, Schleswig-Holstein und Berlin neue Landesbauordnungen erlassen und darin ebenfalls die Abstandsflächenregelung des § 6 der Musterbauordnung weitgehend übernommen. Allerdings sind die entsprechenden Bestimmungen nicht völlig identisch, sondern enthalten einzelne Abweichungen. Die angestrebte Einheitlichkeit des Bauordnungsrechts in den Ländern und die damit verfolgte Erleichterung des Bauens wurde deshalb nur teilweise erreicht. Von daher sind Vergleiche mit den Vorschriften der anderen Bundesländer, mit der dortigen Verwaltungspraxis und mit den dortigen Gerichtsentscheidungen nur teilweise möglich.

### 1.4 Verhältnis der Abstandsflächenregelung zu den bisherigen Abstandsvorschriften

5   Die im § 8 normierten Regelungsinhalte waren im bisherigen Recht vor allem im § 17 „Bauwiche und ähnliche Grenzabstände", im § 18 „Gebäudeabstände" und im § 19 „Belichtungsbereich; Abstände zur Wahrung des Wohnfriedens" enthalten. Daneben galten noch die Landesverordnung über den Belichtungsbereich und die Abstände zur Wahrung des Wohnfriedens vom 2. 10. 1974 (GVBl. S. 439, BS 213-1-7), geändert durch die Landesverordnungen vom 7. 6. 1977 (GVBl. S. 181) und vom 28. 3. 1980 (GVBl. S. 83) und die Landesverordnung über die Berücksichtigung des Dachraumes bei der Bemessung der Breite des Bauwichs (zu § 17 LBauO) vom 21. 8. 1980; zuletzt geändert durch LVO vom 11. 2. 1982 (GVBl. S. 81). Durch die Zusammenfassung in einem Paragraphen mit 12 Absätzen, ebenso wie in der Musterbauordnung, nunmehr 11 Absätzen, werden die bisherigen 18 Paragraphen mit insgesamt 46 Absätzen ersetzt.

Die maßgeblichen Änderungen lassen sich wie folgt zusammenfassen:

#### a) Einheitlicher Begriff

6   Die Landesbauordnung 1974 regelte Bauwiche, ähnliche Grenzabstände, Gebäudeabstände und Abstände zur Wahrung des Wohnfriedens. In der neuen Landesbauordnung entfallen diese 4 unterschiedlichen Abstandsbegriffe, insbesondere wird von dem Institut des Bauwichs Abstand genommen; künftig gibt es nur noch einen einheitlichen Begriff, die Abstandsfläche.

#### b) Änderung des Bezugspunktes für die Abstände

7   Nach § 17 Abs. 1 LBauO 1974 muß jedes Geschoß eines oberirdischen Gebäudes **von den Grundstücksgrenzen**, die nicht an öffentlichen Verkehrsflächen liegen, einen Mindestabstand (Bauwich) einhalten.

Nach § 17 Abs. 10 kann verlangt werden, daß bauliche Anlagen, die keine Gebäude sind, von den **Grundstücksgrenzen** einen Abstand bis zu 3 m einhalten ... Nach § 19 Abs. 4 müssen zur Wahrung des Wohnfriedens Wohngebäude mit denjenigen Außenwänden, die notwendige Fenster zu Aufenthaltsräumen enthalten, von den **Grundstücksgrenzen** einen Abstand von 7,50 m einhalten ...

Die Bestimmungen von „Bauwichen", „ähnlichen Grenzabständen" und „Abständen zur Wahrung des Wohnfriedens" haben somit die Grundstücksgrenze als Bezugspunkt. Bei der neuen Abstandsflächenregelung des § 8 ist das Gebäude selbst der Bezugspunkt. Wie aus § 8 Abs. 1 Satz 1 ersichtlich, ist nunmehr vor jeder Außenwand eines oberirdischen Gebäudes eine Abstandsfläche von Gebäuden freizuhalten. Entsprechendes gilt nach Abs. 8 für bauliche Anlagen, andere Anlagen und Einrichtungen, von denen Wirkungen wie von oberirdischen Gebäuden ausgehen.

Vereinfacht ausgedrückt besteht der Unterschied darin, daß in der bisherigen Regelung das Gebäude auf die (seitlichen und hinteren) Grundstücksgrenzen projiziert wurde und sich der Bauwich von den Grenzen in Richtung Gebäude erstreckte, während nach der künftigen Regelung die Außenwände des Gebäudes praktisch umgeklappt werden und die Abstandsflächen vom Gebäude aus gemessen werden. Relevant wird dieser Unterschied aber praktisch nur bei größeren Grundstücken, wo bisher „Freiflächen" zwischen Gebäude und Bauwich lagen, während diese „Freiflächen" nach der neuen Regelung zwischen Abstandsfläche und Grundstücksgrenze zu liegen kommen.

### c) Änderung der Bemessung des Abstandes

Nach § 17 Abs. 1 und 3 LBauO 1974 richtete sich die Breite des Bauwichs nach der Zahl der Geschosse und nach den Geschoßhöhen. Diese Regelung führte in der Praxis zu nicht unerheblichen Schwierigkeiten, weil es sowohl in der Auslegung des Begriffs „Geschoß" als auch in der Frage der Anrechenbarkeit von Kellergeschossen und Dachgeschossen oft unterschiedliche Auffassungen und Meinungsverschiedenheiten gab, die in vielen Fällen nicht ohne Einschaltung der Gerichte zu lösen waren. Zu erinnern ist hier vor allem an die Entscheidungen des OVG Rheinland-Pfalz vom 19. 10. 1979 – 1 B 426/79 – (AS 15, S. 303) über die Berechnung der Breite des Bauwichs, vom 22. 2. 1980 – 1 B 7/80 – über die Behandlung des Kellergeschosses, vom 21. 11. 1980 – 1 B 68/80 – über die Behandlung eines Dachüberstandes, vom 18. 3. 1981 – 1 B 7/81 (AS 16, S. 222) hinsichtlich der Klarstellung des für die im Rahmen der Anrechenbarkeit des Dachgeschosses maßgebenden Steigerungsverhältnisses und vom 2. 6. 1982 – 1 A 86/80 – zur Berechnung der Breite des Bauwichs bei hängigem Gelände (abgedruckt in Stich/Sayn/Gabelmann, Kommentar zur LBauO 1974, Nr. 8.3).

Nach der Neuregelung ergibt sich die Tiefe der Abstandsfläche nicht mehr aus der Zahl und der Höhe der Geschosse, sondern aus der Höhe der jeweiligen Außenwand. Das Mindestmaß beträgt wie bisher 3 m. Damit ergeben sich im Bereich zur Nachbargrenze künftig in etwa die Mindestgrenzabstände, wie sie sich aus der bisherigen Bauwichregel ergaben. Es erscheint jedoch sachgerecht, die Tiefe der Abstandsfläche nicht mehr auf die Zahl und die Höhe der Geschosse, sondern auf die Höhe der Außenwand abzustellen. Denn Beeinträchtigungen der Nachbarn resultieren weniger aus dem, was hinter einer Wand vorhanden ist, als durch die Wand als solche. Zudem sprechen Gründe der Klarheit und einfacheren Feststellbarkeit für das neue Maß.

### d) Wegfall der Regelung über den Belichtungsbereich

9   Die im § 19 LBauO 1974 und in der Landesverordnung über den Belichtungsbereich und die Abstände zur Wahrung des Wohnfriedens enthaltenen Vorschriften über Belichtungsbereiche (Eigenbelichtungsbereich, Fremdbelichtungsbereich usw.) sind weggefallen. Gleichzeitig ist damit auch die teilweise komplizierte Berechnung der Belichtungswinkel entfallen.

Schließlich ist die Unterscheidung zwischen Wänden mit notwendigen und solchen ohne notwendige Fenster, die bisher häufig zu Vollzugsschwierigkeiten geführt hat, in der Neuregelung nicht mehr enthalten. Die Beleuchtung eines Fensters hängt nicht davon ab, ob in einer gegenüberliegenden Wand ein notwendiges oder nicht notwendiges Fenster angeordnet ist, sondern von der Höhe und der Entfernung dieser Wand (vgl. Amtliche Begründung, a. a. O.). Durch Anbringung eines zusätzlichen Fensters in einer anderen Wand war es bisher möglich oder notwendig, dem zur Nachbargrenze hin orientierten Fenster die Funktion des „notwendigen Fensters" zu nehmen. Solche „Hilfskonstruktionen" sind künftig nicht mehr nötig, ebenso braucht über das Merkmal der Gleichwertigkeit zweier Fenster, die als notwendige Fenster in Betracht kommen, nicht mehr gestritten zu werden.

## 1.5 Systematik der Vorschrift und Anwendungsbereich

10  Im Gegensatz zu den bisherigen Regelungen in den §§ 17–19 LBauO 1974 und den dazu erlassenen Landesverordnungen enthält die Neuregelung fast ausschließlich Zulässigkeitstatbestände; eine Nachbarbeteiligung wird insoweit entbehrlich, es sei denn, der Bauherr beantragt eine Befreiung von zwingenden Vorschriften. Damit werden erhebliche Verzögerungen im Genehmigungsverfahren beseitigt.

Ausnahmetatbestände sind nur bei Vorhaben auf demselben Grundstück und in bestimmten Fällen bei Vorhaben in überwiegend bebauten Gebieten vorgesehen (so Amtliche Begründung, a. a. O.).

## 1.6 Vereinbarkeit des Abstandsflächenrechts mit dem Grundgesetz

11  Das Bundesverwaltungsgericht hat in seinem Urteil vom 16. 5. 1991 – 4 C 17.90 – (DVBl. 1991, 819) zum Verhältnis des rheinland-pfälzischen Abstandsflächenrechts zum Grundgesetz Stellung genommen und entschieden, daß das

§ 8, 12

Abstandsflächenrecht in § 8 LBauO RP 1986 eine Regelung im Sinne des Art. 14 Abs. 1 Satz 2 GG darstellt und den inhaltlichen Anforderungen des GG genügt.

In dem Urteil ist dazu im einzelnen ausgeführt:

„Das in § 8 LBauO 1986 normierte Abstandsrecht stellt eine Regelung i. S. des Art. 14 Abs. 1 Satz 2 GG dar, die den Inhalt des Eigentums am Grundstück näher bestimmt, soweit dessen Nutzbarkeit betroffen ist (zur BayBO vgl. BVerwG, Beschluß vom 5. 4. 1990 – 4 B 42.90 –). Sie genügt in dem vorerörterten Sinne den inhaltlichen Anforderungen des GG. Dabei erfaßt das bauordnungsrechtliche Abstandsflächenrecht die Sozialpflichtigkeit des Eigentums für den Bereich der Bodennutzung (Art. 14 Abs. 2 GG) in ähnlicher Weise wie das materielle, an städtebaulichen Zielen ausgerichtete Bauplanungsrecht. Das bauordnungsrechtliche Abstandsflächenrecht ist Ausdruck neuerer städtebaulicher und immissionsschutzrechtlicher Zielsetzungen. Es dient sehr wesentlich dazu, eine sozialverträgliche und vom Landesgesetzgeber gewollte, sozial- und gesundheitspolitisch erwünschte aufgelockerte Bodennutzung zu erreichen. Durch die Anlage von Freiflächen soll eine ausreichende Belichtung, Belüftung und Besonnung des Gebäudes und damit eine Verbesserung insbesondere der Arbeits- und Wohnverhältnisse erreicht werden. Dies ist auch ein gesetzgeberisches Anliegen des Bundesrechts, wie etwa § 34 Abs. 1 Satz 2 BauGB zeigt. Die Sicherstellung des Brandschutzes stellt ein weiteres gewichtiges Ziel dar. Zugleich berücksichtigt der Landesgesetzgeber die insoweit gleichgerichteten Interessen der Nachbarn i. S. eines Ausgleichs wechselseitiger Belange, indem er für jedes Grundstück einen Mindestabstand zur Nachbargrenze festlegt und damit für den Regelfall einen Gebäudeabstand von insgesamt 6 m erreicht. Daß damit nachbarliche Belange auch in rechtlicher Hinsicht erfaßt werden sollen, hat das OVG in seiner Rechtsprechung in anderem Zusammenhang dargelegt. Es hat mehrfach in Auslegung des Landesrechts ausgesprochen, daß dem rheinland-pfälzischen Abstandsflächenrecht drittschützende Bedeutung beizumessen sei (vgl. OVG Koblenz AS 1983, 232 = DÖV 1982, 294 zu § 17 LBauO 1974; AS 22, 1 = BRS 47, 410 zu § 8 LBauO 1986).

§ 8 Abs. 6 LBauO 1986 sieht einen absoluten Mindestabstand vor. Die gesetzliche Neuregelung, wie sie vom OVG für das Revisionsgericht verbindlich ausgelegt worden ist, bezieht sich auch auf bereits vorhandene Bausubstanz, sofern über deren Nutzung erneut eine behördliche Genehmigungsentscheidung zu treffen ist (vgl. §§ 60 Abs. 1, 61 Abs. 2, 68 Abs. 1 Satz 1 LBauO 1986). Beides berührt die Privatnützigkeit des Grundeigentums unmittelbar und muß sich von daher vor dem Hintergrund des Art. 14 Abs. 1 GG rechtfertigen lassen. Indes sind auch insoweit verfassungsrechtliche Bedenken nicht zu erheben, wenn das maßgebende Gesetzesrecht als Regelung i. S. des Art. 14 Abs. 1 Satz 2 GG verstanden und dies bei seiner Auslegung und Anwendung beachtet wird.

§ 8, 12

Der LBauO 1986 kommt insoweit eine „unechte" Rückwirkung zu, als sie mit ihrem Inkrafttreten an in der Vergangenheit liegende Umstände – nämlich die seinerzeit legal errichtete Gebäudesubstanz und die hiermit verbundene Nutzung – anknüpft. Der Gesetzgeber erfaßt damit notwendigerweise eine frühere Entscheidung des Eigentümers, sein Grundstück in bestimmter Weise verwertbar zu nutzen. Die Festlegung einer Mindestabstandsfläche trifft in ihrer Tragweite den Grundeigentümer, der sein Grundstück erstmals durch Errichtung eines Gebäudes nutzen will, anders als jenen, der eine vorhandene Gebäudesubstanz lediglich anderweitig nutzen möchte. Während dem ersteren regelmäßig die Möglichkeit der freien Disposition verbleibt, kann der letztere vor die Entscheidung gestellt sein, ob er eine bisherige Nutzung nur fortsetzen kann, weil jede andere Nutzung ausgeschlossen ist, oder ob er die an sich verwertbare Gebäudesubstanz abreißen und unter Beachtung des geänderten Abstandsflächenrechts durch eine neue ersetzen soll.

An einer rückbezogenen Gesetzgebung der erörterten Art ist der Gesetzgeber von Verfassungs wegen nicht gehindert. Er kann bei der Neuregelung eines Rechtsgebietes im Rahmen des Art. 14 Abs. 1 Satz 2 GG bestehende individuelle Rechtspositionen einschränken oder sogar umgestalten, wenn dies durch Gründe des öffentlichen Interesses unter Berücksichtigung des Grundsatzes der Verhältnismäßigkeit gerechtfertigt ist (vgl. BVerfGE 31, 275, 284 f.; 36, 281, 293; 58, 300, 351; 71, 137, 144; 75, 246, 279; 79, 29, 46). Dabei muß das Gewicht des Eingriffs zur Dringlichkeit der vom Gesetzgeber beurteilten Interessen in einem angemessenen Verhältnis stehen. Zur Wahrung dieser Verhältnismäßigkeit stehen dem Gesetzgeber im Regelfall die Möglichkeit einer angemessenen und zumutbaren Überleitungsregelung oder die Anwendung einer Härteklausel als verfassungslegitime Mittel zur Verfügung (vgl. BVerfGE 43, 242, 288; 70, 191, 201; 71, 137, 144). Der Gesetzgeber darf allerdings auch im Falle einer „unechten" Rückwirkung nur rechtliche Lösungen wählen, die im Einzelfall noch eine grundrechtskonforme Rechtsanwendung ermöglichen. Dies wird vor allem dann erreicht werden können, wenn unter näher bestimmten Voraussetzungen eine von der grundsätzlich angeordneten rückbezogenen Normgeltung abweichende Regelung möglich bleibt.

In dieser Weise ist der rheinland-pfälzische Landesgesetzgeber auch verfahren. Er hat mit der für jede zu erteilende Baugenehmigung geltenden Regelung eines Mindestabstandes in § 8 Abs. 6 LBauO 1986 zu erkennen gegeben, daß ihm an einer alsbaldigen und zugleich wirksamen Beachtung der mit dem Abstandsflächenrecht verfolgten Ziele gelegen ist. Die von ihm angeordnete Geltung selbst für den Fall der Nutzungsänderung früherer Bausubstanz unterstreicht dies nachdrücklich. Er hat es mithin – folgt man der Auslegung des OVG – als nicht mehr hinnehmbar angesehen, daß sich das neue Abstandsflächenrecht für einen längeren Zeitraum nicht hinreichend werde auswirken können, wenn es lediglich für die Neuerrichtung baulicher Anlagen gelten würde. Das Gewicht der mit dem Abstandsflächenrecht verbundenen Ziele macht dies verständlich. Sie erklärt das gesetzgeberische Anliegen an alsbaldiger Durchsetzung seiner bauordnungsrechtlichen Vorstellungen. Dabei muß berücksichtigt werden, daß der Landesgesetzgeber das Vertrauen des Grundeigentümers in den Fortbestand der bisherigen Nutzungsweise beachtet hat. Er hat damit das auf diese Nutzung früher gerichtete Investitions- und Kapitalinteresse als erheblich angenommen und die vorhandene Nutzungsweise – vorbehaltlich einer nachträglichen Entscheidung nach § 82 LBauO 1986 – für rechtens erklärt. In den so geschaffenen und genutzten Bestand greift das neue Recht also ohnehin nicht ein.

Dagegen ist das Vertrauen des Grundeigentümers auf eine anderweitige Verwertung der einmal geschaffenen Bausubstanz nicht in gleicher Weise schützenswert. Es handelt sich um Erwartungen auf mögliche künftige Nutzungen. Es mag dahinstehen, in welchem Umfange ein derart eher chancenbezogenes Vertrauen von Art. 14 Abs. 1 Satz 1 GG erfaßt wird. Auch wenn man dies zugunsten des Grundeigentümers annimmt, so ist jedenfalls das Gewicht dieser Erwartung gegenüber den mit dem Abstandsflächenrecht verfolgten öffentlichen Interessen und deren alsbaldiger Durchsetzung deutlich geringer. In diesem Sinne durfte der Gesetzgeber um so eher typisierend eine „unechte" Rückwirkung für jeden Fall einer „bloßen" Nutzungsänderung der früher errichteten Bausubstanz anordnen, als neben der ohnehin eingeschränkten rückbezogenen Geltung der Norm die Möglichkeit der auf den Einzelfall bezogenen Befreiungsmöglichkeit des § 67 Abs. 3 LBauO 1986 besteht."

## 2 Das Verhältnis der Abstandsflächenregelung zu den bauplanungsrechtlichen Vorschriften

13  Bauplanungsrechtliche Vorschriften finden sich im Baugesetzbuch und in der Baunutzungsverordnung. Das BauGB unterscheidet 3 bauplanungsrechtliche Varianten, nämlich den Planbereich (§ 30 BauGB), also die Bereiche einer Gemeinde, die durch einen Bebauungsplan überplant sind; dann den nicht überplanten Innenbereich (§ 34 BauGB), also die bebauten Teile eines Ortes, die nicht durch einen qualifizierten Bebauungsplan überplant sind; und schließlich den Außenbereich (§ 35 BauGB). Das ist der gesamte übrige Bereich, der nicht unter die beiden ersten Varianten eingeordnet werden kann.

14  Es besteht der allgemeine Grundsatz, daß das Bauplanungsrecht dem Bauordnungsrecht vorgeht, d. h., daß ein Bauvorhaben, das den bauordnungsrechtlichen Vorschriften entspricht, dann nicht zulässig ist, wenn es dem Bauplanungsrecht, also z. B. den Festsetzungen eines Bebauungsplanes, widerspricht. Dem Bauplanungsrecht fehlt zwar eine unmittelbare Ermächtigung zur Festsetzung von Abstandsflächen in den Bebauungsplänen, ein Bebauungsplan kann jedoch durch Festsetzungen der überbaubaren Grundstücksflächen sowie der Stellung der baulichen Anlagen (§ 9 Abs. 1 Nr. 1 und 2 BauGB) oder durch Festsetzung von Baulinien, Baugrenzen oder Bebauungstiefen (§ 23 BauNVO) Einschränkungen für die Bebaubarkeit eines Grundstücks enthalten, die letztlich mit den Vorschriften über die Abstände und Abstandsflächen zu vergleichen sind. Diese auf das Planungsrecht des Bundes gestützten Festsetzungen lassen die landesrechtlichen Abstandsvorschriften unberührt, d. h., daß im Einzelfall Grundstücksflächen, die im Bebauungsplan als überbaubar festgesetzt sind, nicht oder nicht ganz baulich genutzt werden dürfen, wenn nach der Landesbauordnung diese Flächen als Abstandsflächen von einer Bebauung freizuhalten sind. Der tatsächliche Umfang der Freiflächen auf dem Grundstück kann dann größer sein, als es die Festsetzungen des Bebauungsplanes vorsehen. Umgekehrt ist es aber auch möglich, daß Grundstücksflächen nach dem Bebauungsplan nicht überbaut werden dürfen, die nach den Abstandsvorschriften nicht von einer Bebauung freigehalten werden müssen. Dies ist z. B. der Fall, wenn die Festsetzungen eines Bebauungsplanes größere Abstände zur Grundstücksgrenze vorsehen, als dies von den Abstandsflächenvorschriften verlangt wird. Hinsichtlich weiterer Einzelheiten wird auf die Ausführungen zu § 8 Abs. 1 und Abs. 11 verwiesen.

15  Hinzuweisen ist in diesem Zusammenhang auch auf die gem. § 86 Abs. 1 Nr. 4 LBauO bestehende Möglichkeit für die Gemeinden, durch Satzung Vorschriften zu erlassen und geringere oder größere als die in § 8 Abs. 6 vorgeschriebenen Maße zur Wahrung der baugeschichtlichen Bedeutung oder der sonstigen erhaltenswerten Eigenart eines Ortsteils zuzulassen.

# 3 Die Abstandsflächenregelungen nach der Landesbauordnung

## 3.1 Erfordernis der Abstandsflächen (Absatz 1)

**a) Grundsatz (Absatz 1 Satz 1)**

Nach der Grundforderung des Absatzes 1 Satz 1 müssen vor allen Außenwänden oberirdischer Gebäude bestimmte Abstandsflächen liegen. In diesen Abstandsflächen sind grundsätzlich andere oberirdische Gebäude unzulässig (Abb. 1).

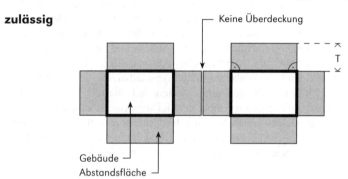

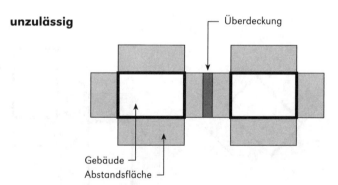

Abb. 1: System der Abstandsflächen (Abs. 1 u. 3).

**Gebäude** sind gem. § 2 Abs. 2 LBauO selbständig benutzbare, überdeckte bauliche Anlagen, die von Menschen betreten werden können und geeignet oder bestimmt sind, dem Schutz von Menschen, Tieren oder Sachen zu dienen.

**Oberirdisch** ist ein Gebäude, wenn es nicht gänzlich im Erdreich liegt. Für unterirdische Gebäude, also zum Beispiel Tiefgaragen oder Luftschutzbunker, gilt § 8 nicht. Dies ergibt sich einmal aus dem Wortlaut des Absatzes 1, der von oberirdischen Gebäuden spricht, als auch aus der Funktion der Abstandsflächenregelungen, für die unterirdische bauliche Anlagen nicht relevant sind.

Ein zum Teil unterirdisches und zum Teil oberirdisches Gebäude ist als oberirdisches Gebäude anzusehen.

18 **Außenwände** sind Wände, die das Gebäude nach außen abschließen, also von außen zu sehen sind. Wenn ein Gebäude gegliedert ist, so sind natürlich auch die vor- oder zurücktretenden Wandteile Außenwände.

Die **Abstandsflächen** müssen vor den Außenwänden liegen, d. h., die Abstandsfläche ist von den Außenwänden des Gebäudes aus zu messen. Hierin unterscheidet sich die neue Regelung gegenüber der Bauwichbestimmung des § 17 LBauO 1974, wonach der Bauwich von der Grundstücksgrenze aus zu messen ist. Da die Abstandsfläche von der Außenwand aus zu messen ist, kann es möglich sein, daß die erforderliche Abstandsfläche nicht bis zur Grundstücksgrenze reicht, daß also zwischen Abstandsfläche und Grundstücksgrenze noch Freiflächen vorhanden sind. Andererseits besteht die Möglichkeit, ein Gebäude, dessen Außenwand nicht parallel zur Grundstücksgrenze verläuft, sondern mit den Außenwänden diagonal zur Grundstücksgrenze liegt, näher an die Grenze heranzurücken als bisher (Abb. 1.1). Gleiches gilt bei versetztem Grenzverlauf und entsprechend gegeneinander versetzten Gebäuden (Abb. 1.2).

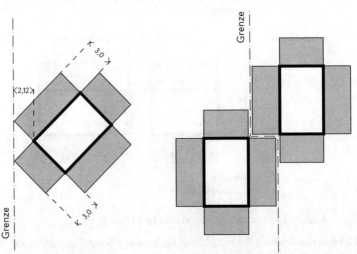

Abb. 1.1: Verringerter Mindestabstand bei 45°-Winkel zur Grenze.

Abb. 1.2: Verringerter Abstand bei versetztem Grenzverlauf.

## b) Grundsatz bei Gebäudeänderungen

Die Errichtung eines Gebäudes löst regelmäßig die Forderung nach Abstandsflächen vor den Außenwänden aus. Die in Absatz 1 Satz 1 enthaltene Grundforderung ist aber nicht nur bei der Neuerrichtung eines Gebäudes einzuhalten, sondern auch bei der **Änderung** von Gebäuden sowie u. U. auch bei der **Nutzungsänderung** von Gebäuden. **19**

Unter einer Änderung versteht man jede bauliche Veränderung des Gebäudes, also z. B. eine Erweiterung, einen Umbau, einen Anbau oder eine Erhöhung. Für die Berechnung der Abstandsfläche kann es nämlich keinen Unterschied machen, ob z. B. ein Anbau als ein Gebäudeteil zusammen mit dem Hauptkörper errichtet oder zunächst dieser und später jener erstellt wird. Durch die Änderung eines Gebäudes entsteht quasi ein neuer Baukörper, für den die Abstandsflächen, insoweit als sich die Änderung auswirkt, neu zu berechnen sind (vgl. BayVGH, Urteil vom 20. 12. 1988 in BRS 49 Nr. 126).

Auch ein vor Inkrafttreten der neuen Abstandsflächenregelung vorhandenes Gebäude ist, wenn es geändert wird, nach den neuen Abstandsvorschriften zu beurteilen. Dabei sind die neuen Abstandsflächen allerdings nur insoweit einzuhalten, als sich durch die Änderung zugleich auch die für die Tiefe der Abstandsflächen maßgeblichen Kriterien gegenüber dem bisherigen Zustand verändern, also z. B. bei einer Erhöhung der Außenwand oder auch bei einer Änderung des Daches. **20**

Wird durch die Änderung eines Gebäudes ein rechtswidriger Zustand herbeigeführt oder ein bestehender rechtswidriger Zustand in abstandsflächenrechtlich bedeutsamer Weise zu Lasten des Grundstücksnachbarn verstärkt, so wirft dies die Genehmigungsfrage hinsichtlich der Abstandsbestimmungen insgesamt neu auf (OVG Berlin, Urteil vom 21. August 1992, BRS 54 Nr. 93).

Wird ein bestehendes Gebäude in seiner Nutzung geändert, so muß das Gebäude die Voraussetzungen der Neuregelung für die neue Nutzung erfüllen, da nach § 60 Abs. 1 auch Nutzungsänderungen baulicher Anlagen der Genehmigung bedürfen und in diesem Zusammenhang die formellen und materiellen Voraussetzungen des jeweils aktuellen Baurechts vorliegen müssen. In erster Linie wird dies bei solchen Gebäuden relevant, die bisher wegen ihrer Zweckbestimmung keinen oder nur einen geringeren Abstand zur Grundstücksgrenze einhalten mußten. Soll also z. B. eine Garage, die an der Nachbargrenze steht, in einen Wohnraum umgeändert werden, so ist dies bei offener Bauweise nicht zulässig. **21**

Das heißt, daß auch bei der Nutzungsänderung von Gebäuden in den Abstandsflächen oder sonst an der Nachbargrenze die Vorschrift des § 8 erneut zu überprüfen und die Baugenehmigung zu versagen ist, wenn das Gebäude mit der geänderten Nutzung mit den Abstandsflächen nicht zu vereinbaren ist.

22  Bei baulichen Änderungen im Inneren eines Grenzgebäudes wird die Verpflichtung des Bauherrn zur Einhaltung von Abstandsflächen für das Gebäude grundsätzlich nicht ausgelöst, sofern durch die Baumaßnahmen der äußere Kubus des Gebäudes nicht verändert wird und damit keine für die Nachbarn nachteiligere Nutzungsart als bisher verbunden ist (BayVGH, Urteil vom 15. 4. 1981, BayVBl. 1981, 537).

### c) Abstandsflächen und planungsrechtliche Vorschriften

23  Die Sätze 2 bis 4 des Absatzes 1 stellen eine Verbindung zu den planungsrechtlichen Vorschriften her. Die Regelungen entsprechen weitgehend dem bisherigen § 17 Abs. 2 LBauO.

Abweichend von der Grundforderung des Satzes 1 regelt Satz 2, daß Abstandsflächen nicht erforderlich sind vor Außenwänden, die an Nachbargrenzen errichtet werden, wenn nach planungsrechtlichen Vorschriften

1. das Gebäude an die Grenze gebaut werden muß oder

2. das Gebäude an die Grenze gebaut werden darf und öffentlich-rechtlich gesichert ist, daß vom Nachbargrundstück angebaut wird.

Damit räumt Satz 2 dem Planungsrecht Vorrang vor der Grundforderung in Satz 1 ein. Die Regelung gilt nur in den Fällen, in denen mindestens eine Außenwand eines Gebäudes an einer Nachbargrenze errichtet wird, das Gebäude also insoweit an die Nachbargrenze gebaut wird.

24  **Grundstücksgrenzen** sind alle Grenzen des Baugrundstücks, unabhängig davon, ob sie an privaten anderen Grundstücken oder an öffentlichen Flächen, z. B. Verkehrsflächen, Grünflächen oder Wasserflächen, liegen.

Als **Nachbargrenzen** im Sinne der Vorschriften des § 8 müssen alle Grundstücksgrenzen, auch die zu den Verkehrsflächen gelegenen, angesehen werden. Denn nach § 8 sind grundsätzlich auf allen Seiten des Gebäudes Abstandsflächen einzuhalten, die ihrer Struktur nach gleichermaßen neben dem Brandschutz der Sicherung von Belichtung und Belüftung der benachbarten Gebäude dienen. Damit ist eine im Prinzip für alle Grundstücksseiten einheitliche Regelung getroffen, die es ausschließt, aus der Sicht des Nachbarschutzes zwischen Abstandsflächen an der Straßenseite einerseits und auf den übrigen Gebäudeseiten andererseits zu differenzieren (vgl. OVG Rh.-Pf., Beschluß vom 15. 10. 1987 in AS 22,1).

25  Unter planungsrechtlichen Vorschriften sind hier in erster Linie die §§ 30 und 34 BauGB in Verbindung mit den Vorschriften der Baunutzungsverordnung zu verstehen. Ob also ein Gebäude an die Grenze gebaut werden muß oder darf, richtet sich nach diesen städtebaulichen Vorschriften. Daß an die Grenze gebaut werden

muß, kann sich zum Beispiel daraus ergeben, daß in einem Bebauungsplan die geschlossene Bauweise vorgeschrieben ist, denn nach § 22 Abs. 3 BauNVO werden in der geschlossenen Bauweise die Gebäude grundsätzlich ohne seitlichen Grenzabstand errichtet. Des weiteren kann sich eine Verpflichtung, an die Grenze zu bauen, auch daraus ergeben, daß in dem Bebauungsplan entlang der Grundstücksgrenze eine Baulinie festgesetzt ist, denn dann muß gem. § 23 Abs. 2 BauNVO auf dieser Linie gebaut werden.

Auch wenn kein Bebauungsplan existiert, sondern sich die Bebauung innerhalb eines im Zusammenhang bebauten Ortsteils nach § 34 BauGB richtet, kann sich aus dieser Vorschrift ergeben, daß das Gebäude an die Grenze gebaut werden muß. Diese Voraussetzungen können vor allem dann gegeben sein, wenn in der näheren Umgebung des Baugrundstücks bauliche Verhältnisse gegeben sind, die eine Grenzbebauung gebieten, also z. B. bei einer geschlossenen Bauweise. Dabei ist die Abstandsfläche natürlich nur für die Außenwand nicht einzuhalten, die an der Nachbargrenze errichtet wird. 26

### d) Notwendigkeit der Grenzbebauung (Absatz 1 Satz 2 Nr. 1)

Absatz 1 Satz 2 Nr. 1 bestimmt, daß Abstandsflächen nicht erforderlich sind, wenn das Gebäude nach planungsrechtlichen Vorschriften an die Grenze gebaut werden muß. 27

Nach planungsrechtlichen Vorschriften muß dann an die Grenze gebaut werden, wenn eine geschlossene Bauweise vorgegeben ist. In der geschlossenen Bauweise werden die Gebäude nach § 22 Abs. 3 BauNVO ohne seitlichen Grenzabstand errichtet. Die geschlossene Bauweise kann durch einen Bebauungsplan festgesetzt werden, sie kann aber auch im unbeplanten Innenbereich (§ 34 BauGB) vorliegen, wenn die vorhandene Bebauung durchgehend und eindeutig durch eine Grenzbebauung geprägt ist, wenn sich die vorhandenen Gebäude also durch eine Wand-an-Wand-Bebauung als ein geschlossener Baukomplex darstellen.

Darf innerhalb eines im Zusammenhang bebauten Ortsteils ein Grundstück gemäß § 34 Abs. 1 BauGB nur in geschlossener Bauweise bebaut werden, so darf nach Landesbaurecht nicht die Einhaltung von seitlichen Abstandsflächen verlangt werden (so BVerwG, Beschluß vom 11. März 1994, BRS 56 Nr. 65). 28

Wenn allerdings die geschlossene Bauweise nicht durchgängig vorhanden ist, sondern nur überwiegt oder vorherrscht, so muß nach § 34 Abs. 1 BauGB im unbeplanten Innenbereich nicht an die Grenze gebaut werden, weil in einem unbeplanten Gebiet mit teils offener, teils geschlossener Bebauung regelmäßig beide Bauweisen planungsrechtlich zulässig sind und sich daran im Grundsatz nichts ändert, wenn die geschlossene Bebauung zahlenmäßig überwiegt, weil auch dann nicht ausgeschlossen werden kann, daß sich ein Vorhaben in offener

Bauweise dennoch in die Eigenart der näheren Umgebung einfügen kann. Daraus folgt aber nicht, daß auch der einzelne Bauherr wählen kann, ob er sein konkretes Bauvorhaben an der Grundstücksgrenze oder mit dem erforderlichen Grenzabstand errichten kann. Da das Bauplanungsrecht die Vorschriften des Bauordnungsrechts unberührt läßt (§ 29 Satz 4 BauGB), darf das Landesrecht an ein bauplanungsrechtlich zulässiges Vorhaben weitergehende Anforderungen stellen. Mit Bundesrecht wäre es nur nicht vereinbar, wenn das landesrechtliche Bauordnungsrecht bei einem Vorhaben, das nach dem Einfügungsgebot des § 34 Abs. 1 BauGB zwingend nur in geschlossener Bauweise ausgeführt werden darf, die Einhaltung von Abstandsflächen verlangen würde. So ist es aber nicht, wenn in einem Baugebiet die geschlossene Bauweise lediglich überwiegt oder vorherrscht.

29  Die Annahme der Beschwerde, eine gegenteilige Auslegung sei mit Rücksicht auf die Eigentumsgarantie des Art. 14 GG geboten, ist unzutreffend. Einen Grundsatz, daß der Eigentümer eines Baugrundstücks sein Grundstück so bebauen darf, wie er es möchte, gibt es nicht. Vielmehr bestimmt Art. 14 Abs. 1 Satz 2 GG ausdrücklich, daß Inhalt und Schranken des Eigentums durch die Gesetze bestimmt werden. Zu diesen Gesetzen gehören nach allgemeiner Auffassung die bundes- und landesrechtlichen Baugesetze. Daß auch das Abstandsflächenrecht in § 8 LBauO eine zulässige Regelung i. S. v. Art. 14 Abs. 1 Satz 2 GG ist, hat der Senat in seinem Urteil v. 16. 5. 1991 – 4 C 17.90 – (BRS 52 Nr. 157 = BVerwGE 88, 191 = DVBl. 1991, 819) ausdrücklich festgestellt (vgl. BVerwG, Beschl. v. 11. 3. 1994, BRS 56 Nr. 65).

30  Bei einer uneinheitlichen Bebauung mit teils geschlossener, teils offener Bauweise ist die Grenzbebauung nicht zwingend (vgl. auch: OVG Rheinland-Pfalz, Urteil vom 7. 12. 1979, Baurecht 1979, 410).

31  Eine Abstandsfläche ist gemäß § 8 Abs. 1 Satz 2 Nr. 1 bei der Aufstockung eines Grenzgebäudes nicht erforderlich, wenn die in der näheren Umgebung vorhandenen Grundstücke uneinheitlich teils in geschlossener, teils in halboffener Bauweise bebaut sind, wegen ihres schmalen Zuschnitts aber nahezu einheitlich eine Bebauung mit beiderseitigen Abstandsflächen zulassen (OVG Rheinland-Pfalz, Urteil vom 4. 2. 1993 – 1 A 12323/91.OVG –, BRS 55 Nr. 107). Das OVG hatte hier einen Fall zu entscheiden, der dadurch geprägt ist, daß die Grundstücke in einem größeren Bereich bis auf eine Ausnahme eine Breite von 10 m und weniger aufweisen. Die Wohngebäude sind ausnahmslos mindestens an einer Seite an der Grenze errichtet. Das OVG führt dazu aus: Eine offene Bauweise mit beiderseitigen Abstandsflächen von insgesamt mindestens 6 m wäre auf solch schmalen Grundstücken schlechterdings nicht zu verwirklichen. Da aber fast alle Grundstücke in diesem Bereich mit Wohnhäusern bebaut sind, kann an der Baulandqualität dieser Flächen kein ernsthafter Zweifel bestehen. Eine Bebauung setzt dann aber notwendigerweise voraus, daß die planungsrecht-

lich zulässigen Gebäude zumindest einseitig an die Grenze gerückt werden, woraus folgt, daß die einseitige Grenzbebauung in diesem Bereich zwingend i. S. des § 8 Abs. 1 Satz 2 Nr. 1 ist, weil anders die Grundstücke überhaupt nicht mit Wohngebäuden bebaut werden könnten. Die Besonderheit des vorliegenden Falles, die darin besteht, daß bei aller Uneinheitlichkeit im übrigen die Bebauung sich jedenfalls insoweit einheitlich darstellt, als alle Gebäude zumindest auf einer Seite an der Grenze errichtet sind, wie es etwa auch bei der in den südlichen Landesteilen von Rheinland-Pfalz häufiger anzutreffenden Haus-Hof-Bauweise gegeben ist, rechtfertigt die Anwendung des § 8 Abs. 1 Satz 2 Nr. 1, weil unter diesen Voraussetzungen an die Grenze gebaut werden muß, wenn das Grundstück überhaupt bebaut werden soll.

Setzt ein Bebauungsplan geschlossene oder halboffene Bauweise fest, läßt aber im Wege der Ausnahme gemäß § 31 Abs. 1 BauGB auch offene Bauweise zu, so liegt nach Auffassung des VGH Baden-Württemberg (Beschluß vom 1. 6. 1994, BRS 56 Nr. 101) gleichwohl die Voraussetzung der dem § 8 Abs. 1 Satz 2 vergleichbaren baden-württemberg. Bestimmung vor, daß nach planungsrechtlichen Vorschriften (ein- oder beidseitig) an die Grenze gebaut werden muß. **32**

### e) Möglichkeit der Grenzbebauung (Absatz 1 Satz 2 Nr. 2)

Während in den Fällen des Absatzes 1 Satz 2 Nr. 1 das Gebäude an die Grenze gebaut werden muß, also kein Abstand eingehalten werden darf, bezieht sich Absatz 1 Satz 2 Nr. 2 auf Fälle, in denen zwar nicht an die Grenze gebaut werden muß, wohl aber an die Grenze gebaut werden darf. Diese Fälle liegen dann vor, wenn der Bebauungsplan schlechthin die offene Bauweise festsetzt, ohne etwas über Einzelhäuser, Doppelhäuser oder Hausgruppen zu sagen. In einem solchen Fall haben die Bauherren dann gem. § 22 Abs. 2 Satz 1 BauNVO die Wahl, ob sie Einzelhäuser oder Doppelhäuser oder Hausgruppen errichten wollen. Entsprechendes gilt, wenn der Bebauungsplan zwar Einzelhäuser und Doppelhäuser, aber keine Hausgruppen, oder wenn er Einzelhäuser und Hausgruppen, aber keine Doppelhäuser zuläßt. Auch in einem solchen Fall bleibt es dem Bauherrn überlassen, welche der beiden Hausformen er wählt. Er darf zwar, muß jedoch nicht an die Grundstücksgrenze bauen. **33**

Wenn auf dem Nachbargrundstück noch kein Haus steht und der Bauherr an die Nachbargrenze bauen will, so kann es sich dabei nicht um ein Einzelhaus, sondern nur um den einen Teil eines Doppelhauses oder einer Hausgruppe handeln.

Absatz 1 Satz 2 Nr. 2 betrifft den Fall, daß nach den planungsrechtlichen Vorschriften, also z. B. einem Bebauungsplan oder nach § 34, zwar nicht an die Grundstücksgrenze gebaut werden muß, wohl aber angebaut werden darf. Dieser Fall ist bei Doppelhäusern und Hausgruppen oder bei alternativen Festsetzungen gegeben (vgl. § 22 Abs. 2 BauNVO). **34**

In einem solchen Fall, in dem nach den planungsrechtlichen Vorschriften nicht an die Grenze gebaut werden *muß*, sondern lediglich an die Grenze gebaut werden darf, verlangt § 8 LBauO grundsätzlich die Einhaltung eines Grenzabstandes. Eine Ausnahme gilt nach § 8 Abs. 1 Satz 2 Nr. 2, soweit öffentlich-rechtlich gesichert ist, daß vom Nachbargrundstück angebaut wird. Diese Ausnahme beruht darauf, daß die Schutzfunktion der Abstandsflächen in städtebaulicher Hinsicht und bezogen auf den Nachbarn durch einen Grenzanbau ungleich geringer berührt wird, wenn sich dieses Gebäude an ein auf dem Nachbargrundstück bereits an der Grenze stehendes Gebäude anlehnt (vgl. OVG Münster BRS 42 Nr. 119). Da die Abstandsflächenbestimmungen ihre Schutzwirkung dann jedoch nur insoweit verlieren, als die Anbausicherung reicht bzw. ein die öffentlich-rechtliche Anbausicherung ersetzendes Grenzgebäude bereits vorhanden ist, behalten die Abstandsflächenbestimmungen für die Bereiche an der Grundstücksgrenze, für die eine öffentlich-rechtliche Anbausicherung nicht besteht bzw. in denen ein Grenzbauwerk, an das angebaut werden könnte, nicht vorhanden ist, weiterhin ihre Funktion.

35  Ein Anbau im Sinne des § 8 Abs. 1 Satz 2 Nr. 2 muß zwar nicht genau deckungsgleich sein, jedoch können solche Vorhaben nicht als Anbau gewertet werden, die unabhängig von dem Vorhandensein des schon bestehenden Gebäudes und seiner Negativeinwirkungen sich deutlich auf die Funktionen auswirken, die von den Abstandsflächenbestimmungen geschützt werden. Deshalb kann nur ein der bestehenden öffentlich-rechtlichen Anbausicherung bzw. dem bestehenden grenzständigen Gebäude entsprechendes Vorhaben als Anbau im Sinne des § 8 Abs. 1 Satz 2 Nr. 2 qualifiziert werden. Die Frage, ob ein Gebäude, das das vorhandene Grenzgebäude bzw. den Bereich, für den eine öffentlich-rechtliche Anbausicherung besteht, in der Höhe oder in der Tiefe überragt, noch als entsprechender Anbau anzusehen ist, ist danach zu entscheiden, ob die durch die Abstandsfläche geschützten Funktionen, nämlich Belichtung, Belüftung, Brandschutz und Sozialfrieden, durch die Tatsache der fehlenden Deckungsgleichheit deutlich, d. h. spürbar, berührt werden oder nicht. Werden diese Funktionen durch die fehlende Deckungsgleichheit spürbar berührt, ist somit die Überschreitung des durch die Nachbarbebauung vorgegebenen Volumens von eigener Bedeutung im Hinblick auf die Schutzfunktionen der Abstandsflächenbestimmung, so handelt es sich nicht um einen Anbau, der nach § 8 Abs. 1 Satz 2 Nr. 2 LBauO keine Abstandsfläche erfordert.

36  Das Gesetz regelt dabei lediglich, daß an die Grenze gebaut werden muß oder darf, bestimmt aber nicht den konkreten Umfang, in dem die Grenzbebauung zu erfolgen hat. Zunächst muß jeder, der an die gemeinsame Grundstücksgrenze baut, auch dulden, das der Nachbar in etwa in dem gleichen Ausmaß anbaut, selbst wenn dieser sonst eine Abstandsfläche einhalten müßte, es sei denn, daß besondere Umstände vorliegen, aus denen sich ein öffentlich-rechtlicher Anspruch auf Freihaltung der Grenzmauer ergibt. Es wäre zu weitgehend, dem

Nachbarn abzuverlangen, in gleicher Weise, wie auf dem Nachbargrundstück vorhanden, anzubauen. Dies hätte nämlich zur Konsequenz, daß derjenige, der sein Grundstück zuerst bebaut, auch weitgehend bestimmt, in welcher Weise sein Nachbar zu bauen hat. Eine solche einengende Betrachtung ist deshalb praxisfremd, entsprechende Anbauverpflichtungen kämen deshalb selten zustande, weil sich der noch nicht bauwillige Nachbar im Vorfeld seiner eigenen Bauabsichten hinsichtlich der vorgegebenen Gebäudegröße des Nachbarn nicht binden lassen wird. In solchen Fällen müssen deshalb auch höhen- und seitenversetzte Gebäude zulässig bleiben (vgl. hierzu die Entscheidungen des OVG Berlin vom 28. 1. 1981, BRS 38 Nr. 119, und des OVG Münster vom 22. 10. 1982, BRS 39 Nr. 107, die zu vergleichbaren Texten ergangen sind).

Ob an die Grenze gebaut werden darf oder muß, beurteilt sich nach den bauplanungsrechtlichen Vorgaben. Dabei bestimmt sich die Bauweise in Gebieten, für die ein qualifizierter Bebauungsplan gem. § 30 BauGB besteht, nach den in diesem Plan getroffenen Festsetzungen. In Gebieten innerhalb im Zusammenhang bebauter Ortsteile gem. § 34 BauGB bestimmt sich die Bauweise unter Anwendung der Grundsätze der BauNVO nach der in der näheren Umgebung vorherrschenden Bebauung. 37

**Bauweise** ist die Art und Weise, in der Gebäude in bezug auf die seitlichen Nachbargrenzen auf den Baugrundstücken angeordnet werden. Man unterscheidet hier zunächst die offene und die geschlossene Bauweise. Was darunter im einzelnen zu verstehen ist, ergibt sich aus § 22 BauNVO.

In der **offenen** Bauweise werden gem. § 22 Abs. 2 BauNVO die Gebäude mit seitlichem Grenzabstand (Bauwich) als Einzelhäuser, Doppelhäuser oder als Hausgruppen mit einer Länge von höchstens 50 m errichtet. Im Bebauungsplan können Flächen festgesetzt werden, auf denen nur Einzelhäuser, nur Doppelhäuser, nur Hausgruppen oder nur zwei dieser Hausformen zulässig sind. Die offene Bauweise ist also durch den seitlichen Grenzabstand gekennzeichnet. Wird demnach ein Einzelhaus errichtet, so sind vor allen Außenwänden Abstandsflächen freizuhalten; bei Doppelhaushälften und bei einzelnen Gebäuden innerhalb von Hausgruppen entfällt dieses Erfordernis jeweils für die Wand, die an der Nachbargrenze ohne Grenzabstand gebaut werden darf oder muß (siehe Abb. 2.1 bis 2.3). 38

§ 8, 38

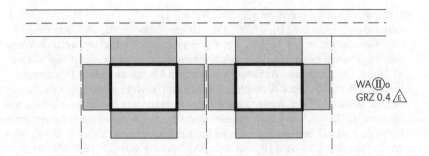

Abb. 2.1: Offene Bauweise, freistehend, BauGB § 30 oder § 34 (Abs. 1 Satz 1).

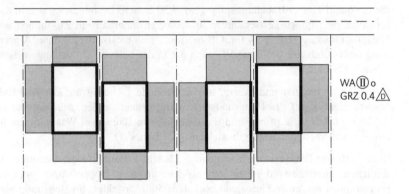

Abb. 2.2: Offene Bauweise, Doppelhäuser (Abs. 1 Satz 2 Nr. 1 u. 2).

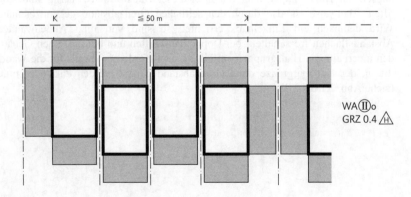

Abb. 2.3: Offene Bauweise, Hausgruppen (Abs. 1 Satz 2 Nr. 1 u. 2).

**39** In der **geschlossenen** Bauweise werden gem. § 22 Abs. 3 BauNVO die Gebäude ohne seitlichen Grenzabstand errichtet, es sei denn, daß die vorhandene Bebauung eine Abweichung erfordert. In der geschlossenen Bauweise werden die Gebäude mit Brandwänden auf den seitlichen Nachbargrenzen errichtet. Es ist also an die seitliche Grundstücksgrenze zu bauen oder an ein dort vorhandenes Gebäude anzubauen (Abb. 2.4).

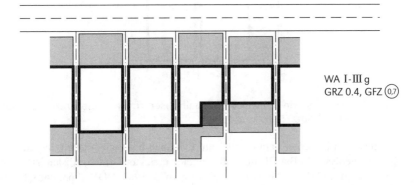

Abb. 2.4: Geschlossene Bauweise (Abs. 1 Satz 2 Nr. 1).

Die geschlossene Bauweise wird durch geringe seitliche Abstände, z. B. durch Traufgassen oder sogenannte enge Reihen oder durch Baulücken, nicht unterbrochen (BayVGH, Urteil vom 22. 5. 1967, VerwRspr. Band 19 Nr. 13), ferner nicht durch Nebengebäude an der Grenze oder durch eine grenznahe Bebauung, die auch bei Einhaltung des Grenzabstandes auf dem Nachbargrundstück noch nicht zu einem ausreichenden Gebäudeabstand führt (OVG Lüneburg, Urteil vom 25. 1. 1978, DÖV 1979, 224).

**40** Neben der offenen und geschlossenen Bauweise gibt es noch die **abweichende** Bauweise gem. § 22 Abs. 4 BauNVO. Im Bebauungsplan kann also eine von der offenen oder geschlossenen Bauweise abweichende Bauweise festgesetzt werden.

Bei einer solchen Festsetzung darf nur vor Außenwänden auf Abstandsflächen verzichtet werden, für die zwingend eine Grenzbebauung festgesetzt ist. Eine unmittelbare Bebauung der rückwärtigen Nachbargrenze ist i. d. R. nur durch die Festsetzung einer abweichenden Bauweise möglich (Abb. 3).

§ 8, 41

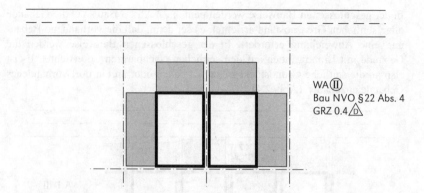

Abb. 3: Abweichende Bauweise, Doppelhäuser, rückwärtige Grenze bebaut (Abs. 1 Satz 2 Nr. 1 und 2).

Hinzuweisen ist ferner darauf, daß natürlich auch bei Bauvorhaben, die auf der Grundlage des § 35 BauGB im Außenbereich errichtet werden, Abstandsflächen einzuhalten sind (OVG Münster, Urteil vom 16. 5. 1963, DÖV 1963, 848). Da es sich in diesen Fällen meist um Einzelhäuser handelt, gilt die Grundregel des Abs. 1 Satz 1, wonach vor allen Außenwänden Abstandsflächen freizuhalten sind.

**f) Abweichungen von der Grundregelung über das Erfordernis von Abstandsflächen (Absatz 1 Sätze 3 und 4)**

**41** Die Sätze 3 und 4 des Absatzes 1 ermächtigen die Untere Bauaufsichtsbehörde, zu verlangen oder zu gestatten, anzubauen oder eine Abstandsfläche einzuhalten, um damit einen Angleich an die vorhandene Nachbarbebauung zu gewährleisten.

Absatz 1 Satz 3

Wenn nach planungsrechtlichen Vorschriften nicht an die Nachbargrenze gebaut werden darf, ist nach Abs. 1 Sätze 1 und 2 an sich eine Abstandsfläche einzuhalten. Ist aber in einem solchen Fall ein Gebäude auf dem Nachbargrundstück bereits an dieser Grenze vorhanden, so kann die Bauaufsichtsbehörde nach Satz 3 verlangen oder gestatten, daß angebaut wird.

Beispiel:

Ist in einem Bebauungsplan die offene Bauweise festgesetzt, so kann es vorkommen, daß ein Einzelhaus trotzdem an der Grundstücksgrenze steht. Dies kann darauf beruhen, daß das Einzelhaus schon vor dem Inkrafttreten des Bebauungsplanes vorhanden war. Es kann aber auch sein, daß von der in dem Bebauungsplan vorgeschriebenen offenen Bauweise Befreiung gewährt worden war. Ähnlich ist es bei Anwendung des § 34 BauGB. Auch dann kann es vorkommen, daß das Gebäude auf dem Nachbargrundstück an der Grenze steht, obwohl im übrigen offene Bauweise herrscht. Es kann sich dabei um Gebäude handeln, die dort bereits zu einer Zeit errichtet wurden, als die Umgebungsbebauung noch nicht vorhanden war, die später entstandene Umgebungsbebauung dann aber die offene Bauweise eingehalten hat (vgl. Bonin, Kommentar zur LBauO 1974, Anm. zu § 17).

In all diesen Fällen kann die Bauaufsichtsbehörde gestatten oder verlangen, daß angebaut wird.

Während das OVG Rheinland-Pfalz in seinem Urteil vom 7. 12. 1978 (AS 15 S. 151 = BRS 35 Nr. 200) zunächst die Auffassung vertreten hatte, daß es zur Anwendung der insoweit vergleichbaren Regelung des § 17 Abs. 2 Satz 2 LBauO 1974 notwendig ist, daß eine hinreichende Gleichartigkeit sowohl der Nutzung als auch des Umfangs des Baukörpers der jeweiligen Grenzbebauung gegeben ist, hatte es diese Auffassung in seiner Entscheidung vom 16. 4. 1982 (AS 17 S. 291 ff. = BRS 39 Nr. 109) aufgegeben und statt dessen die Meinung vertreten, § 17 Abs. 2 Satz 2 LBauO 1974 enthalte selbst keine Beschränkungen hinsichtlich der Zulässigkeit eines Anbaues an ein vorhandenes Grenzgebäude. **42**

Später kehrt das OVG Rheinland-Pfalz im Ergebnis wieder zu seiner im Urteil vom 7. 12. 1978 dargelegten Auffassung zurück. Der Leitsatz für den Beschluß des Oberverwaltungsgerichts vom 9. 1. 1989 (BRS 49 Nr. 127 = AS 22, 340) zu § 8 Abs. 1 Satz 3 LBauO 1986 lautet: Die ausnahmsweise Gestattung eines Anbaus an der Grenze ist nur zulässig, wenn der Grenzanbau in Breite und Höhe in etwa deckungsgleich mit der vorhandenen Grenzbebauung ist (keine Übernahme der zu § 17 Abs. 2 Satz 2 LBauO 1974 ergangenen Rechtsprechung des OVG Rhl.-Pf.). In den Gründen dieser Entscheidung ist u. a. ausgeführt: **43**

„Nach § 8 Abs. 1 Satz 3 LBauO kann in den Fällen, in denen nach planungsrechtlichen Vorschriften an sich nicht an die Grundstücksgrenze gebaut werden darf, auf dem Nachbargrundstück aber ein Gebäude an der Grenze vorhanden ist, von der Bauaufsichtsbehörde gestattet oder verlangt werden, daß angebaut wird. Diese Voraussetzungen sind hier nicht erfüllt."

Zwar ist auf dem Grundstück des Antragstellers ein Hauptgebäude, also nicht nur ein ohnehin an der Grenze zulässiges Nebengebäude im Sinne des § 8 Abs. 10 LBauO vorhanden, so daß der Anbau eines Wohnhauses durchaus in Betracht kommen könnte. Gleichwohl kann die von dem Beigeladenen geplante Grenzbebauung nicht zugelassen werden, weil das Vorhaben zu einem wesentlichen Teil nicht angebaut, sondern um 3,20 m versetzt an der Grenze errichtet werden soll. Unter „angebaut" im Sinne des § 8 Abs. 1 Satz 3 LBauO ist nur ein Bauwerk zu verstehen, das regelmäßig nach Breite und Höhe dem bestehenden

Grenzgebäude entspricht und in etwa deckungsgleich mit der vorhandenen Bebauung errichtet wird. Soweit der Senat zu der ähnlich lautenden Vorschrift des § 17 Abs. 2 Satz 2 LBauO (1974) in den letzten Jahren eine gegenteilige Auffassung vertreten hat, ist diese Rechtsprechung auf die Neufassung der Landesbauordnung nicht übertragbar. Dies ergibt sich aus folgenden Überlegungen:

Die in § 8 Abs. 1 Satz 3 LBauO (1986) enthaltene Regelung, die aus der von der Ministerkonferenz im Dezember 1981 beschlossenen Musterbauordnung übernommen und in fast allen Bauordnungen der Länder enthalten ist, wird in Rechtsprechung und Schrifttum nahezu einhellig dahin ausgelegt, daß der Anbau nicht an irgendeiner Stelle des Baugrundstücks in beliebigem Umfang erfolgen darf, sondern nur in etwa gleicher Lage und gleichem Umfang wie die vorhandene Grenzbebauung zugelassen werden kann, also im wesentlichen deckungsgleich sein muß (vgl. BayVGH, Beschluß vom 23. Juni 1975, BayVBl. 1975, 561; Beschluß vom 15. Dezember 1975, BayVBl. 1976, 147; VGH Bad.-Württ., Urteil vom 22. September 1982, BRS 39 Nr. 108; OVG Münster, Beschluß vom 8. November 1984, BRS 42 Nr. 119; . . .; Gädtke/Böckenförde/Temme, NRW Bauordnung, § 6 Rdnr. 32; . . .; Bonin, LBauO Rh.-Pf., § 17 S. 84). Hiervon abweichende Auffassungen wurden, soweit ersichtlich, früher vom OVG Münster (Urteil vom 30. Januar 1969, BRS 22 Nr. 107; Beschluß vom 10. März 1983, BRS 40 Nr. 118) und unter Bezugnahme auf die vorgenannten Entscheidungen vom OVG Lüneburg (Beschluß vom 14. September 1979, BRS 35 Nr. 95) vertreten. Nachdem das OVG Münster in seinem Beschluß vom 8. November 1984 (a. a. O.) die frühere Auffassung praktisch aufgegeben hat und nunmehr ebenfalls fordert, daß der Anbau die Nachbarbebauung in Höhe und Tiefe nicht überschreiten, sondern sich nur an die vorhandene Bebauung anlehnen dürfe, wenn er auch nicht völlig deckungsgleich sein müsse, kann heute in der Tat von einer nahezu einhelligen Auffassung zur Auslegung dieser Vorschrift gesprochen werden.

**44** Auch der Senat selbst hat die bisher geltende Regelung des § 17 Abs. 2 Satz 2 LBauO (1974) zunächst im Sinne der herrschenden Meinung verstanden und durch Urteil vom 7. Dezember 1978 (BauR 1979, 410) entschieden, daß ein Anbau nur bei hinreichender Gleichartigkeit im Vergleich zu der vorhandenen Grenzbebauung zugelassen werden dürfe. Er hat hierzu ausgeführt:

„Allein die Gleichartigkeit der jeweiligen Nutzung genügt jedoch nicht, um einen Anbau an der Grenze ausnahmsweise zu gestatten. Wegen der nachteiligen Wirkungen, die jede Grenzbebauung für den Nachbarn mit sich bringt, ist ein Anbau mit dem aus ordnungsrechtlichen Gründen regelmäßig zu beachtenden Grundsatz der offenen Bauweise nur dann zu vereinbaren und für den Grundstücksnachbarn als zumutbar anzusehen, wenn das an der Grenze geplante Vorhaben auch in seinen Ausmaßen und seiner Gestaltung in etwa dem bestehenden Grenzgebäude entspricht (vgl. auch Mang/Simon, BayBauO, Art. 6 Rdn. 36)."

Diese Rechtsauffassung hat der Senat erstmals in seiner Entscheidung vom 16. April 1982 – 1 B 12/82 – aufgegeben und aufgrund einer gesetzessystematischen Betrachtungsweise die Auffassung vertreten, daß der Begriff „Anbau" im Sinne des § 17 Abs. 2 Satz 2 LBauO (1974) keine Gleichartigkeit der Nutzung oder des Bauvolumens des an die Grenze anzubauenden Gebäudes verlange. Dies wurde einerseits damit begründet, daß der Wortlaut des Gesetzes eine solche Einschränkung nicht fordere und auch die Zweckbestimmung der Bauwichvorschriften, die Möglichkeit der Brandübertragung zu verhüten, ohnehin nicht mehr gewährleistet sei, wenn bereits ein Gebäude an der Grenze vorhanden sei. Entscheidend war aber letztlich die Überlegung, daß eine tiefenmäßige Begrenzung des Anbaus wegen der in § 17 Abs. 11 LBauO (1974) enthaltenen Sonderregelung über rückwärtige Anbauten nicht zu rechtfertigen war. Aufgrund dieser in anderen Landesbauordnungen nicht enthaltenen Regelung hätte nämlich nach Fertigstellung eines deckungsgleichen Anbaus bei einem alsdann vorliegenden Doppelhaus oder einer Hausgruppe der Bauherr in der Regel einen Grenzabstand für Anbauten oder rückwärtige Gebäude an der schon bebauten Grenze nicht einhalten müssen (siehe hierzu Beschluß des Senats vom 1. Dezember 1981 – 1 B 70/81 –).

Diese eine sehr intensive bauliche Nutzung ermöglichende Regelung des § 17 Abs. 11 LBauO (1974) ist jedoch bei der Novellierung der Landesbauordnung nicht in die neu geschaffene Abstandsvorschrift übernommen worden, was dafür spricht, daß dem Gesetzgeber die durch die Rechtsprechung des OVG Rheinland-Pfalz eröffnete bauliche Entwicklung als zu weitgehend und deshalb unerwünscht erschien. Nachdem der Wortlaut des § 8 LBauO (1986) weitgehend der Musterbauordnung angepaßt worden ist, sieht der Senat keinen Anlaß mehr, von der zu den entsprechenden Vorschriften in Rechtsprechung und Schrifttum vertretenen herrschenden Meinung abzuweichen. Demzufolge kann die Bauaufsichtsbehörde bei vorhandener Grenzbebauung einen Anbau gemäß § 8 Abs. 1 Satz 3 LBauO nur zulassen oder verlangen, wenn das zu errichtende Gebäude nach Art und Umfang dem vorhandenen Gebäude entspricht, im wesentlichen also deckungsgleich ist. Der neue Grenzanbau muß sich nach seinem Umfang mit der bereits vorhandenen Grenzbebauung vertragen, so daß beide Gebäude möglichst wie ein einheitlicher Baukörper ähnlich einem Doppelhaus wirken (Simon a. a. O., Rdn. 21 a). Diese restriktive Auslegung rechtfertigt sich letztlich aus dem Ausnahmecharakter des § 8 Abs. 1 Satz 3 LBauO, der nur unter engen tatbestandlichen Voraussetzungen einen Verzicht auf den grundsätzlich zu fordernden Grenzabstand zuläßt.

Aufgrund der vorstehend dargelegten Rechtsgrundsätze ist im vorliegenden Fall festzustellen, daß der geplante Wohnhausanbau auf dem Grundstück des Beigeladenen zum größten Teil (55%) nicht an das bestehende Grenzgebäude auf dem Grundstück des Antragstellers angebaut, sondern mit einem überwiegend freistehenden Giebel an der Grenze errichtet werden soll. Eine solch intensive Bebauung der Parzelle 522 auf drei verschiedenen Grenzen ist aber weder mit planungsrechtlichen noch mit bauordnungsrechtlichen Vorschriften zu vereinbaren. Die gleichwohl erteilte Baugenehmigung verletzt auch den Antragsteller in seinen Rechten. Da bei dieser Baugestaltung nicht mehr von einem Anbau im Sinne des Gesetzes gesprochen werden kann, darf er auch nicht im Ermessenswege durch Gestattung einer Ausnahme zugelassen werden. Liegen aber die Voraussetzungen für eine Ausnahme nicht vor, so kann der Antragsteller die Einhaltung der dem Nachbarschutz dienenden Regelung des § 8 Abs. 1 Satz 1 und 2 LBauO verlangen. Insoweit ist also auch dem § 8 Abs. 1 Satz 3 LBauO, mag er auch in erster Linie baugestalterische Ziele verfolgen, eine nachbarschützende Funktion nicht abzusprechen (so im Ergebnis auch . . . Gädtke/Böckenförde/Temme a. a. O., Rdn. 49; BayVGH, Beschluß vom 15. Dezember 1975 a. a. O.; VGH Bad.-Württ., Urteil vom 22. September 1982 a. a. O.).

Nach dieser Entscheidung des OVG Rh.-Pf. sind die Voraussetzungen des § 8 Abs. 1 Satz 3 LBauO also nicht erfüllt, wenn das Vorhaben zu einem wesentlichen Teil nicht lediglich angebaut, sondern versetzt errichtet werden soll.

Absatz 1 Satz 4

**46** Absatz 1 Satz 4 regelt den Fall, daß in der festgesetzten geschlossenen Bauweise an die Nachbargrenze gebaut werden muß, daß aber auf dem Nachbargrundstück bereits ein Gebäude mit einem Abstand vorhanden ist. Auch in diesem Fall kann gestattet oder verlangt werden, daß auf der dieser Grundstücksgrenze, von der ein Abstand eingehalten wird, zugekehrten Seite ebenfalls ein Abstand eingehalten wird. Satz 4 stellt damit ein „Spiegelbild" zu Satz 3 dar (so auch Jekel/Schäfer/Sayn, Textausgabe LBauO 86 mit erläuternden Hinweisen).

Beispiel:

Ist in einem Bebauungsplan die geschlossene Bauweise festgesetzt, so kann es vorkommen, daß trotzdem ein Gebäude auf dem Nachbargrundstück einen Abstand einhält, z. B., weil es vor Inkrafttreten dieses Bebauungsplanes errichtet wurde oder auch weil eine Befreiung gewährt wurde. Auch im Rahmen des § 34 BauGB sind entsprechende Fälle denkbar. Ist ein solcher Abstand vorhanden, so kann gestattet oder verlangt werden, daß das geplante Gebäude ebenfalls eine Abstandsfläche einhält.

**47** § 8 Abs. 1 Satz 4 dürfte auch in den Fällen anzuwenden sein, in denen auf dem Nachbargrundstück ein Gebäude in geschlossener Bauweise mit einem rückwärtigen Anbau, der einen Bauwich einhält, vorhanden ist. Würde die Belichtung notwendiger Fenster zu Aufenthaltsräumen in diesem Anbau durch eine Grenzbebauung erheblich beeinträchtigt und der Nachbar dadurch unzumutbar belästigt, so ist die Bauaufsichtsbehörde in der Regel nicht nur berechtigt, sondern auch verpflichtet zu verlangen, daß im Bereich dieser Fenster auf dem angrenzenden Grundstück ebenfalls ein Abstand eingehalten wird (so Beschluß des OVG Rheinland-Pfalz vom 31. 10. 1986 – 1 B 63/86 – zu dem insoweit inhaltsgleichen § 17 Abs. 2 Satz 3 LBauO 1974).

Im Rahmen ihres pflichtgemäßen Ermessens ist die Bauaufsichtsbehörde also bei ihrer Entscheidung nicht völlig frei. Ob von unzumutbaren Beeinträchtigungen des Nachbarn auszugehen ist, ist in jedem Einzelfall zu entscheiden. Die vorhandene Bebauung erfordert eine Abweichung von der geschlossenen Bauweise nicht erst bei zwingenden Gründen, sondern bereits dann, wenn dies vernünftigerweise geboten ist, und läßt damit Raum für eine Konfliktlösung durch das einen Ermessensspielraum einräumende Landesrecht (OVG Lüneburg, Urteil vom 12. 5. 1982 in BRS 39 Nr. 106). Bei geschlossener Bauweise kann die Einhaltung einer Abstandsfläche auf dem Baugrundstück nur dann gestattet oder verlangt werden, wenn auf dem Nachbargrundstück eine funktionsgerechte Abstandsfläche angrenzt. Funktionsgerecht ist diese dann, wenn sie eine ausreichende Belichtung und Belüftung gewährleistet. Eine Abstandsfläche von 0,40 m auf dem Nachbargrundstück reicht hierfür nicht aus (BayVGH, Urteil vom 6. 5. 1976 in BRS 30 Nr. 89). **48**

Nach Auffassung des OVG Rheinland-Pfalz (Urteil vom 7. 7. 1994, BRS 56 Nr. 103) ist es mit einer pflichtgemäßen Ermessensbetätigung nach § 8 Abs. 1 Satz 4 regelmäßig nicht vereinbar, auf einen Grenzabstand zu verzichten, wenn ein solcher Abstand zur Vermeidung unzumutbarer Beeinträchtigungen für den Nachbarn erforderlich ist. **49**

Der Entscheidung lag der Fall zugrunde, daß sich ein Nachbar gegen eine dem Bauherrn erteilte Baugenehmigung wandte, die es dem Bauherrn erlaubte, an der gemeinsamen Grenze ein Gebäude ohne Einhaltung von Abstandsflächen zu errichten. Das auf dem Grundstück des Nachbarn stehende Haus hält zur gemeinsamen Grenze einen Abstand von mehr als 2 m ein und besitzt auf der zu dieser Grenze zeigenden Giebelwand in jedem Geschoß jeweils 2 Fenster.

Nach Meinung des OVG hätte die Bauaufsichtsbehörde von dem Bauherrn verlangen müssen, daß dieser im vorliegenden Fall eine entsprechende Abstandsfläche einhält. Das Gericht führt dazu aus: „Zwar steht die Entscheidung darüber, wie sich aus dem Wortlaut der Vorschrift („... so kann ... verlangt werden ...") unschwer entnehmen läßt, im Ermessen der Behörde. Mit einer pflichtgemäßen Ermessensbetätigung wäre es aber regelmäßig nicht vereinbar, auf einen Grenzabstand zu verzichten, obwohl ein solcher Abstand zur Vermeidung unzumutbarer Beeinträchtigungen für den Nachbarn erforderlich ist. Unter Berücksichtigung dieses Grundsatzes wird die Annahme einer Verletzung des den Nachbarn in diesem Zusammenhang zustehenden Rechts auf fehlerfreie Ermessensbetätigung grundsätzlich immer dann naheliegen, wenn auf dem Nachbargrundstück Fenster zu Aufenthaltsräumen in der Nähe der Grundstücksgrenze vorhanden sind (so bereits Beschluß des Senats vom 16. 7. 1992, a. a. O.). Eine daraus sich ergebende Ermessensreduzierung zugunsten des mit Fenstern versehenen Nachbarbauwerks hat der Senat allerdings in der Regel nur in den Fällen angenommen, in denen genehmigte Fenster zu Aufenthaltsräumen zugebaut worden wären, die auch nicht mit zumutbarem Aufwand hätten verlegt werden können (vgl. Beschluß des Senats vom 5. 5. 1993 – 1 B 10902/93 – m. w. N.).

In Anwendung dieser Kriterien ist vorliegend eine fehlerfreie Ermessensbetätigung seitens der Beklagten und damit die Rechtmäßigkeit der angefochtenen Baugenehmigung zu verneinen. Was zunächst die Frage angeht, ob die in Rede stehenden Fenster in der zum Nachbargrundstück des Beigeladenen zugewandten Giebelwand überhaupt genehmigt sind oder Bestandsschutz genießen, so hat der erkennende Senat bereits in seinem Beschluß vom 4. 10. 1993 – 1 B 11942/93 – angedeutet, daß es durchaus denkbar sei, daß unter besonderen Umständen auch ohne Vorlage der Genehmigungsurkunde ausnahmsweise von der formellen Legalität der baulichen Anlage ausgegangen werden könne und hier mit Rücksicht auf die Entstehungsgeschichte des Anwesens ein solcher Ausnahmefall vorliegen könne. Unter Beachtung dieser Erwägungen ist der Senat aufgrund der Ortsbesichtigung und den von der Klägerin zu den Akten gereichten Unterlagen zu der Überzeugung gelangt, daß es sich bei den streitigen Fenstern um genehmigte handeln muß, obwohl eine Genehmigungsurkunde nicht vorgelegt werden konnte. Dafür spricht zum einen der von der Klägerin aufgrund von Zeitungsausschnitten erbrachte Nachweis, daß nach einem Brand das Haus im Jahre 1888 wieder aufgebaut worden ist. In diesem Zusammenhang ist schlechterdings nicht vorstellbar, daß in der damaligen Zeit ein Bauvorhaben, das ausweislich des vorgelegten Zeitungsberichts in der Öffentlichkeit große Beachtung gefunden hat, sozusagen vor den Augen der Baupolizei mit nicht genehmigten Fenstern errichtet werden konnte. Auch der Hinweis auf die seinerzeitige Rechtslage vermag diese Annahme nicht zu erschüttern. Denn selbst wenn im Jahre 1888 eine Polizeiverordnung bestanden haben sollte, die Öffnungen in Wänden, die von der Nachbargrenze eine Entfernung von weniger als 2,50 m einhalten, verboten hätte, so bleibt hier zu sehen, daß trotz des später streitigen Grenzverlaufs und der diesbezüglichen Feststellungen des Katasteramtes nicht auszuschließen ist, daß man seinerzeit von einem Abstand des Hauses zur Nachbargrenze von 2,50 m ausgegangen ist. Zum anderen vermochte der Senat bei der vorgenommenen Ortsbesichtigung keine Anhaltspunkte dafür zu erkennen, daß die Fenster später nachträglich ohne Genehmigung in die Giebelwand gebrochen worden sein könnten. Vielmehr sprechen sowohl der Umstand, daß alle Fenster offenbar die gleichen alten, in den Verputz eingelassenen Holzrahmen aufweisen, als auch die Symmetrie der Fensteröffnungen (einschließlich der inzwischen zugemauerten) für die Annahme, daß alle diese Fensteröffnungen in der Giebelwand in früherer Zeit einmal zusammen entstanden sind und deshalb eine diesbezügliche Genehmigung vorhanden gewesen sein muß, zumal es unwahrscheinlich erscheint, daß die gesamten Fenster in dieser Anzahl ungenehmigt hätten entstehen können.

Ist daher vorliegend von genehmigten Fenstern in der Giebelwand auszugehen, so handelt es sich bei jeweils zwei Fenstern im Erd-, Ober- und Dachgeschoß – was die Ortsbesichtigung bestätigt hat – auch um solche zu Aufenthaltsräumen. Dabei kann nicht ernsthaft bezweifelt werden, daß die durch diese Fenster vermittelte Belichtung zumindest für die Aufenthaltsräume im Erd- und Obergeschoß (Laden und Küche) durch die Zulassung des Vorhabens angesichts dessen Höhe nicht unerheblich beeinträchtigt wurde. Soweit das VG und der Beigeladene dies im Hinblick auf Notwendigkeit der Belichtung der Küche unter Hinweis auf § 42 Abs. 3 Satz 2 LBauO in Frage stellen, vermag der Senat dem nicht zu folgen. Zwar mögen bei kleinen Küchen ohne Tisch und Sitzgelegenheiten sowie bei Kochnischen Fenster nicht erforderlich sein. Hier liegt der Fall jedoch anders. Die Ortsbesichtigung hatte nämlich gezeigt, daß es sich bei der Küche der Klägerin um eine „Wohnküche" handelt, die im hinteren Bereich eine Sitzecke mit Tisch aufweist. Bei einer derartigen Küche wiegt aber das Interesse an einer natürlichen Belichtung höher als bei Küchen ohne diese Einrichtungen. Aufgrund der vorstehend dargelegten Belichtungsbeeinträchtigungen erscheint dem erkennenden Gericht ein Verzicht auf einen Grenzabstand auf dem Nachbargrundstück grundsätzlich für die Klägerin nicht zumutbar.

Diese Feststellung allein führt indes – wie oben bereits aufgezeigt – nicht ohne weiteres zu einer Ermessensreduzierung dahin gehend, daß der Beklagte nunmehr zwingend die Einhaltung eines Grenzabstandes vom Beigeladenen verlangen müßte. Vielmehr ist – auch im Hinblick auf die Belange der Bauleitplanung – zusätzlich zu prüfen, ob etwas mit zumutbarem Aufwand zu verwirklichende Ersatzmaßnahmen zur Verbesserung der Belichtungssituation – wie z. B. die Verlegung von Fenstern – möglich sind oder auch, ob mit Rücksicht auf die Bauleitplanung eine Einschränkung der Belichtung hinzunehmen ist (vgl. Beschluß des Senats vom 16. 7. 1992, a. a. O.). Eine Verlegung von Fenstern auf die nördliche Rückseite des Gebäudes für die zusätzliche Belichtung des hinteren Ladenraums und der Küche scheitert hier als Ersatzmaßnahme allerdings schon daran, daß gegenüber dieser nördlichen Hauswand in nur etwa 40 cm Entfernung ein weiteres Gebäude steht, welches eine Höhe aufweist, die jedenfalls eine ausreichende Belichtung des Erd- und Obergeschosses des Hauses der Klägerin von dieser Seite her ausschließt. . . ."

Diese Entscheidung des OVG Rheinland-Pfalz ist im Ergebnis vom Bundesverwaltungsgericht bestätigt worden. Das BVerwG weist in seiner Entscheidung (NJW-RR 1995, 311) jedoch darauf hin, daß § 8 Abs. 1 Satz 4 BauO weiter ist als § 22 Abs. 3 BauNVO oder als die Grundsätze zum Rücksichtnahmegebot in

§ 34 BauGB, als keine inhaltlichen Voraussetzungen für die Abweisung von der planungsrechtlich an sich gebotenen Grenzbebauung normiert sind. Diese tatbestandliche Unbestimmtheit der landesrechtlichen Abstandsvorschrift erscheine insoweit bedenklich, als dadurch in der Tat die planungsrechtlichen Vorgaben des Bundesrechts „unterlaufen" werden könnten.

§ 8 Abs. 1 S. 4 RhPfLBauO und die entsprechenden bauordnungsrechtlichen Vorschriften der anderen Länder sind deshalb **nur insoweit mit Bundesrecht vereinbar**, als die hierauf gestützte Entscheidung auch eine planungsrechtliche Rechtfertigung besitzt (BVerwG a. a. O.).

### 3.2 Lage der Abstandsflächen (Absatz 2)

51   Absatz 2 Satz 1 bestimmt, daß die Abstandsflächen grundsätzlich auf dem Grundstück selbst liegen müssen; daraus ergeben sich zwangsläufig die Mindestabstände der Gebäude zu den Grundstücksgrenzen. Die Anrechnung öffentlicher Verkehrs-, Grün- und Wasserflächen auf die Tiefe der Abstandsfläche ist nach Satz 2 jeweils bis zu deren Mitte möglich, da die dauernde Freihaltung dieser Flächen von Gebäuden oder anderen Anlagen in der Regel gesichert ist (Abb. 4).

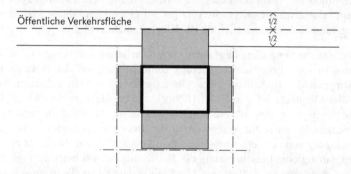

Abb. 4: System bei öffentlichen Verkehrsflächen (Abs. 2 Satz 2).

Eine ähnliche Erleichterung, allerdings beschränkt auf öffentliche Verkehrsflächen, enthielt die Landesverordnung vom 2. 10. 1974 (GVBl. S. 439) zu § 19 LBauO (Amtliche Begründung, a. a. O.).

52   Mit dem **Grundstück** ist das Baugrundstück, d. h. das rechtlich selbständige Buchgrundstück, also das Grundstück im Sinne des bürgerlichen Rechts gemeint. Ein Grundstück im Sinne des bürgerlichen Rechts ist ein abgegrenzter Teil der Erdoberfläche, der im Bestandsverzeichnis eines Grundbuchblattes unter besonderer Nummer eingetragen ist und aus mehreren Flurstücken bestehen kann.

§ 8, 53

Im Gegensatz zu der Bauwichvorschrift des § 17 BauO 1974, der Bauwiche nur für die seitlichen und die hinteren Grundstücksgrenzen vorsieht, sind Abstandsflächen auch zur Straße hin einzuhalten. Allerdings dürfen sie nach der Ausnahmevorschrift in Absatz 2 Satz 2 auch auf öffentlichen Verkehrs-, Grün- oder Wasserflächen liegen, jedoch nur bis zu deren Mitte.

Bei einer Straße mit beidseitiger Bebauung dürfen die Abstandsflächen daher von jeder Seite aus jeweils bis zur Straßenmitte reichen und dort aneinanderstoßen, sich allerdings nicht überdecken. Problematisch kann die Inanspruchnahme der Straße als Abstandsfläche am Ende einer Stichstraße oder bei einem Wendehammer werden. Aber auch dort gilt der Grundsatz, daß sich die Abstandsflächen nicht überdecken dürfen (Abb. 4.1).

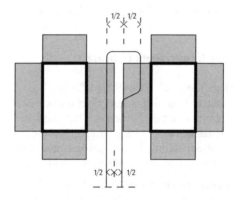

Abb. 4.1: Abstandsflächen bis Straßenmitte (Abs. 2 Satz 2).

**Öffentliche Verkehrsflächen** sind Flächen, die dem öffentlichen Verkehr dienen. Hierzu gehören insbesondere Straßen, Wege und Plätze. 53

**Öffentliche Grünflächen** (vgl. hierzu § 9 Abs. 1 Nr. 15 BauGB) werden grundsätzlich nur solche im Eigentum der öffentlichen Hand sein, da nur bei diesen dauernd gesichert ist, daß sie der Allgemeinheit zur Verfügung stehen.

**Für öffentliche Wasserflächen** gilt Entsprechendes (vgl. § 9 Abs. 1 Nr. 16 BauGB). Zu den öffentlichen Gewässern gehören die natürlichen Wasserläufe, wie Kanäle und Gräben, und die natürlichen stehenden Gewässer, wie Seen, Teiche usw. (vgl. § 3 LWG vom 4. 3. 1983 [GVBl. S. 31]).

Das Gesetz verlangt also das Vorhandensein einer Abstandsfläche auch gegenüber einer Straße, wobei die Abstandsfläche jedoch auch auf der Straßenfläche liegen darf. Praktische Bedeutung kommt dieser Regelung dann zu, wenn die Straße nicht breit genug ist. In einem solchen Fall stellt die neue Regelung eine

Verschärfung gegenüber der bisherigen Regelung dar, als nach § 17 Abs. 1 ein Bauwich nur zu den Grundstücksgrenzen einzuhalten war, die nicht an öffentlichen Verkehrsflächen liegen.

Die Regelung des § 8 Abs. 2 dient dem Nachbarschutz, und zwar auch insoweit, als die Abstandsflächen auf öffentlichen Verkehrs-, Grün- oder Wasserflächen liegen (OVG Rh.-Pf., Beschluß vom 15. 10. 1987 – 1 B 54/87 – in AS 22, 1).

So auch das OVG Berlin (Beschluß v. 6. 9. 1994, BRS 56 Nr. 173) zur entsprechenden Vorschrift in der Bauordnung Berlin: Die Regelung, daß für Abstandsflächen von Gebäuden auch öffentliche Verkehrsflächen und öffentliche Grünflächen bis zu deren Mitte in Anspruch genommen werden können, dient in Verbindung mit dem Verbot der Überdeckung von Abstandsflächen (auch) dem Schutz der jeweils gegenüberliegenden Grundstücke.

### 3.3 Überdeckungsregeln (Absatz 3)

**54** Absatz 3 legt fest, daß die Abstandsflächen vor Außenwänden, die einander gegenüberstehen, sich nicht überdecken dürfen. Bei Gebäuden, die sich gegenüberliegen, ergibt somit die Summe der Tiefen der vor ihren Außenwänden liegenden Abstandsflächen den Gebäudeabstand, der für eine ausreichende Beleuchtung mit Tageslicht der Räume beider Gebäude notwendig ist; dadurch sind in aller Regel auch eine ausreichende Lüftung und der Brandschutz gewährleistet.

Das Überdeckungsverbot entfällt nach Nr. 1 dann, wenn die Außenwände in einem Winkel von mehr als 75° zueinander stehen. In diesen Fällen ist die Beleuchtung in ausreichendem Maße gewährleistet (Abb. 5.1).

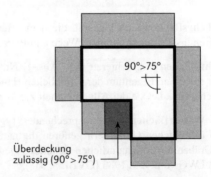

Abb. 5.1: Zulässige Überdeckung in der Innenecke (Abs. 3 Nr. 1).

**55** Die Regelungen in Nr. 2 stehen im Zusammenhang mit den Regelungen der Absätze 8 und 9, wonach bestimmte bauliche Anlagen bzw. Gebäude in den

Abstandsflächen anderer Gebäude gestattet werden können bzw. zulässig sind (Amtliche Begründung, a. a. O.).

Aus Absatz 2 Satz 1 ergibt sich, daß die Abstandsflächen grundsätzlich auf dem Grundstück selbst liegen müssen. Ergänzend dazu ist in Absatz 3 Halbsatz 1 geregelt, daß die Abstandsflächen vor Wänden, die einander gegenüberstehen, sich nicht überdecken dürfen. Der Sinn dieser Vorschrift liegt in den Gesichtspunkten, die die vor Außenwänden freizuhaltenden Flächen erfordern; anderenfalls würde der Zweck der Vorschrift verfehlt. Das Überlagerungsverbot bedeutet, daß für jede vorgeschriebene Abstandsfläche die Grundstücksfläche zur Verfügung stehen muß, ohne daß auf dieser eine einzuhaltende Abstandsfläche (ganz oder teilweise) eines anderen Gebäudes oder Gebäudeteils liegt (siehe Abb. 1). Dies ist nur dann der Fall, wenn vor einer Außenwand nicht nur die Fläche freigehalten wird, die sich aus der eigenen Wandhöhe ergibt, sondern auch zusätzlich die Fläche, die sich aus der Wandhöhe des gegenüberliegenden oder gegenüber zulässigen Gebäudes ergibt. Zwischen zwei gegenüberliegenden Gebäuden muß danach ein Abstand eingehalten werden, der der Summe der Abstandsflächen entspricht. Die Abstandsflächen dürfen sich auch dann nicht überdecken, wenn nur Teile der Gebäude einander gegenüberliegen. **56**

Die Vorschrift gilt auch für Wände, die nahe beieinander stehen, ohne sich zu berühren. Um festzustellen, daß sich die Abstandsflächen überdecken dürfen oder nicht, sind die Wandfluchten bis zum Schnittpunkt zu verlängern, damit der Winkel, den die Wände zueinander bilden, ermittelt werden kann (vgl. Abb. 5.2 und 5.3). **57**

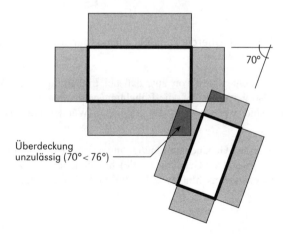

Abb. 5.2: Unzulässige Überdeckung bei zueinander stehenden Gebäuden (Abs. 3 Nr. 1).

Ausnahmen:

**58** Wenn das Überdeckungsverbot uneingeschränkt Geltung hätte, wären viele Formen der Gestaltung eines Gebäudes oder auch der Anordnung von Gebäuden zueinander nicht möglich. Daher macht das Gesetz von dem Grundsatz des Überdeckungsverbotes zwei Ausnahmen.

Nach Absatz 3 Halbsatz 2 Nr. 1 gilt das Überdeckungsverbot nicht für Wände, die in einem Winkel von mehr als 75° zueinander stehen. In diesem Falle dürfen sich also die Abstandsflächen überdecken, da dann Belichtung, Belüftung und Brandschutz nicht beeinträchtigt erscheinen (Abb. 5.3).

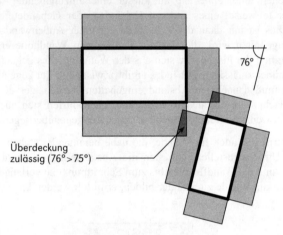

Abb. 5.3: Zulässige Überdeckung bei zueinander stehenden Gebäuden (Abs. 3 Nr. 1).

Der Gesetzgeber geht also davon aus, daß bei Einhaltung eines Winkels von mehr als 75°, also genau ab 76°, die Belichtungsverhältnisse auch dann ausreichend gewahrt sind, wenn sich in den fraglichen Wänden notwendige Fenster befinden.

**59** Unzulässig ist eine Gebäudeanordnung in jedem Falle dann, wenn die Abstandsflächen in andere Gebäude (-teile) hineinragen, also z. B. bei einem spitzwinkligen Gebäudeanschluß zwischen 90° und 75° (Abb. 5.4 und 5.5).

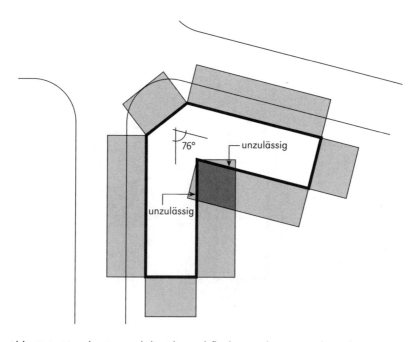

Abb. 5.4: Unzulässig, weil die Abstandsflächen in der Innenecke nicht gänzlich vor den Außenwänden liegen (Abs. 1 Satz 1, Abs. 3 Nr. 1). Dies kann nur im Wege einer Befreiung nach § 67 Abs. 3 zugelassen werden.

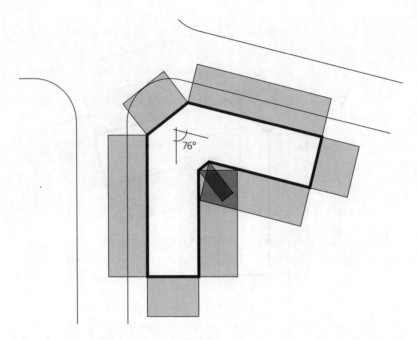

Abb. 5.5: Zulässig, trotz Mehrfachüberdeckung, sofern die Außenwände in einem Winkel von mehr als 75° zueinander stehen (Abs. 3 Nr. 1).

**60** Nach Absatz 3 Halbsatz 2 Nr. 2 besteht eine weitere Ausnahme von dem Überdeckungsverbot für Gebäude und andere bauliche Anlagen, die in den Abstandsflächen zulässig sind oder gestattet werden. Diese Vorschrift berücksichtigt also bauliche Anlagen, die nach Absatz 9 in den Abstandsflächen zulässig sind oder gestattet werden können.

Sie beinhaltet damit eine Klarstellung, aber keine eigene Regelung; denn Gebäude und bauliche Anlagen nach Abs. 9 sind ohne Abstandsflächen zulässig, so daß eine Überdeckung mit anderen Abstandsflächen ausgeschlossen ist und damit eine Ausnahme vom Überdeckungsverbot an sich gar nicht vorliegt.

### 3.4 Bemessungsregeln (Absatz 4)

#### a) Grundsatz der Bemessung der Tiefe

**61** Absatz 4 Satz 1 regelt, wie die Abstandsfläche zu messen ist; für ihre Tiefe ist die jeweilige Höhe der Außenwand oder des Außenwandteils (Wandhöhe) maßgebend. Die Sätze 2 bis 4 regeln, wie die Wandhöhe zu ermitteln ist.

Satz 5 bestimmt, wann und in welchem Ausmaß die Höhe von Dächern und Giebelflächen zur Wandhöhe hinzuzurechnen ist. Dächer mit einer Dachneigung von mehr als 70° (z. B. Mansarddächer) wirken wie eine Außenwand. Ihre Höhe soll deshalb nach Nr. 1 Buchstabe a voll berücksichtigt werden; Entsprechendes gilt nach Nr. 1 Buchstabe b für Giebelflächen im Bereich solcher Dächer. Dächer mit einer Dachneigung von mehr als 45°, aber weniger als 70°, sowie Dächer mit umfangreicheren Dachaufbauten beeinträchtigen ebenfalls noch die Beleuchtung und Belüftung anderer Gebäude; ihre Höhe soll deshalb nach Nr. 2 Buchstaben a und b zu einem Drittel zur Wandhöhe hinzugerechnet werden. Dies soll nach Nr. 2 Buchstabe c auch für die Höhe der Giebelflächen gelten, die nicht unter Nr. 1 Buchstabe b fallen.

Nicht angerechnet werden soll nach Satz 6 die Höhe kleinerer Giebelflächen, von denen nur eine geringe Beeinträchtigung ausgeht. Eine ähnliche Regelung enthielt § 1 der Landesverordnung vom 21. 8. 1980 (GVBl. S. 177), geändert durch Landesverordnung vom 11. 2. 1982 (GVBl. S. 81) zu § 17 Abs. 3 LBauO 1974 (Amtliche Begründung, a. a. O.).

§ 3 Abs. 2 Nr. 3 e der Landesverordnung über Bauunterlagen und die bautechnische Prüfung (BauuntPrüfVO) sieht vor, daß in den den Bauzeichnungen beizufügenden Schnitten das Maß H (§ 8 Abs. 4 LBauO) der Außenwände einzuzeichnen ist, soweit dieses nicht in den Ansichten angegeben ist.

**b) Wandhöhe als Bezugsgröße**

Maßgebliche Bezugsgröße für die Abstandsfläche ist nicht mehr die Zahl der Vollgeschosse, sondern die Wandhöhe. Dies erscheint insofern sinnvoll, als nicht die hinter der Wand befindliche Zahl der Geschosse für den Nachbarn im Hinblick auf Belüftung und Beleuchtung beeinträchtigend wirkt, sondern die Wandhöhe als solche. Es war deshalb richtig, die Tiefe der Abstandsfläche von der Wandhöhe abhängig zu machen. Auch Giebelflächen und Dächer bewirken mit zunehmender Höhe Beeinträchtigungen, so daß sie – je nach Form und Ausmaß – ganz oder teilweise bei der Bemessung der Abstandsfläche mitzurechnen sind.

Nach Abs. 4 Satz 1 bemißt sich die Tiefe der Abstandsfläche nach der Wandhöhe; sie wird senkrecht gemessen. Da nunmehr die Wand die Bezugsgröße ist, muß auch festgelegt werden, wie die Wandhöhe zu berechnen ist. Dies erfolgt in Absatz 4 Satz 2. Danach gilt als Wandhöhe das Maß von der Geländeoberfläche bis zur Schnittlinie der Wand mit der Dachhaut oder bis zum oberen Abschluß der Wand (Abb. 6).

## § 8, 63–64

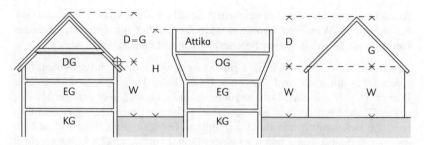

Legende: H = Gesamthöhe für die Bemessung der Abstandsfläche (Abs. 4 letzter Satz)
W = Lotrechte Wandhöhe
D = Lotrechte Dachhöhe
G = Lotrechte Höhe der Giebelfläche (i.d.R. Höhe des Giebeldreiecks)
T = Waagerechte Tiefe der Abstandsfläche

Abb. 6: Bezugspunkte der Wand-, Dach- und Giebelhöhe (Abs. 4 Satz 1 bis 5).

63 **Unterer Bezugspunkt** für die Wandhöhe ist die Geländeoberfläche. **Geländeoberfläche** ist gem. § 2 Abs. 6 LBauO die in der Baugenehmigung festgelegte, im übrigen die natürliche, an das Gebäude angrenzende Geländeoberfläche.

Wandteile unter der in der Baugenehmigung festgelegten Geländeoberfläche bleiben bei der Berechnung der Wandhöhe außer Betracht. Die festgelegte Geländeoberfläche kann mit dem natürlichen Gelände identisch sein, sie kann jedoch auch im Rahmen der von § 10 LBauO gesetzten Grenzen durch Abgrabungen oder Aufschüttungen verändert werden, soweit Festsetzungen eines Bebauungsplanes nichts anderes vorsehen. Da durch das Ausheben der Baugrube das vorhandene natürliche Gelände häufig verändert wird, empfiehlt es sich für die Untere Bauaufsichtsbehörde, grundsätzlich die Geländeoberfläche in der Baugenehmigung festzulegen. Dadurch können häufig spätere Streitigkeiten mit Bauherren oder Nachbarn vermieden werden. Dementsprechend sind auch Eintragungen über die Geländeoberfläche in den Bauunterlagen, die mit den tatsächlichen Gegebenenheiten nicht in Einklang stehen, von der Bauaufsichtsbehörde im Genehmigungsverfahren zu korrigieren.

64 **Oberer Bezugspunkt** der Wandhöhe ist die Dachhaut. Unter **Dachhaut** ist die Dacheindeckung zu verstehen. Da aber die Dacheindeckung nicht mehr zur Wand gehört, ist die Schnittlinie der Wand mit der Dachhaut maßgebend. Die Schnittlinie der Wand mit der Dachhaut ist eine gedachte Linie; sie ist nicht identisch mit der von außen sichtbaren Traufkante (Abb. 6). Die Alternative „bis zum oberen Abschluß der Wand" gilt vor allem für Flachbauten, bei denen über der Außenwand häufig eine Dachhaut fehlt (Abb. 6).

Bei geradem oberem Abschluß der Wand ist oberer Bezugspunkt für die Berechnung der Wandhöhe die Oberkante der Wand. Bei unterschiedlicher Höhe des oberen Wandabschlusses bzw. bei Vorsprüngen ist die betreffende Außenwand in entsprechende Wandabschnitte zu unterteilen. Für jeden Wandabschnitt ist danach die Wandhöhe und daraus die Tiefe der Abstandsfläche gesondert zu ermitteln (Abb. 7).

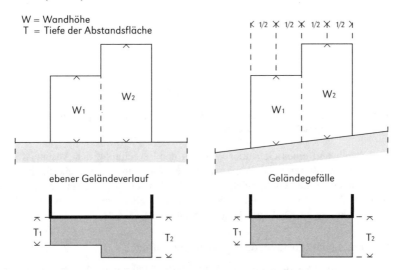

Abb. 7: Bei Versprüngen des Dachabschlusses sind Wandabschnitte zu bilden (Abs. 4 Satz 1).

### c) Berechnung von Wänden unter Giebelflächen (Abs. 4 Satz 3)

Als Wandhöhe gilt gemäß § 8 Abs. 4 Satz 2 das Maß von der Geländeoberfläche bis zur Schnittlinie der Wand mit der Dachhaut oder bis zum oberen Abschluß der Wand. Nach Abs. 4 Satz 3 gilt bei Wänden unter Giebelflächen als oberer Abschluß der Wand die Waagerechte in Höhe der Schnittlinien nach Satz 2 (Abb. 6); liegen die Schnittlinien nicht auf einer Höhe, ist die Waagerechte in der Mitte zwischen den Schnittlinien anzunehmen (Abb. 8).

Die Schnittlinien liegen z. B. dann nicht auf einer Höhe, wenn es sich um unregelmäßige Dächer handelt. In diesen Fällen ist als oberer Bemessungspunkt die Waagerechte in der Mitte zwischen den Schnittlinien anzunehmen (Abb. 8).

## § 8, 66

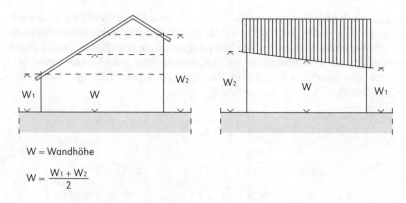

W = Wandhöhe

$$W = \frac{W_1 + W_2}{2}$$

Abb. 8: Die Schnittlinien der Wand mit der Dachhaut liegen nicht auf einer Höhe (Abs. 4 Satz 3 u. 4).

Die Giebelwand eines Gebäudes wird bei der Berechnung der Abstandsfläche praktisch in zwei Teile geteilt, einmal in die „Wand unter der Giebelfläche" und zum anderen in die „Giebelfläche". Die Wände (richtiger: Wandteile) unter der Giebelfläche werden nach Abs. 4 Sätze 1 und 4 voll angerechnet, während sich die Anrechnung der Giebelfläche aus Abs. 4 Satz 5 ergibt.

**Berechnung der Abstandsfläche bei einem Pultdach**

66 Bei einem Pultdach stellt sich die Frage, ob das Maß von der Geländeoberfläche bis zur Schnittlinie der Wand mit der Dachhaut die Wandhöhe bildet oder ob diese so zu ermitteln ist, daß eine Waagerechte in der Mitte zwischen diesem Maß (Geländeoberfläche bis zur Schnittlinie der Wand mit der Dachhaut) und dem Maß von der Geländeoberfläche bis zum Dachfirst gezogen wird (Abb. 8.1 bis 8.3).

Nach Auffassung des OVG Rheinland-Pfalz ist § 8 Abs. 4 Satz 3, 2. Halbsatz auch auf Wände unter Giebelflächen von Pultdächern anzuwenden (so Beschluß vom 26. Juli 1993, AS 24 Nr. 23). Das OVG hält damit die zweite Berechnungsweise für die richtige und führt dazu aus: „Ein Pultdach ist im Rahmen dieser Bestimmung wie ein Dach mit unterschiedlich hohen Traufen zu behandeln, bei dem die höher gelegene Schnittlinie im Sinne des § 8 Abs. 4 Satz 3, 2. Halbsatz LBauO auf Höhe des Dachfirstes liegt (ebenso: Jekel/Schaefer/Sayn, Die neue Bauordnung für Rheinland-Pfalz, 1987, § 8 Erl. II, zu Abs. 4, S. 86 sowie Bilder 12, 54 und 55). Ein sachlicher Grund, eine Wand unter dem Giebel eines Pultdaches von der gemäß § 8 Abs. 4 Satz 3, 2. Halbsatz LBauO für Wände unter Giebeln von Dächern mit unterschiedlichen Traufhöhen vorgesehenen Berechnungsweise auszunehmen, ist – namentlich aus der Sicht des Regelungszwecks der genannten Vorschrift – nicht ersichtlich. Auch bei der Wand unter dem Giebel eines Pultdaches handelt es sich um eine Wand unter einer Giebelfläche (vgl. § 8 Abs. 4 Satz 5 Nr. 1 b LBauO, aus dem ersichtlich wird, daß dem Gesetzgeber der Begriff der Giebelfläche eines Pultdaches geläufig ist), deren Höhe infolge des darüber liegenden nicht regelmäßig ausgebildeten Giebels nicht ohne weiteres festliegt. Die vom Gesetzgeber für derartige Fälle vorgesehene Mittelung zwischen zwei Schnittlinien behält auch für die Fälle der Wände unter Giebelflächen von Pultdächern ihren Sinn. Infolge der Bestimmung des § 8 Abs. 4 Satz 3, 2. Halbsatz LBauO stellt sich die Rechtslage in Rheinland-Pfalz insofern anders dar als etwa in Bayern und Nordrhein-Westfalen. Die dortigen Bauordnungen enthalten eine solche Vorschrift nicht. Andererseits sehen sie aber auch nicht die Möglichkeit vor, Giebelflächen nicht auf die Wandhöhe anzurechnen, wie dies in § 8 Abs. 4 Satz 6 LBauO geregelt ist. Die zuletzt genannte Bestimmung stellt somit sicher, daß die Tiefe von Abstandsflächen vor Wänden unter Giebelflächen, auch von Pultdächern, in Rheinland-Pfalz in aller Regel derjenigen in den oben genannten Bundesländern im wesentlichen entspricht."

Diese Auffassung des OVG Rheinland-Pfalz ist im Vergleich mit anderen geneigten Dachformen nicht sachgerecht und führt in der praktischen Anwendung zu unbilligen und ungerechten Ergebnissen (Abb. 8.1 bis 8.3).

Zur Wandhöhe werden nach Satz 5 Nr. 1 b voll hinzugerechnet die Giebelflächen von Pultdächern mit einer Dachneigung von mehr als 70° und nach Nr. 2 c zu einem Drittel hinzugerechnet Giebelflächen, die nicht unter Nr. 1 b fallen, mithin u. a. Pultdächer mit weniger als 70° Dachneigung.

Damit hat der Gesetzgeber die Anrechnung der Giebelflächen von Pultdächern (abschließend) geregelt, so daß es einer ergänzenden Auslegung der Sätze 2 und 3 des Absatzes 4 für die Abstandsflächenberechnung der Giebelflächen von Pultdächern nicht mehr bedarf.

Die Auslegung des OVG führt dazu, daß die Giebelfläche des Pultdaches in 2 Hälften zerlegt wird, die untere wird der Wandhöhe zugeschlagen, nur die obere Hälfte wird abstandsflächenrechtlich als Giebelfläche angesehen. Das OVG erweitert mit seiner Sichtweise praktisch die Vorschrift über die volle Anrechnung von Giebelflächen unter Pultdächern mit einer Dachneigung von mehr als 70° (Abs. 4 Satz 5 Nr. 1 b) insoweit, als nicht nur Giebelflächen von Pultdächern mit einer Dachneigung von mehr als 70°, sondern sämtliche Giebelflächen unter Pultdächern unabhängig von der Dachneigung mit der unteren Hälfte der Giebelfläche voll zur Wandfläche hinzugerechnet werden.

Eine solche Auslegung wird vom Wortlaut der Vorschrift nicht getragen. Das Gesetz spricht von „Wänden unter Giebelflächen", d. h., es unterscheidet zwischen Giebelflächen und Wänden unter diesen Giebelflächen. Ein Giebel ist grundsätzlich die Abschlußwand an der Stirnseite eines Satteldaches und hat eine dreieckige Grundform. Zweifelsohne hat aber auch ein Pultdach eine Giebelfläche. Giebelfläche bei Pultdächern ist die Fläche oberhalb der Waagerechten, die durch den Schnittpunkt der Wand mit der Dachhaut am Traufpunkt läuft. Diese Giebelfläche unterfällt abstandsflächenrechtlich der Regelung in Satz 5, die Wand darunter der Regelung in Satz 2 und Satz 3, 1. Halbsatz.

Nicht zuletzt gebietet es der Schutzzweck des Art. 14 GG, § 8 LBauO nicht einengender als nötig auszulegen.

Die Auslegung des OVG widerspricht zudem dem Sinn und Zweck der Abstandsflächenvorschrift. Abstandsflächen sollen eine ausreichende Belichtung, Belüftung und Besonnung der Gebäude und der sonstigen Teile der Nachbargrundstücke gewährleisten, einen angemessenen Brandschutz sicherstellen und die Einsichtsmöglichkeiten begrenzen. Deshalb ist es sachgerecht, Gebäude, die ein größeres Ausmaß haben und eine größere Verschattung verursachen, auch einer größeren Abstandsfläche zu unterwerfen als kleinere Gebäude. D. h., es kommt im Ergebnis auf die Auswirkungen auf das Nachbargrundstück an. Die Entscheidung des OVG bewirkt aber das Gegenteil. Das Pultdach wird gegenüber einem Satteldach regelmäßig benachteiligt. Z. B. kann ein Gebäude mit einem Satteldach nach der Berechnung des OVG näher an die Grundstücksgrenze herangebaut werden als ein halb so breites Gebäude mit einem Pultdach. Nachstehende Zeichnungen und Berechnungen sollen dies verdeutlichen:

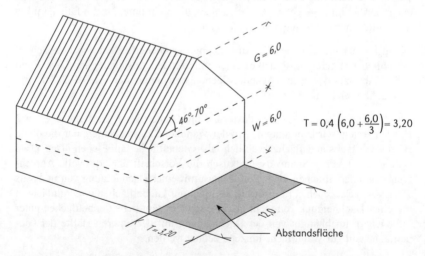

Abb. 8.1: Abstandsfläche bei einem regelmäßigen Giebel (Abs. 4 Satz 3 und Satz 4 Nr. 2c).

§ 8, 67

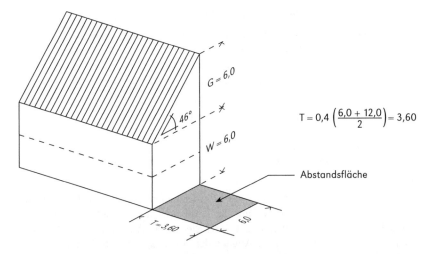

Abb. 8.2: Abstandsfläche bei einem nur halb so großen Pultdach gem. OVG v. 26. 7. 1993 (Abs. 4 Satz 3). Siehe auch Abb. 8.

Sofern die Giebelfläche nach Abs. 4 Satz 6 vernachlässigt wird, ist die Differenz zuungunsten des Pultdaches noch erheblicher.

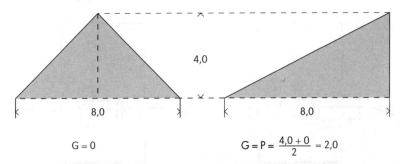

Abb. 8.3: Gem. OVG v. 26. 7. 1993 ist die Pultgiebelfläche mit der Hälfte ihrer Höhe anzurechnen (Abs. 4 Satz 3), die vergleichbare Giebelfläche eines Satteldaches wird vernachlässigt (Abs. 4 Satz 6).

Richtiger dürfte es daher sein, die Giebelfläche eines Pultdaches abstandsflächenrechtlich genauso zu behandeln wie die eines Satteldaches.

49

### d) Maßgebliche Wandhöhe (Absatz 4 Satz 4)

**68** Absatz 4 Satz 4 bestimmt die maßgebliche Wandhöhe. Maßgebend ist danach die im Mittel gemessene Höhe der Wand oder des Wandteiles. Bei ebenem Gelände und waagerechter Schnittlinie der Wand mit der Dachhaut bzw. oberem Abschluß der Wand ist die Höhe entlang der Wand oder des Wandteiles konstant.

Bei hängigem Gelände können sich allerdings unterschiedliche Höhen der Wand ergeben. In einem solchen Fall ist die im Mittel gemessene Wandhöhe maßgebend. Dieses Mittel ergibt sich als arithmetisches Mittel der verschiedenen Höhenmaße an allen Wandecken. Ebenso wie bei versetzten Schnittlinien an Giebelflächen werden hierdurch trapezförmige Abstandsflächen vermieden (Abb. 7 und 8).

Es ist in der Regel unerheblich, wie sich der Geländeverlauf im Bereich zwischen diesen Wandecken entlang der Außenwand darstellt, sei es durch Aufschüttungen, Abgrabungen oder Terrassierungen. Aus diesem Grunde ist in den Bauvorlagen die eindeutige Angabe der Höhenlage an den Wandecken bzw. Gebäudeecken unverzichtbar.

**69** Das Mittelmaß ist für jeden Wandteil oder jeden Wandabschnitt zu bestimmen und vor ihm anzulegen. Dies wird vor allem bei einer Staffelung der Wände relevant (z. B. terrassierten Gebäuden)(Abb. 9).

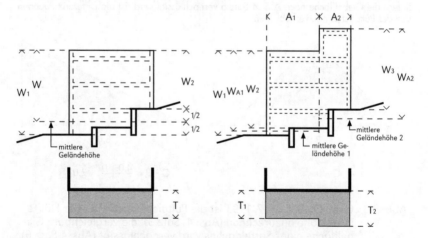

Abb. 9: Bei Geländegefälle sind mittlere Wandhöhen zu ermitteln (Abs. 4 Satz 4).

**70** Bei versetzten Außenwandteilen ist die Wandhöhe jeweils separat zu bestimmen. Die einzelnen Außenwände eines Gebäudes können z. B. bei Gebäuden mit unterschiedlich hohen Gebäudeteilen, mit unterschiedlichen Traufhöhen oder

§ 8, 70

mit verspringenden Wandhöhen unterschiedlich hoch sein. In diesen Fällen muß die Wandhöhe und somit die Abstandsfläche für jeden Wandteil bzw. Wandabschnitt getrennt ermittelt werden (Abb. 10.1, 10.2 u. 11).

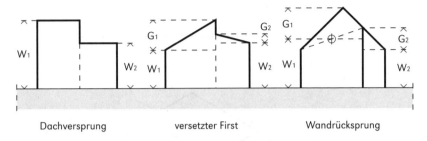

Abb. 10.1: Giebelflächen unterschiedlicher Art

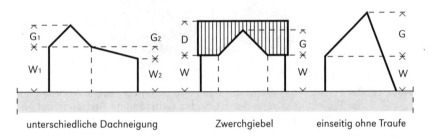

Abb. 10.2: Aufteilung von Giebelflächen

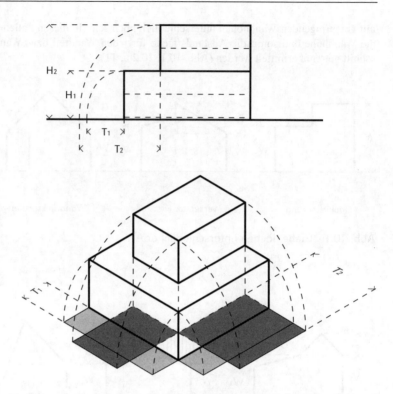

Abb. 11: Bei versetzten Außenwandteilen entstehen vor jedem Wandteil auf der Projektionsebene des Geländes selbständige Abstandsfächen (Abs. 4 Satz 1).

### e) Anrechnung von Dächern, Dachaufbauten und Giebelflächen (Absatz 4 Satz 5)

**71** Absatz 4 Satz 5 bestimmt, wann und in welchem Ausmaß die Höhe von Dächern und Giebelflächen zur Wandhöhe hinzuzurechnen ist. Dabei wird unterschieden zwischen einer vollen Anrechnung und einer Anrechnung zu einem Drittel der Höhe. Die Formulierung „zur Wandhöhe werden hinzugerechnet" könnte zu Mißverständnissen führen. Deshalb ist klarzustellen, daß Wandteile oder Wandbereiche, die bereits durch die Regelwandhöhe nach Satz 2 bis 4 erfaßt sind, im Rahmen der Anrechnung nach Satz 5 außer Betracht bleiben, sie werden mit anderen Worten nicht nochmal dazugerechnet.

Absatz 4 Satz 5 unterscheidet bei der Hinzurechnung zur Wandhöhe zwischen Dächern und Dachteilen einerseits und den Giebelflächen andererseits.

§ 8, 72

Bei der Anrechnung von Dächern und Dachteilen geht es grundsätzlich um die Berechnung der Abstandsflächen vor den Traufseiten eines Gebäudes, die Anrechnung der Giebelflächen ist für die Abstandsflächen vor den Giebelseiten eines Gebäudes maßgebend. Bei traufseitiger Betrachtung des Gebäudes kommen Satz 5 die Nummern 1a, 2a und 2b zur Anwendung, bei giebelseitiger Betrachtung Satz 5 Nummern 1b und 2c sowie Satz 6 (Abb. 12.1 u. 12.2).

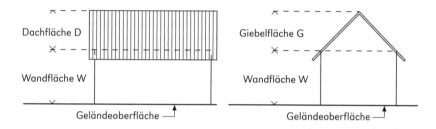

Abb. 12.1: Traufseitiges Gebäude (Für Berechnung maßgebend Satz 5 Nr. 1a, 2a und 2b).

Abb. 12.2: Giebelseitiges Gebäude (Für Berechnung maßgebend Satz 5 Nr. 1b und 2c sowie Satz 6).

## 1. Volle Anrechnung (Absatz 4 Satz 5 Nr. 1)

### aa) Dächer und Dachteile mit einer Dachneigung von mehr als 70°

Die Höhe von Dächern und Dachteilen mit einer Dachneigung von mehr als 70° (also z. B. Mansarddächer) wird voll zur Wandhöhe hinzugerechnet. Der Grund ist darin zu sehen, daß solche Dächer wie eine Außenwand wirken, so daß auch ihre volle Anrechnung auf die Höhe gerechtfertigt erscheint (Abb. 13 u. 14).

72

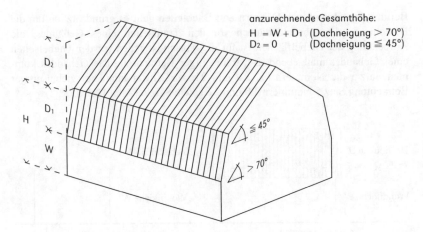

Abb. 13: Mansarddach mit teilweise voll anzurechnendem Dach (Abs. 4 Satz 5 Nr. 1a).

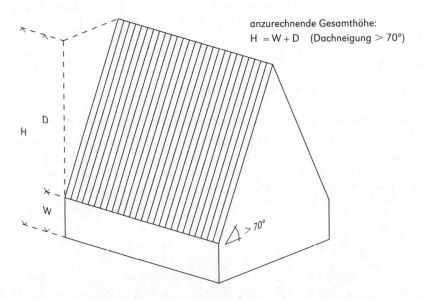

Abb. 14: Gebäude mit in voller Höhe anzurechnendem Dach (Abs. 4 Satz 5 Nr. 1a).

Dächer mit einer Dachneigung von bis zu 70° einschließlich unterliegen somit nicht der vollen Anrechnung.

**bb) Giebelflächen mit Dachneigungen von mehr als 140° sowie Giebelflächen von Pultdächern mit mehr als 70° Dachneigung**

Die Höhe von Giebelflächen wird voll zur Wandhöhe hinzugerechnet, wenn die Summe der Dachneigungen mehr als 140° beträgt (Abb. 15).

73

Entsprechendes gilt für Giebelflächen von Pultdächern mit einer Dachneigung von mehr als 70° (Abb. 16).

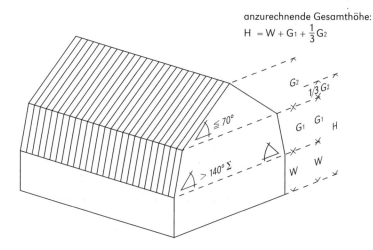

Abb. 15: Giebelseite eines Mansarddaches (Abs. 4 Satz 5 Nr. 1b).

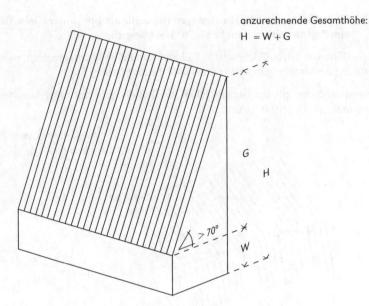

Abb. 16: Giebelseite eines Pultdaches (Abs. 4 Satz 5 Nr. 1b).

## 2. Anrechnung zu einem Drittel (Abs. 4 Satz 5 Nr. 2)

### aa) Dächer und Dachteile mit mehr als 45° Dachneigung

**74** Dächer oder Dachteile mit einer Dachneigung von mehr als 45° und bis zu 70° werden mit einem Drittel ihrer Höhe hinzugerechnet. Der Grund ist darin zu sehen, daß solche Dächer ebenfalls noch die Beleuchtung und Belüftung anderer Gebäude beeinträchtigen, wenn auch nicht in dem Maße wie die Dächer nach Satz 5 Nr. 1 (Abb. 17).

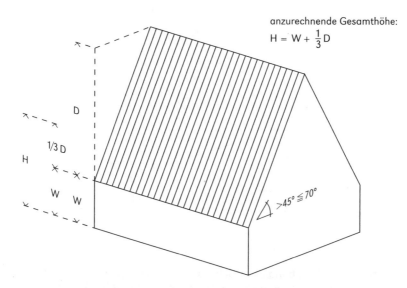

Abb. 17: Dächer und Dachteile mit einer Dachneigung von mehr als 45° und bis zu 70° (Abs. 4 Satz 4 Nr. 2a).

Wenn ein Dach mit einer Dachneigung größer als 45° und bis zu 70° Dachgauben besitzt, verbleibt es bei der Anrechnung zu einem Drittel.

**bb) Dächer mit Dachgauben und Dachaufbauten**

Dächer mit einer Dachneigung bis zu 45° werden nicht auf die Abstandsfläche angerechnet, wohl aber dann, wenn sie über Dachgauben oder andere Dachaufbauten verfügen, die zusammen mehr als halb so breit wie die Wand sind (Abb. 18 u. 19).

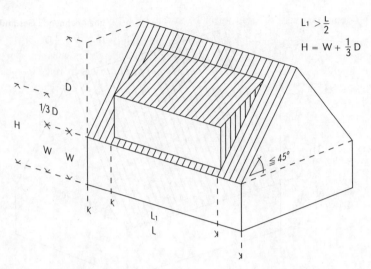

Abb. 18: Anrechnung des Daches zu einem Drittel, weil die Dachgaube mehr als halb so breit ist, wie die Wand (Abs. 4 Satz 5 Nr. 2b).

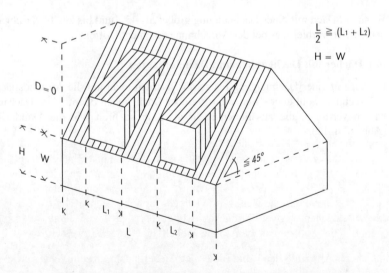

Abb. 19: Keine Anrechnung des Daches, da die beiden Dachgauben zusammen weniger als halb so breit sind, wie die Wand (Abs. 4 Satz 5 Nr. 2b).

## cc) Giebelflächen, die nicht unter Nummer 1 b fallen

Giebelflächen, die nicht unter Nummer 1 b fallen, sind einmal alle Giebelflächen, bei denen die Summe der Dachneigungen bis zu 140° beträgt (also von 1° bis 140° einschließlich) sowie zweitens Giebelflächen von Pultdächern mit einer Dachneigung bis zu 70° (Abb. 20).

**76**

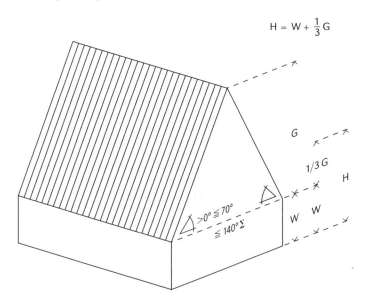

Abb. 20: Giebelflächen, deren beide Dachneigungen in der Summe bis zu 140° betragen (Abs. 4 Satz 5 Nr. 2c).

Berechnungsprobleme könnten bei einem Pultdach auftreten. Man darf in diesem Falle die Giebelwand nicht bis zum First allein der Regelung des Abs. 4 Satz 2 und 3 unterwerfen und damit praktisch als schräg verlaufenden oberen Wandabschluß betrachten mit der Folge, daß bei der Berechnung der Abstandsfläche von der Waagerechten in der Mitte zwischen den Schnittlinien der Wand mit der Dachhaut auszugehen wäre; vielmehr muß die Giebelwand wie im Falle des Satteldaches in zwei Teilflächen, nämlich einmal in die „Wand unter der Giebelfläche" und zum anderen in die Giebelfläche unterteilt werden.

**77**

Als oberer Abschluß der Wand (unter der Giebelfläche) gilt die Waagerechte in Höhe der Schnittlinie der Wand mit der Dachhaut an der Traufseite.

Bei einer anderen Auslegung müßte ein Gebäude mit einem solchen Pultdach einen größeren Abstand einhalten als ein Satteldach mit gleicher Dachneigung (gem. Satz 5 Nr. 2 c wird hier die Höhe der Giebelfläche nur zu einem Drittel angerechnet), obwohl die Außenwand im Falle eines Pultdaches nur halb so groß ist wie im Falle eines Satteldaches (Abb. 8.2 u. 8.3).

Die hier vertretene Auffassung kann ferner auf Satz 5 Nr. 2 c gestützt werden, wonach Giebelflächen (auch von Pultdächern) mit einer Dachneigung von 70° und weniger nur zu einem Drittel zur Wandhöhe hinzugerechnet werden (Abb. 21).

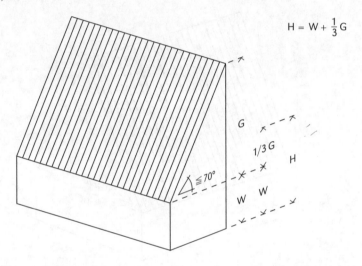

Abb. 21: Giebelflächen von Pultdächern mit einer Dachneigung bis zu 70° (Abs. 4 Satz 5 Nr. 2c).

Vgl. hierzu im einzelnen die Ausführungen zu § 8 Abs. 4 Satz 3 und die dort zitierte gegenteilige Auffassung des OVG Rh.-Pf. (Abb. 8.1 bis 8.3).

### 3. Keine Anrechnung

#### aa) Dächer mit Dachneigung bis 45°

78  Bei Dächern und Dachteilen (Traufseite des Gebäudes) mit einer Dachneigung von 45° erfolgt keine Anrechnung, sie bleiben also bei der Berechnung der Abstandsfläche unberücksichtigt.

Eine Hinzurechnung erfolgt bei einer Dachneigung bis zu 45° nur bei Dächern mit Dachgauben oder Dachaufbauten, wenn diese zusammen mehr als halb so breit wie die Wand sind (Abs. 4 Satz 5 Nr. 2 b) (Abb. 22).

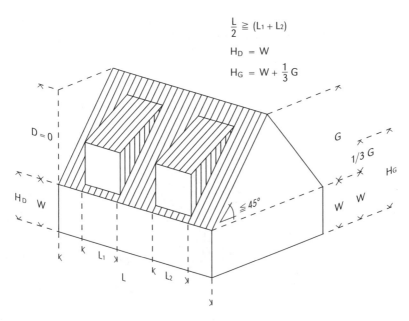

Abb. 22: Gebäude mit Dachneigung bis zu 45°
(Abs. 4 Satz 5 Nr. 2a, 2b, 2c).

Erklärung zur Abb. 22:

Hier wird für die Ermittlung der Abstandsfläche der Traufseite des Hauses das Dach nicht mitgerechnet, weil das Dach eine Dachneigung von 45° bzw. weniger hat (vgl. Abs. 4 Satz 5 Nr. 2 a) und weil die beiden Dachgauben nicht mehr als halb so breit wie die Wand der Traufseite des Hauses sind (vgl. Abs. 4 Satz 5 Nr. 2 b). Die Höhe G der Giebelfläche der Giebelwand wird zu einem Drittel hinzugerechnet (vgl. Abs. 4 Satz 5 Nr. 2 c), weil die Summe der Dachneigungen weniger als 140° ist, damit also eine volle Anrechnung entfällt (vgl. Abs. 4 Satz 5 Nr. 1 b), und die Grundlinie der Giebelfläche länger als 8 m ist (vgl. Satz 6).

### bb) Erleichterung für kleinere Giebelflächen (Abs. 4 Satz 6)

Nicht hinzugerechnet wird nach Abs. 4 Satz 6 in den Fällen des Satzes 5 Nr. 1 Buchstabe b und Nr. 2 Buchstabe c die Höhe von Giebelflächen, die innerhalb eines Dreiecks mit einer in Höhe der Waagerechten nach Satz 3 anzunehmenden Grundlinie von 8 m Länge und mit 4 m Höhe liegen; dies gilt nicht, wenn Dachaufbauten weniger als 1,50 m von der Giebelfläche entfernt sind. Satz 6 beschreibt somit kleinere Giebelflächen, die nicht angerechnet werden sollen, weil von ihnen nur eine geringe Beeinträchtigung ausgeht. Die Regelung ist zu vergleichen mit der Regelung in § 1 der Landesverordnung vom 21. 8. 1980 (GVBl. S. 177) zu § 17 Abs. 3 LBauO 1974 (Abb. 23).

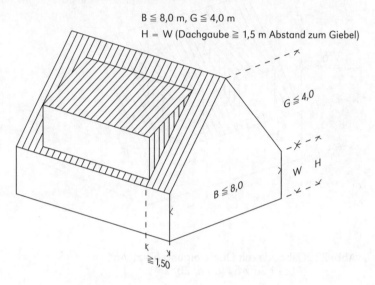

Abb. 23: Die Giebelfläche ist zu vernachlässigen bei einem Gebäude mit einer waagerechten Giebelgrundlinie von bis zu 8,0 m und einer maximalen Giebelhöhe von 4,0 m (Abs. 4 Satz 6).

Satz 6 könnte zu Auslegungsschwierigkeiten führen. Wenn man allein vom Wortlaut ausgeht, so könnten von einer Anrechnung in den Fällen der Nummern 1 b und 2 c auch die Teile von Giebelflächen befreit sein, die innerhalb eines Dreiecks mit einer in Höhe der Waagerechten nach Satz 3 anzunehmenden Grundlinie von 8,0 m Länge und mit 4 m Höhe liegen. Dies würde bedeuten, daß bei allen Gebäuden der Bereich von 4 m unterhalb des Firstes bei der Berechnung der Abstandsfläche praktisch unberücksichtigt bleiben könnte, wenn in dieser Höhenlage die Breite von 8 m nicht überschritten wird. Dies widerspricht aber wohl dem Sinn der Vorschrift, die an die vergleichbare Regelung in § 1 der Landesverordnung zu § 17 Abs. 3 LBauO 1974 angelehnt ist. Damit können mit Satz 6 nur solche Giebelflächen gemeint sein, bei denen die gesamte Giebelbreite des Gebäudes oder des Giebelwandteils, bzw. der nach Satz 3 zu bildenden Waagerechten, eine Grundlinie von 8,0 m Länge oder weniger hat und eine Höhe von 4 m nicht überschreitet.

## f) Besondere Dach- und Giebelformen

Die Bemessungsregeln des Abs. 4 haben zur Konsequenz, daß sich für Giebelwände bei tief herabgezogenen Traufen, z. B. im Falle beidseitig abgeschleppter Dächer, eine geringere Abstandsfläche errechnet als für eine Giebelfläche mit gleicher Firsthöhe, aber normal angesetzter Traufe (Abb. 24). **80**

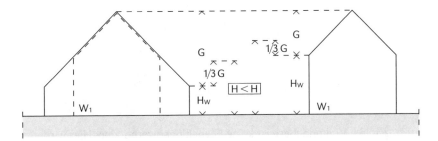

Abb. 24: Das Beispiel zeigt, daß Dach- und Giebelflächen abstandsflächenrechtlich begünstigt sind und zu geringeren Abständen führen können als vergleichbare Wandflächen.

Für andere Dachformen ergeben sich folgende Berechnungen:

Für **Walmdächer** sieht Abs. 4 keine besondere Regelung vor. Dies ist auch nicht erforderlich. Die Wandhöhe der Außenwand wird nach der Regelung in Abs. 4 Satz 2 angesetzt, und der Umfang der Anrechnung des Daches richtet sich nach Satz 5 (bei einer Dachneigung von mehr als 70° volle Anrechnung, bei einer Dachneigung von mehr als 45 bis 70° Anrechnung zu einem Drittel, bei einer Dachneigung von 45° und weniger keine Anrechnung) (Abb. 25). **81**

§ 8, 82

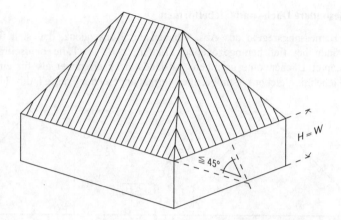

Abb. 25: Bei Walmdächern ist keine Giebelfläche vorhanden. Hier wird (in analoger Anwendung der Regelungen für die Traufseiten) die Höhe des Daches oberhalb der Traufe bis 45° Dachneigung des Walms nicht berücksichtigt, bis 70° zu einem Drittel angerechnet, über 70° voll der Wandhöhe hinzugerechnet.

82 Bei **Krüppelwalmdächern** handelt es sich um eine Kombination von Wandfläche, Giebelfläche und Dachfläche. Das Gesetz beinhaltet keine spezifische Regelung für die Berechnung des erforderlichen Abstandes bei solchen Krüppelwalmdächern. Die Vorschrift bedarf deshalb der Auslegung. Die nachfolgend vorgeschlagene Berechnung orientiert sich am Sinn und Zweck der Regelung:

Die Wand unterhalb der Giebelfläche wird nach Abs. 4 Satz 2 und 3 ermittelt. Die Giebelfläche bis zum Walm wird je nach Dachneigung voll (Satz 5 Nr. 1 b) oder zu einem Drittel (Satz 5 Nr. 2 c), und der Walm selbst wird dann nicht angerechnet, wenn er eine Dachneigung von 45° und weniger aufweist. Ist die Dachneigung des Walms größer als 45°, dann wird die Höhe des Daches zu einem Drittel hinzugerechnet, so daß die Berechnung in diesem Falle im Ergebnis wie bei einem Satteldach erfolgt (Abb. 26); so im Ergebnis auch OVG NRW (Beschluß vom 31. 1. 1994 BRS 56 Nr. 97) für die vergleichbare Regelung der Bauordnung Nordrhein-Westfalen.

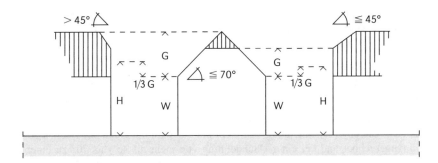

Abb. 26: Krüppelwalmdach mit unterschiedlicher Dachneigung des Krüppelwalms.

Das ungünstigere Berechnungsmodell, dem hier nicht gefolgt wird, nämlich die Giebelwand in einem solchen Fall in drei Abschnitte zu unterteilen, wobei der mittlere Wandabschnitt von der Geländeoberfläche bis zur Traufe des Walms reicht und bei der Ermittlung der Wandhöhe in voller Höhe berücksichtigt wird, erscheint vom Sinn und Zweck des Gesetzes im Hinblick auf die Auswirkungen auf das Nachbargrundstück nicht gerechtfertigt, da die Höhe des mittleren Wandabschnitts in den meisten Fällen größer sein dürfte als die Wandhöhe einer vergleichbaren Giebelwand ohne Abwalmung (Abb. 27).

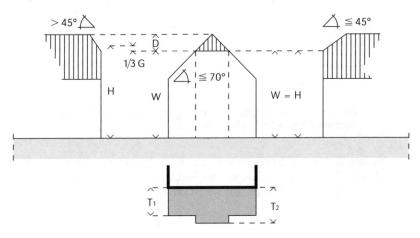

Abb. 27: Ungünstigere Berechnungsmethode für das Krüppelwalmdach durch Aufteilung in drei Wandabschnitte.

**83** Bei **Mansarddächern** ist die Anrechnung der Giebelfläche von der Dachneigung der Dachteile abhängig und dementsprechend nach Satz 5 Nr. 1 b und Nr. 2 c – ggf. auch kombiniert – zu ermitteln (vgl. Abb. 13 u. 15).

**84** Für **Zeltdächer** kennt das Gesetz keine Sonderregelung, obwohl geringere Beeinträchtigungen auftreten als bei einem Satteldach mit gleicher Dachneigung.

Die Berechnung erfolgt – analog dem Walmdach – nach Satz 5 Nr. 1 a oder Nr. 2 a. Bei einer Dachneigung von mehr als 70° wird die Höhe des Daches voll hinzugerechnet und bei einer Dachneigung von mehr als 45° bis 70° zu einem Drittel. Bei Dachneigungen von 45° und weniger erfolgt keine Anrechnung (Abb. 28).

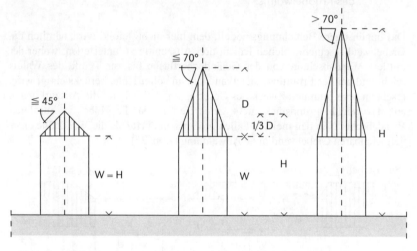

Abb. 28: Zeltdächer mit analoger Anwendung von Sattel- und Walmdächern (Abs. 4 Satz 5 Nr. 1 und 2).

**85** Bei **Tonnendächern** sind entsprechend den bisherigen Grundsätzen Tangenten mit 45° und 70° Neigung anzulegen. Im Berührungspunkt sind dann verschiedene Flächen wie beim Mansarddach zu bilden, aus denen das Maß H zu ermitteln ist (Abb. 29).

§ 8, 85

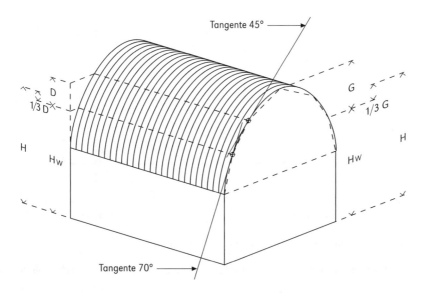

Abb. 29: Tonnendach, Ermittlung der Abstandsflächen über Tangentenbildung und analoge Anwendung der Grundsätze für Mansarddächer (Abs. 4 Satz 5 Nr. 1 und 2).

Bei Giebelflächen, die versetzte Teilflächen aufweisen, können bei der Ermittlung ihrer Anrechnung auf die Wandhöhe bisweilen ungünstigere Ergebnisse entstehen als bei Giebelflächen, die keine Rücksprünge aufweisen (Abb. 30).

Bei derartigen Dachformen kann im Einzelfall die Überlegung angestellt werden, ob wegen der geringeren Beeinträchtigung die Befreiungsvoraussetzungen des § 68 Abs. 3 gegeben sind.

## § 8, 86

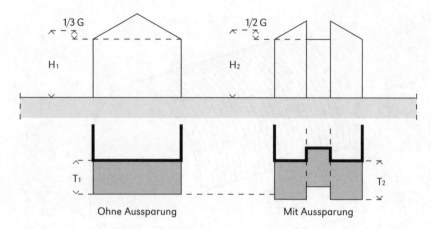

Abb. 30: Giebelfläche mit versetzten Teilflächen.

Die Summe der Maße nach den Sätzen 2 bis 6 ergibt das Maß H (vgl. Abb. 6 bis 30).

### 3.5 Ermittlung der Abstandsfläche für vor- oder zurücktretende Wandteile (Absatz 5)

#### a) Grundsatz

86  Absatz 5 Satz 1 stellt klar, daß die Abstandsfläche für vor- oder zurücktretende Teile der Außenwand gesondert ermittelt wird. Nach Satz 2 sollen aber bestimmte, vor die Außenwand vortretende Gebäudeteile und untergeordnete Vorbauten bei der Bemessung der Tiefe der Abstandsfläche außer Betracht bleiben, wenn bestimmte Maße eingehalten werden, von gegenüberliegenden, nicht aber von seitlich von dem Gebäudeteil verlaufenden Nachbargrenzen ist dabei ein Mindestabstand zu wahren. Eine ähnliche Regelung enthält § 17 Abs. 5 LBauO 1974 (Amtliche Begründung, a. a. O.).

Die Ermittlung der Abstandsfläche für vor- oder zurücktretende Wandteile (Absatz 5 Satz 1).

Aus gestalterischen, aber auch aus sonstigen Gründen werden die Außenwände eines Gebäudes oft nicht in gerader Linie errichtet, sondern sie sind versetzt oder gegliedert, die Außenwand besteht also aus vor- oder zurücktretenden Wandteilen. Für solche vor- oder zurücktretenden Wandteile ist die Abstandsfläche jeweils gesondert zu ermitteln. Hierbei gibt es zwei Varianten:

a) Für horizontal vor- oder zurücktretende Wandteile, d. h. für solche, die auf der gleichen Ebene vor- oder zurücktreten, ist die Wandhöhe jeweils für jeden Wandteil gesondert zu errechnen (vgl. Abb. 9.1 u. 12).

b) Für vertikal vor- oder zurücktretende Wandteile, d. h. für solche, die auf verschiedenen Ebenen vor- oder zurücktreten, wird die Abstandsfläche wie folgt ermittelt:

Die Wandhöhe ist zunächst für die unteren Teile der vertikal versetzten Außenwand vom Schnittpunkt der Außenwand mit der Geländeoberfläche zu ermitteln, die als Abstandsfläche mindestens einzuhalten ist. Für die oberen Teile der Außenwand, die vor- oder zurücktreten, und damit für die Gesamttiefe der Abstandsfläche ist vom vor- oder zurücktretenden Teil senkrecht zur Geländeoberfläche eine Linie zu projizieren und die sich hieraus ergebende größte Abstandsfläche zugrunde zu legen (vgl. Abb. 11.1 u. 11.2).

**b) Erleichterung für einzelne Gebäudeteile (Absatz 5 Satz 2)**

Da vor den Außenwänden von Gebäuden grundsätzlich Abstandsflächen bestimmter Größen liegen müssen, deren Tiefe senkrecht zur jeweiligen Wand gemessen wird, ist auch eine Regelung erforderlich, ob die Abstandsfläche auch dann unmittelbar von der Wand aus zu messen ist, wenn an dieser Wand untergeordnete Bauteile oder Vorbauten vortreten. Diese Regelung wird in Absatz 5 Satz 2 getroffen. Danach bleiben vor die Wand vortretende Gebäudeteile wie Pfeiler, Gesimse, Dachvorsprünge, Blumenfenster, Hauseingangstreppen und deren Überdachungen sowie untergeordnete Vorbauten wie Erker und Balkone bei der Bemessung der Tiefe der Abstandsfläche außer Betracht, wenn sie nicht mehr als 1,50 m vortreten und wenn sie von der gegenüberliegenden Nachbargrenze mindestens 2,0 m entfernt bleiben (Abb. 31 u. 32).

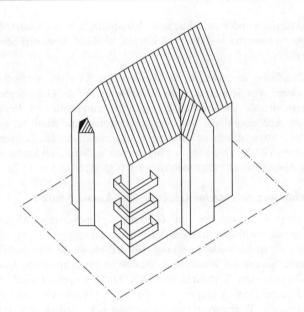

Abb. 31: Untergeordnete Vorbauten wie Erker und Balkone bleiben außer Betracht (Abs. 5 Satz 2).

Es müssen beide Voraussetzungen eingehalten werden. Das bedeutet, daß vor Außenwänden, die nur 3,0 m (Mindestabstand) von der Nachbargrenze entfernt sind, Gebäudeteile und Vorbauten nicht mehr als 1,0 m vor die Außenwand vortreten dürfen.

Es muß sich auch um **untergeordnete Vorbauten** handeln. Bei der Auslegung des Begriffs „untergeordnet" ist davon auszugehen, daß der nach § 8 erforderliche Grenzabstand grundsätzlich einzuhalten ist und die Zulassung untergeordneter Gebäudeteile und Vorbauten eine Ausnahme darstellt, die einer weiten Anwendung nicht zugänglich ist. Untergeordnete Bauteile dürfen deshalb nach ihrem Umfang, ihrer Größe und ihrer Art nur geringfügig sein. Dabei kommt es nicht nur auf die absolute Größe eines Vorbaus und sein Verhältnis zu dem gesamten Bauwerk, sondern auch auf seine Funktion an, also auf die Frage, ob der Gebäudeteil in erster Linie die Fassade gliedern und die Belichtung der dahinter liegenden Räume verbessern soll oder ob er Mittel zur Gewinnung einer zusätzlichen Wohnfläche nennenswerten Ausmaßes ist (vgl. OVG Lüneburg, Beschl. v. 31. 5. 1996, NVwZ-RR 1996, 5; OVG Münster, BRS 55 Nr. 112).

**88** Von der seitlichen Nachbargrenze ist kein Mindestabstand vorgeschrieben, dies bedeutet, daß Gebäudeteile und Vorbauten, wie Erker oder Balkone, auch näher als 2,0 m an eine seitliche Nachbargrenze (z. B. bei einem Doppelhaus) heranrücken dürfen. Es sei denn, sie treten vor die Flucht der Außenwand des Nachbargebäudes. In diesem Falle wird gemäß § 29 Satz 2 ein seitlicher Abstand entsprechend der Ausladung, mindestens aber von 1 m, erforderlich (Abb. 32).

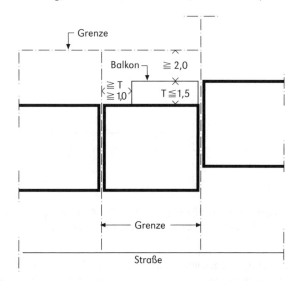

Abb. 32: Zu vernachlässigender Balkon nach § 8 Abs. 5 Satz 2 in Verbindung mit § 29 Satz 2.

Es könnte zweifelhaft sein, ob bei einem mehr als 1,50 m vortretenden untergeordneten Vorbau oder Gebäudeteil die Anrechnung des ganzen oder nur eines um fiktiv 1,50 m verkürzten Gebäudeteils erfolgen muß. Nach der Gesetzesformulierung erscheint die fiktive Verkürzung bedenklich, d. h., bei einem Balkon mit z. B. 2,0 m Ausladung ist in der Ebene der vorderen Balkonbrüstung eine fiktive Außenwand auf das Gelände zu projizieren (Abb. 33).

## § 8, 89

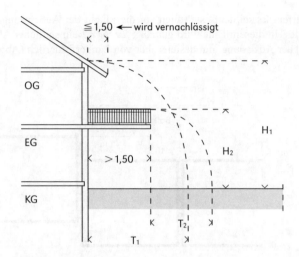

Abb. 33: Balkontiefe größer als 1,50 m löst Abstandsfläche aus. Dachüberstand bis 1,50 m ist zu vernachlässigen (Abs. 5 Satz 2).

89 Die Abgrenzung zwischen einem vortretenden Wandteil, für den die Abstandsfläche nach Satz 1 gesondert ermittelt werden muß, und einem vortretenden Gebäudeteil bzw. Vorbau kann oft schwierig sein. Durch die beispielhafte Aufzählung der vortretenden Gebäudeteile und Vorbauten, die bei der Bemessung der Tiefe der Abstandsfläche außer Betracht bleiben, wird deutlich, daß damit nur solche Teile gemeint sind, die in einer Beziehung zur Funktion der Außenwand stehen und dieser damit untergeordnet sind. Der vortretende Gebäudeteil oder Vorbau muß als solcher deutlich erkennbar sein. So wirkt ein Erker, der kurz über der Geländeoberfläche beginnt und sich über drei Geschosse bis unter das Dach erstreckt, nicht mehr als Vorbau und ist deshalb abstandsrechtlich nicht privilegiert (VGH Baden-Württemberg, Beschluß vom 3. 5. 1983 in BWVPr 84/42), da der Abstand über der Geländeoberfläche zu gering ist, um das Bauteil als Erker zu erkennen. Generell kann davon ausgegangen werden, daß ein Bauteil erst dann als Vorbau anzusehen ist, wenn neben dem Bauteil und außerdem entweder darunter oder darüber die Außenwand, vor die vorgebaut ist, deutlich erkennbar in Erscheinung tritt.

Unter diesen Voraussetzungen läßt es Abs. 5 durchaus zu, daß an einer Wand mehrere Vorbauten vorhanden sind. Sie müssen jedoch so weit voneinander entfernt sein, daß zwischen ihnen die eigentliche Außenwand des Gebäudes im Erscheinungsbild überwiegt und damit die Eigenschaft der Gebäudeteile als Vorbau deutlich erkennbar bleibt. Dies ist regelmäßig der Fall, wenn die Außenwand zwischen den Vorbauten erkennbar breiter ist als die Vorbauten selbst; bei Balkonen, die als Einzelelement vor die Außenwand vortreten, können jedoch auch geringere Breiten ausreichend sein, da sie auch dann regelmäßig als Vorbauten deutlich erkennbar bleiben. Wenn allerdings Balkone über (nahezu) die gesamte Gebäudebreite gezogen werden und ggf. daneben auch noch seitliche Abschlüsse haben, wird man nicht mehr von Vorbauten im Sinne dieser Vorschrift sprechen können.

Eine allseits umschlossene Eingangsanlage – wie ein Windfang – zählt nicht zu den untergeordneten Vorbauten i. S. d. § 8 Abs. 5 Satz 2 (vgl. OVG Rh.-Pf., Urteil vom 12. 2. 1981, AS 16, S. 222 zu § 17 Abs. 5 LBauO 1974).

An der Außenwand von Wohngebäuden errichtete Personenaufzüge sind keine privilegierten Vorbauten, die bei der Bemessung der Abstandsflächen außer Betracht bleiben (OVG Berlin, Urteil vom 22. Mai 1992, BRS 54 Nr. 97).

### 3.6 Tiefe der Abstandsfläche (Absatz 6)

#### a) Änderungen zur bisherigen Rechtslage

Absatz 6 wurde durch die LBauO 1995 neu gefaßt. Nach der bisherigen Regelung betrug die Tiefe der Abstandsfläche grundsätzlich 0,8, also 80 Prozent der Wandhöhe H, deren Berechnung sich aus Absatz 4 ergibt.

Damit wurde der Mindestabstand für alle Seiten eines Gebäudes von 80 Prozent der Wandhöhe auf 40 Prozent halbiert. Bisher konnte die Reduzierung der Abstandsfläche auf 0,4 der Wandhöhe im Rahmen des sog. 16-Meter-Privilegs, auch Schmalseitenprivileg genannt, nur für maximal 2 Seiten eines Gebäudes in Anspruch genommen werden. Der bisherige Absatz 7, der die Voraussetzungen des 16-Meter-Privilegs bzw. Schmalseitenprivilegs näher regelte, wurde gestrichen.

Diese Änderung der Abstandsflächenregelung soll kostengünstiges und flächensparendes Bauen fördern, zugleich aber auch die Anwendung des Rechts für die Baupraxis erleichtern.

#### b) Art der baulichen Nutzung als Bezugspunkt für die Abstandsfläche

Die Tiefe der Abstandsfläche richtet sich nach der gemäß Absatz 4 errechneten Wandhöhe H. Die Tiefe der Abstandsfläche orientiert sich an den unterschiedlichen Baugebieten. Je nach Baugebiet beträgt die Tiefe der Abstandsfläche 0,4 H oder 0,25 H, mindestens aber 3 m, falls das 0,4fache bzw. 0,25fache der Wandhöhe weniger als 3 m ergibt.

Zur Begriffsbestimmung der in Absatz 6 genannten Baugebiete kann auf die planungsrechtlichen Vorschriften zurückgegriffen werden; die nähere Abgrenzung der genannten Baugebiete ergibt sich aus den Vorschriften des ersten Abschnitts der Baunutzungsverordnung (BauNVO). Die Baugebiete müssen sich entweder eindeutig durch eine entsprechende Festsetzung in einem Bebauungsplan ergeben oder aufgrund der Art der vorhandenen Bebauung innerhalb eines nichtbeplanten Innenbereichs nach § 34 Abs. 2 BauGB bestimmbar sein.

Für die Festlegung der Tiefe der Abstandsfläche (0,4 H oder 0,25 H) ist alleine die Zuordnung zu dem bestimmten Baugebiet entscheidend, nicht die Nutzung des Gebäudes selbst. Ein gewerblich genutztes Gebäude muß in einem Mischgebiet (§ 6 BauNVO) demzufolge eine Abstandsfläche von 0,4 H einhalten, in einem Gewerbegebiet allerdings nur 0,25 H.

**c) Die Abstände in den einzelnen Baugebieten**

92 Absatz 6 unterteilt die Tiefe der Abstandsflächen in 3 Kategorien:

1. Abstandsfläche von 0,4 H

    Das Maß von 0,4 H gilt in folgenden Baugebieten:

    – in Kleinsiedlungsgebieten (§ 2 BauNVO)

    – in reinen Wohngebieten (§ 3 BauNVO)

    – in allgemeinen Wohngebieten (§ 4 BauNVO)

    – in besonderen Wohngebieten (§ 4 a BauNVO)

    – in Dorfgebieten (§ 5 BauNVO)

    – in Mischgebieten (§ 6 BauNVO)

    – in Kerngebieten (§ 7 BauNVO); Ausnahme möglich

    – in Wochenendhausgebieten (§ 10 BauNVO)

    – in Sondergebieten (§ 11 BauNVO); Ausnahme möglich, soweit sie nicht der Erholung dienen

2. Abstandsfläche von 0,25 H

    Das Maß von 0,25 H gilt

    – in Gewerbegebieten (§ 8 BauNVO) und

    – in Industriegebieten (§ 9 BauNVO).

3. Möglichkeit der Gestattung einer Ausnahme vom Maß 0,4 H

    In Kerngebieten und in Sondergebieten, die nicht der Erholung dienen, kann eine geringere Tiefe als 0,4 H gestattet werden, wenn die Nutzung der Gebiete dies rechtfertigt. Die Gestattung einer geringeren Tiefe als 0,4 H ist eine Ermessensentscheidung der Bauaufsichtsbehörde. Die Nutzung der Gebiete rechtfertigt dann eine geringere Tiefe als 0,4 H, wenn der Schutzzweck der Abstandsfläche auch durch eine geringere Tiefe im Hinblick auf die Funktion der Baugebiete gewahrt bleibt.

Die Gestattung ist eine Ausnahme im Sinne des § 67 Abs. 1 LBauO.

### d) Mindesttiefe der Abstandsfläche

Absatz 6 Satz 3 bestimmt, daß in allen Fällen die Tiefe der Abstandsfläche mindestens 3 m betragen muß. Dieser Mindestabstand bestand auch nach der früheren Rechtslage. Die Bemessung der Tiefe der Abstandsfläche nach der Wandhöhe erhält durch die Mindesttiefe von 3 m quasi eine Begrenzung. **93**

Der Mindestabstand von 3 m muß „in allen Fällen", also in allen Baugebieten und unabhängig von der Höhe des Gebäudes eingehalten werden. Die Regelung kommt dann zur Anwendung, wenn sich aufgrund der Berechnung nach Absatz 4 in Verbindung mit Absatz 6 Satz 1 eine geringere Tiefe der Abstandsfläche als 3 m ergibt.

Eine Unterschreitung des Mindestmaßes von 3 m kann gestattet werden unter den Voraussetzungen des Absatzes 10 (z. B., wenn die Gestaltung des Straßenbildes oder städtebauliche Verhältnisse dies erfordern) und ist bei entsprechenden Festsetzungen eine Bebauungsplanes nach Maßgabe des Absatzes 11 zulässig. Weiterhin kann eine geringere, aber auch eine größere Mindesttiefe der Abstandsfläche auch durch eine Satzung nach § 86 Abs. 1 Nr. 4 LBauO festgesetzt werden.

## 3.7 Abweichungen aus Gründen des Brandschutzes (Absatz 7)

### a) Bisheriger Absatz 7

Der bisherige Absatz 7 beinhaltete das 16-Meter-Privileg, auch Schmalseitenpriviley genannt. Diese Regelung wurde ersatzlos gestrichen. Damit wurde dem Bauherrn aber kein Privileg genommen, vielmehr wurde es ausgeweitet. Der Mindestabstand wurde nämlich für alle Seiten eines Gebäudes, nicht nur wie bisher für maximal zwei Seiten, von 80% der Wandhöhe H auf 40% halbiert. Die Darstellung der einzelnen Voraussetzungen, unter denen das Privileg in Anspruch genommen werden konnte, ist deshalb nun entbehrlich. **94**

### b) Sinn und Zweck der Regelung

Absatz 7 schreibt vor Wänden aus brennbaren Baustoffen, die nicht mindestens feuerhemmend sind, sowie vor feuerhemmenden Wänden, die eine Außenfläche oder überwiegend eine Bekleidung aus normalentflammbaren Baustoffen haben, **95** eine Mindesttiefe der Abstandsfläche von 5 m vor. Das Erfordernis der Mindesttiefe der Abstandsfläche von 5 m gilt allerdings nur für Gebäude mit mehr als zwei Geschossen über der Geländeoberfläche.

Die Vorschrift des Absatzes 7 (bisher Absatz 8) dient dem Brandschutz und dabei besonders dem Schutz vor Brandübertragung auf andere Gebäude auf demselben Grundstück und auf Nachbargrundstücken. Sie ist an die Stelle des früheren § 34 Abs. 4 LBauO 1974 getreten. Aus systematischen Gründen wurde sie in die Abstandsflächenvorschrift des § 8 aufgenommen, da es sich inhaltlich um eine Abstandsregelung handelt.

Absatz 7 enthält eine Erleichterung gegenüber der früheren Rechtslage. Nach § 34 Abs. 4 LBauO 1974 waren Außenwände von eingeschossigen Gebäuden, die nicht mindestens feuerhemmend und nicht mit Außenflächen oder äußerer Verkleidung aus mindestens schwerentflammbaren Baustoffen hergestellt waren, nur zulässig, wenn die Gebäude

1. einen Abstand von der Grundstücksgrenze von mindestens 5 m,

2. von gleichartigen Außenwänden von Gebäuden auf demselben Grundstück einen Abstand von mindestens 10 m,

3. von nicht gleichartigen Außenwänden von Gebäuden auf demselben Grundstück einen Abstand von mindestens 8 m

einhielten.

Absatz 7 reduziert die bisher notwendigen Abstände auf 5 m.

Während von der Forderung nach Einhaltung der Mindesttiefe der Abstandsfläche von 5 m bisher nur eingeschossige Gebäude ausgenommen waren, sind nunmehr nach der neuen LBauO 1995 alle Gebäude bis zu zwei Geschossen über der Geländeoberfläche von der Forderung der Mindesttiefe von 5 m ausgeschlossen. Es können also nun auch zweigeschossige Gebäude unabhängig von der brandschutztechnischen Ausführung der Außenwände mit der Mindestabstandsfläche von 3 m errichtet werden.

Die neue Regelung erleichtert die Einsatzmöglichkeiten für Holzbaustoffe.

**c) Voraussetzungen für die Forderung der größeren Mindesttiefe**

96 Die in Absatz 7 und auch an anderen Stellen (vgl. § 23 ff.) verwendeten Begriffe „brennbar", „feuerhemmend" und „normal entflammbar" beruhen auf der als Richtlinie eingeführten DIN 4102. In dieser DIN-Vorschrift wird insbesondere die Feuerwiderstandsdauer geregelt. Sie ist die Mindestdauer in Minuten, während der ein Bauteil bei einer Prüfung (Brandversuch) bestimmte Anforde-

rungen erfüllen muß. Die erreichte Feuerwiderstandsdauer wird durch die Feuerwiderstandsklasse ausgedrückt. Dabei werden unterschieden:

Klasse F 30 = feuerhemmend (Dauer 30 Minuten und mehr) sowie
F 90 = feuerbeständig (Dauer 90 Minuten und mehr)

Nicht feuerhemmende Wände sind z. B. solche aus Holz.

Zur Gewährleistung eines gesicherten Brandschutzes darf die Tiefe der Abstandsfläche 5 m nicht unterschreiten (Abb. 34) **97**

a) bei Wänden aus brennbaren Baustoffen, die nicht mindestens feuerhemmend sind,

b) sowie vor feuerhemmenden Wänden, die eine Außenfläche oder überwiegend eine Bekleidung aus normal entflammbaren Baustoffen haben. „Überwiegend" bedeutet mehr als 50% der Außenwand.

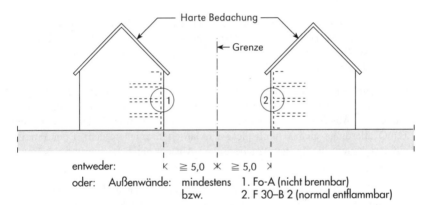

Abb. 34: Bei Gebäuden mit mehr als zwei Geschossen müssen Außenwände die Brandschutzanforderungen gemäß Absatz 7 Satz 1 erfüllen oder eine Abstandsfläche von mindestens 5,0 m einhalten (Abs. 7 Satz 1).

In diesem Zusammenhang ist auch die Vorschrift des § 24 LBauO zu beachten.

### d) Nichtgeltung für ein- und zweigeschossige Gebäude

Die Forderung nach Einhaltung der Mindesttiefe der Abstandsfläche von 5 m gilt nicht für ein- und zweigeschossige Gebäude, sondern nur für Gebäude mit mehr als zwei Geschossen über der Geländeoberfläche. **98**

Die Vorschrift ist nicht auf Wohngebäude beschränkt, sondern gilt für sämtliche Gebäude, also auch für gewerbliche Bauten.

## 3.8 Abstandsflächen vor baulichen Anlagen und anderen Anlagen und Einrichtungen, von denen Wirkungen wie von Gebäuden ausgehen (Absatz 8)

### a) Anwendungsbereich der Vorschrift

99 Abs. 8 erweitert den Grundsatz der Erforderlichkeit von Abstandsflächen vor Außenwänden oberirdischer Gebäude nach Abs. 1 Satz 1 auf bauliche Anlagen, andere Anlagen und Einrichtungen, von denen Wirkungen wie von oberirdischen Gebäuden ausgehen.

Absatz 8 berücksichtigt den Umstand, daß Beeinträchtigungen für Beleuchtung und Lüftung auch von anderen baulichen Anlagen ausgehen können, bei denen es sich nicht um Gebäude handelt. Bauliche Anlagen, andere Anlagen und Einrichtungen wirken zum Beispiel dann wie ein Gebäude, wenn sie eine gewisse Höhe und Länge überschreiten.

Bei den in Absatz 8 genannten Anlagen kann es sich allerdings nur um selbständige Anlagen handeln, da die Behandlung von Gebäudeteilen in Absatz 5 geregelt ist. Diese können sowohl frei als auch in Verbindung mit anderen baulichen Anlagen stehen.

Die Legaldefinition des Begriffs der „baulichen Anlage" findet sich in § 2 Abs. 1 LBauO. Die Begriffe „andere Anlagen und Einrichtungen" werden zwar u. a. in § 1 Abs. 1 Satz 2 genannt, eine Begriffsdefinition findet sich in der LBauO allerdings nicht. Durch diese Unklarheiten ergeben sich in der Praxis Schwierigkeiten, die der gesetzgeberischen Absicht der Erleichterung des Bauens entgegenstehen.

Voraussetzung für die Gleichstellung der baulichen Anlagen, die keine Gebäude sind, und anderer Anlagen und Einrichtungen mit Gebäuden ist, daß von ihnen „Wirkungen wie von Gebäuden ausgehen". Es sind also die Wirkungen maßgebend, die abstandsflächenrechtlich relevant sind, mit anderen Worten die Wirkungen, die die Regelungen über Abstandsflächen und Abstände erforderlich machen. In diesem Zusammenhang sind in erster Linie folgende Funktionen zu nennen:

Die ausreichende Versorgung der Aufenthaltsräume in den Gebäuden und der nichtbebauten Teile des Grundstücks mit Tageslicht und Luft,

die Gewährleistung eines ordnungsgemäßen Brandschutzes zur Vorbeugung gegen Ausbreitung von Schadensfeuern,

die Schaffung bzw. Wahrung von Freiflächen als Grundlage für gesunde Wohnverhältnisse und

der Schutz der Nachbarn vor unzumutbaren Beeinträchtigungen und Beeinträchtigungen des Wohnfriedens.

### b) Anlagen, von denen Wirkungen wie von einem Gebäude ausgehen

Das Gesetz verzichtet auf eine Aufzählung von baulichen Anlagen, anderen Anlagen und Einrichtungen, von denen Wirkungen wie von oberirdischen Gebäuden ausgehen können, da eine solche Aufzählung ohnehin nicht abschließend sein kann. Zu denken ist hier aber insbesondere an folgende Anlagen: **100**

Einfriedungen, Mauern, große Masten, Silos, überdachte Terrassen und Freisitze, überdachte Stellplätze, Aufschüttungen größeren Umfangs usw.

Von einer Aufschüttung von teilweise mehr als 3 m gehen auf jeden Fall Wirkungen wie von einem Gebäude aus, weil sie in bezug auf Belichtung und Belüftung der Nachbargrundstücke wie ein Gebäude wirkt (so OVG Rheinland-Pfalz, Urt. vom 22. 8. 1991, AS 23 Nr. 63, S. 353). Dagegen ist es nicht erforderlich, daß in bezug auf den Böschungsbereich einer Aufschüttung der Mindestabstand von 3 m eingehalten werden muß. Das ergibt sich aus § 8 Abs. 9 Satz 1 Nr. 3 LBauO, wonach Einfriedungen und Stützmauern bis zu 2 m Höhe ohne Abstandsflächen errichtet werden können. Wenn aber Stützmauern generell zulässig sind, muß das gleiche auch für eine entsprechende Aufschüttung im Grenzbereich gelten (vgl. OVG Rh.-Pf., a. a. O.).

### c) Terrassen und Freisitze an der Nachbargrenze und auf Dächern

In der Praxis gibt es häufig Streit über die Zulässigkeit von Terrassen und Freisitzen an der Nachbargrenze sowie auf Dächern von Grenzgaragen. Das Ministerium der Finanzen von Rh.-Pf. vertritt in dem Rundschreiben vom 27. 11. 1987 an die Bauaufsichtsbehörden des Landes zur Auslegung des § 8 Abs. 9 LBauO 1986 (jetzt Abs. 8) folgende Rechtsauffassung: **101**

„Nach § 61 Abs. 1 Nr. 43 LBauO bedürfen unbedeutende bauliche Anlagen, soweit sie nicht durch die Nummern 1 bis 41 erfaßt sind, keiner Baugenehmigung. Eine abschließende Aufzählung der unbedeutenden baulichen Anlagen ist im Gesetz nicht möglich. Grundsätzlich wird man davon ausgehen können, daß bauliche Anlagen dann unbedeutend sind, wenn von ihnen keine Gefahren für die öffentliche Sicherheit und Ordnung ausgehen. Nichtüberdachte Terrassen sind in der Nummer 43 ausdrücklich genannt. Darunter fallen auch Terrassen oder Freisitze auf Dächern von Grenzgaragen.

Nach § 61 Abs. 3 LBauO entbindet die Genehmigungsfreiheit nicht von der Verpflichtung zur Einhaltung der Anforderungen, die durch öffentliche Vorschriften an bauliche Anlagen sowie andere Anlagen und Einrichtungen gestellt werden.

Nach der Landesbauordnung von 1974 waren Terrassen auf Dächern von Grenzgaragen nicht ohne weiteres zulässig. Sie konnten aber nach § 17 Abs. 8 Satz 2 LBauO 1974 gestattet werden, wenn sie von den Grundstücksgrenzen einen Abstand von mindestens 3 m einhielten.

Diese Bestimmung wurde in die Landesbauordnung 1986 bewußt nicht übernommen. Der Gesetzgeber ging davon aus, daß nicht alle Beziehungen zwischen Nachbarn einer öffentlich-rechtlichen Regelung bedürfen. Die Abstandsregelung des § 17 Abs. 8 Satz 2 LBauO 1974 war entbehrlich, weil das rheinland-pfälzische Nachbarrechtsgesetz vom 15. Juni 1970 (GVBl. S. 198) ausreichende Regelungen zugunsten des Wohnfriedens enthält. Nach § 34 dieses Gesetzes dürfen Terrassen, die einen Ausblick zum Nachbargrundstück gewähren und von der Grenze keinen größeren Abstand als 2,50 m haben sollen, nur errichtet werden, wenn der Nachbar seine Einwilligung erteilt hat.

Nach § 8 Abs. 9 LBauO 1986 sind zwar auch vor baulichen Anlagen, anderen Anlagen und Einrichtungen, von denen Wirkungen wie von oberirdischen Gebäuden ausgehen, Abstandsflächen einzuhalten. Dies kann z. B. der Fall sein, wenn die Terrasse so hoch aufgeschüttet oder ihre Abgrenzung so beschaffen ist, daß dadurch die Beleuchtung des Nachbargebäudes mit Tageslicht beeinträchtigt wird. Davon ist aber – in Anlehnung an die Regelung in § 8 Abs. 10 Satz 1 Nr. 3 LBauO – erst dann auszugehen, wenn die Aufschüttung höher als 2 m ist. Greift § 8 Abs. 9 LBauO nicht ein, so bleibt es bei der Regelung des § 34 des Nachbarrechtsgesetzes, d. h., die Nachbarn müssen sich über die Errichtung von Terrassen an der Grenze oder auf Grenzgaragen privatrechtlich verständigen. Dieses rechtliche Ergebnis ist auch vertretbar, da von Terrassen oder Sitzflächen in aller Regel keine sicherheitsrelevanten Wirkungen ausgehen."

**102** Diese Auffassung des Finanzministeriums begegnet im Hinblick auf die Aussagen zu Terrassen oder Freisitzen auf Dächern von Grenzgaragen nicht unerheblichen Zweifeln. Grenzgarage und darauf befindliche Terrasse oder Freisitz können nicht baurechtlich isoliert betrachtet werden, sondern müssen einer zusammenfassenden Betrachtung unterworfen werden. Nach § 8 Abs. 1 LBauO sind vor Außenwänden oberirdischer Gebäude Abstandsflächen freizuhalten, die nach § 8 Abs. 2 auf dem Grundstück selbst liegen müssen. Dies gilt nach § 8 Abs. 8 entsprechend für bauliche Anlagen, andere Anlagen und Einrichtungen, von denen Wirkungen wie von oberirdischen Gebäuden ausgehen. Ob darunter „Terrassen" fallen, hängt von den Umständen des Einzelfalles ab. Garagen, die den Anforderungen des § 8 Abs. 9 LBauO entsprechen, sind ohne eigene Abstandsfläche zulässig. Mit der gleichzeitigen oder nachträglichen Errichtung einer sogenannten Dachterrasse auf einer Garage unterfällt die Anlage aber nicht mehr dem § 8 Abs. 9 Nr. 1 LBauO, und es bedarf auch nicht der Prüfung des § 8 Abs. 8, weil die Anlage (auch) ein Gebäude ist.

Wenn also von Anfang an eine Garage mit Dachterrasse errichtet werden soll, so handelt es sich dabei nicht um eine Anlage nach § 8 Abs. 9 Nr. 1 LBauO, sondern um ein sonstiges Gebäude. Soll eine Garage, die den Anforderungen des § 8 Abs. 9 Nr. 1 LBauO entsprach, nachträglich mit einer Dachterrasse versehen werden, liegt darin (auch) eine Nutzungsänderung der Grenzgarage. Die Anlage ist also keine isolierte Terrasse im Sinne des § 61 Abs. 1 Nr. 43 LBauO und damit kein genehmigungsfreies Vorhaben, sondern das Vorhaben ist nach § 60 Abs. 1 LBauO genehmigungsbedürftig. Eine grenzständige Garage mit Dachterrasse ist unzulässig, weil die nach § 8 Abs. 1 Satz 1 erforderliche Abstandsfläche nicht eingehalten wird. Mit der auf ihr vorgesehenen Dachterrasse unterfällt die Garage nicht mehr dem Privilegierungstatbestand des § 8 Abs. 9 LBauO, denn eine an die Grenze gebaute Garage umfaßt nur einen Baukörper, der der Zweckbestimmung (Unterstellen von Kfz, Abstellen) entspricht, die zu der Privilegierung solcher Anlagen geführt hat.

Auch aus dem Vergleich der folgenden Fallkonstellation dürfte deutlich werden, daß eine baurechtliche Relevanz von Terrassen auf Garagendächern gegeben ist. Wenn ein Bauherr in der Abstandsfläche zur Nachbargrenze in der Höhe von 2,80 m einen Balkon errichten will, der bis zur Nachbargrenze reicht, so kann ihm dieser nicht, zumindest ohne Zustimmung des Nachbarn, genehmigt werden. Wenn dieser Bauherr aber auf der Länge des Balkons an der Grundstücksgrenze eine Mauer in Höhe von 2,80 m errichtet und die Nutzung des dadurch entstandenen Raumes als Garage beantragt, braucht er bei Anwendung der Rechtsansicht des Finanzministeriums für die dann auf der Garage vorhandene Terrasse keine Baugenehmigung. Der Auffassung des Finanzministeriums hat sich im übrigen die 1. Kammer des Verwaltungsgerichts Koblenz in einem nicht veröffentlichten Urteil vom 5. 1. 1989 – 1 K 198/86 – angeschlossen. Eine obergerichtliche Entscheidung liegt – soweit erkennbar – in dieser Frage noch nicht vor.

§ 8 Abs. 9 Nr. 1 LBauO ist als Ausnahmeregelung eng auszulegen. Die Abstandsflächenregelung des Gesetzes bewirkt mittelbar, daß Bereiche an den Nachbargrenzen von der Bebauung freigehalten werden. Dies dient der ausreichenden Belichtung und Belüftung, dem Feuerschutz und der Erleichterung der Brandbekämpfung, aber auch dem störungsfreien Wohnen. Eine Beeinträchtigung dieser Funktionen ist nach der Regelung des Gesetzes nur wegen wenigstens gleichrangiger anderweitiger Zielsetzungen zulässig, vornehmlich zur Unterbringung von Kfz zur Entlastung des öffentlichen Verkehrsraums, nicht hingegen wegen der privaten Wünsche an einer besseren Grundstücksausnutzung. Mit der Privilegierung von Garagen einschließlich der Abstellräume ist sonach nicht zugleich die Bevorzugung von Dachterrassen verbunden (vgl. OVG NRW, Beschluß vom 14. 3. 1990, BauR 1990, Seite 457 zu der insoweit gleichlautenden NRW-Regelung).

Das OVG NRW hat nunmehr in einer weiteren Entscheidung (Beschluß v. 14. 5. 1991, NVwZ 1991, 1001) bestätigt, daß durch die Genehmigung einer Terrasse auf der in Grenzbauweise zum Nachbargrundstück errichteten Garage die Vorschriften über die Abstandsflächen verletzt werden. Dazu heißt es in der Entscheidung:

„Das VG hat zutreffend erkannt, daß durch die Herstellung einer bis zur Grundstücksgrenze reichenden Terrasse auf dem Garagendach sich deren bauordnungsrechtliche Beurteilung als in Grenzbauweise zulässiges Bauwerk ändert. Das hat allerdings nicht nur zur Folge, daß die Garage als solche nunmehr die Einhaltung einer Abstandsfläche erfordert. Vielmehr folgt aus der Integration der Garage in das übrige Wohnhaus, daß ihre Länge auch in die für die Beurteilung gem. § 6 VI NRWBauO, d. h. für das sogenannte Schmalseitenprivileg, maßgebliche östliche Außenwand des Wohngebäudes der Beigel. einzubeziehen ist. Daß eine solche über das zulässige Maß hinausgehende Grenzbebauung die Ast. auch tatsächlich beeinträchtigt, bedarf wegen der zusätzlichen Einsichtmöglichkeiten in ihr Grundstück, die die genehmigte Terrasse im Vergleich zu einer auf der natürlichen Geländeoberfläche errichteten Terrasse eröffnen wird, keiner Erörterung. Es kann deshalb offenbleiben, ob bei einem Verstoß gegen Abstandsflächenvorschriften Nachbarrechte erst dann verletzt sind, wenn eine tatsächliche Beeinträchtigung vorliegt (vgl. dazu *OVG Münster,* Urt. v. 18. 4. 1991 – 11 A 696/87 m. w. Nachw. zur Rechtsprechung der *Bausenate* des erkennenden Gerichts)."

104 Weitere Beispiele für Anlagen, von denen Wirkungen wie von einem Gebäude ausgehen:

– Mauern, die höher als 2 m sind

– Werbeanlagen und große Werbetafeln

– überdachte Stellplätze und Lagerplätze

– Lagerbehälter, wie Silos und Tanks

Auch von **Stahlgittermasten** als Träger von Antennen für den privaten Kurzwellenfunkverkehr können Wirkungen wie von Gebäuden ausgehen und dabei Nachbarn beeinträchtigen (OVG Lüneburg, Urteil vom 23. 11. 1982 in BRS 39 Nr. 122).

Ob von einem **6 m hohen Ballfangzaun** eines Bolzplatzes mit einer Drahtstärke von 5,5 mm und der Maschenweite von 4 cm Wirkungen wie von einem Gebäude ausgehen können, hat das OVG Berlin (Beschluß vom 18. Juli 1994, BRS 56 Nr. 110) offengelassen, weil es im konkreten Fall die Voraussetzungen für die Erteilung einer Befreiung als gegeben ansah. Es hat aber bei der Höhe von 6 m und der gewählten Konstruktion die Gefahr einer beengenden Wirkung und damit eine Beeinträchtigung von Nachbarinteressen nicht ausgeschlossen.

### d) Anlagen, von denen keine Wirkungen wie von Gebäuden ausgehen

105 Anlagen, von denen in der Regel keine Wirkungen wie von Gebäuden ausgehen, sind:

– schlanke Masten und Schornsteine

– nichtüberdachte, ebenerdige Freisitze

– Fahnenstangen und Teppichstangen

– nichtüberdachte Stellplätze

– Von einer Zu- und Abfahrtsrampe, die zu einer zu einem Wohnhaus gehörigen Tiefgarage mit 6 Stellplätzen führt, gehen nicht die Wirkungen eines Gebäudes aus (Hessischer VGH, Beschluß vom 31. August 1993, BRS 55 Nr. 122).

– offene Einfriedungen, auch wenn sie höher als 2 m sind; vgl. OVG Rh.-Pf. (AS 24 Nr. 24) für eine 2,40 m hohe offene Drahteinfriedung:

„So verhält es sich indessen mit dem im vorliegenden Fall umstrittenen offenen Drahtgitterzaun. Dieser ist keine bauliche Anlage, von der im Sinne des § 8 Abs. 9 Satz 1 LBauO Wirkungen wie von einem oberirdischen Gebäude ausgehen. Solche Wirkungen zeitigen (nur) höhere und längere geschlossene Einfriedungen (vgl. Grosse-Suchsdorf/Schmaltz/Wiechert, NdsBauO, NdsDSchG, 5. Aufl. 1992, § 12 a Rdnr. 10; Simon, BayBauO, Art. 6 Rdnr. 10 c). Der Regelung des § 8 Abs. 9 Satz 1 LBauO unterfallen nur solche in etwa den üblichen Abmessungen von Gebäuden entsprechende oberirdische Anlagen, die die Ziele der Abstandsflächen nicht unwesentlich berühren, indem sie die Belichtung oder Belüftung des Nachbargrundstücks oder den Brandschutz beeinträchtigen (vgl. Simon, a. a. O., Rdnr. 10 b). Derartige Wirkungen gehen jedoch von einer offenen Drahteinfriedung – etwa im Gegensatz zu einer höheren geschlossenen Einfriedung – unbeschadet ihrer Höhe nicht aus."

### e) Zulässigkeit ohne Abstandsflächen und in Abstandsflächen von Gebäuden

Gem. Absatz 8 Satz 2 können bauliche Anlagen, von denen Wirkungen wie von Gebäuden ausgehen, ohne eigene Abstandsflächen in den Abstandsflächen von Gebäuden gestattet werden, wenn die Beleuchtung mit Tageslicht nicht erheblich beeinträchtigt wird und der Brandschutz gewährleistet ist. Hierbei handelt es sich um eine Ausnahmevorschrift. Die Voraussetzungen für die Gestattung einer Ausnahme sind erfüllt, wenn

a) die Beleuchtung mit Tageslicht nicht erheblich beeinträchtigt wird und

b) der Brandschutz gewährleistet ist.

Eine Beeinträchtigung in diesem Sinne liegt z. B. nicht vor, wenn in der betroffenen Außenwand keine notwendigen Fenster angebracht sind. Dies gilt sowohl für das eigene Gebäude als auch für das Nachbargebäude.

Bauliche Anlagen, andere Anlagen und Einrichtungen, von denen keine Wirkungen wie von einem Gebäude ausgehen, sind ohne baurechtliche Einschränkung zulässig; ihre Lage auf dem Grundstück wird durch das Abstandsflächenrecht des § 8 LBauO nicht geregelt (zu den privatrechtlichen Anforderungen und

§ 8, 107

Regelungen wird auf das Nachbarrechtsgesetz für Rheinland-Pfalz verwiesen, abgedruckt im Anhang).

### 3.9 In Abstandsflächen zulässige bauliche Anlagen (Absatz 9)

#### a) Übersicht über die Änderungen und grundsätzliche Anmerkungen

**107** Der bisherige Absatz 10 ist nunmehr Absatz 9 Satz 1 Nr. 1; er wurde neu gefaßt und zum Teil geändert. Der bisherige Satz 4 wurde gestrichen; die darin enthaltene Möglichkeit, Gebäude nach Satz 1 Nr. 1 ohne eigene Abstandsflächen gegenüber anderen Gebäuden zu gestatten, wurde in Satz 1 integriert und von einer Gestattungsmöglichkeit in einen Zulässigkeitstatbestand umgewandelt, der auch die Anlagen nach Nr. 2 und Nr. 3 umfaßt.

*Der neue Absatz 9 bringt folgende Änderungen:*

– *Sonstige Gebäude ohne Aufenthaltsräume und Feuerstätten sind unter den gleichen Voraussetzungen wie Garagen an Nachbargrenzen zulässig. Die bisherige Längenbegrenzung von 5 m ist entfallen.*

– *Garagen und sonstige an Nachbargrenzen zulässige Gebäude dürfen bis zu 1 m von der Grenze entfernt errichtet werden. Die Verpflichtung, direkt an die Grenze zu bauen, ist entfallen.*

*Durch die Neuregelung sollen herkömmliche Trauf- und Ortgangausbildungen, aber auch die Rücksichtnahme auf vorhandene oder vorgesehene Anpflanzungen ermöglicht werden.*

*Die Begrenzung der mittleren Wandhöhe auf 3,20 m gilt auch für die von der Grenze abgerückte Wand. Maßgebend für die Bestimmung der Wandhöhe ist der Schnittpunkt der Wand mit dem Gelände.*

– *Die Höhenbegrenzung der Grenzwand an der Einfahrtseite erfolgt aus städtebaulichen Gründen; bei ansteigendem Gelände sollen überhohe Nebengebäude an der Straßenseite vermieden werden.*

*Nach früherem Recht durfte die Wandhöhe an der Einfahrtseite nicht mehr als 2,80 m betragen; bei Wänden mit Pultdächern war für die Bestimmung der Wandhöhe § 8 Abs. 4 Satz 3 maßgebend.*

*Nach der neuen Regelung gilt die Höhenbegrenzung von 2,80 m nur für die an der Grenze bzw. von Grenze abgerückte Wand an der Einfahrtseite, nicht jedoch für die Wand mit der Garageneinfahrt. Bei Pultdächern an der Einfahrtseite bestimmt sich die zulässige Wandhöhe aus dem Maß von 2,80 m und dem Winkel von 45° nach Absatz 9 Satz 2.*

– *Die an der Grenze zulässigen Gebäude dürfen nach neuem Recht ohne eigene Abstandsflächen zu anderen Gebäuden auf demselben Grundstück errichtet werden; die Gestattung einer Ausnahme ist nicht mehr erforderlich.*

*Nebengebäude bis zu 30 m³ umbauten Raums benötigen an Grundstücksgrenzen keine Brandwände; auf Abschnitt 1.9 wird verwiesen.*

Absatz 9 Satz 1 läßt Garagen und Nebengebäude, Gebäude und Anlagen zur örtlichen Versorgung sowie Einfriedungen und Stützmauern an der Nachbargrenze und in Abstandsflächen von Gebäuden zu, wenn bestimmte Maße nicht überschritten werden. Ähnliche, jedoch materiell und verfahrensrechtlich engere Regelungen enthält § 17 LBauO 1974 (so Amtliche Begründung zur BauO 1986).   **108**

Absatz 9 sieht für die unter den Nrn. 1–3 genannten Anlagen bei der abstandsflächenrechtlichen Behandlung eine Erleichterung vor, indem diese Anlagen generell in den Abstandsflächen eines Gebäudes sowie ohne eigene Abstandsflächen oder mit einem Abstand von Nachbargrenzen bis zu 1 m zulässig sind.

Die Forderung nach Einhaltung von Abstandsflächen in § 8 Abs. 1 und Abs. 2 bewirkt, daß Grundstücksflächen vor den Außenwänden und damit auch meistens an den Grenzen zum Nachbargrundstück von einer Bebauung freigehalten werden müssen.

Von dieser Grundregelung des Absatzes 1 Satz 1, wonach vor Außenwänden oberirdischer Gebäude Abstandsflächen einzuhalten sind, läßt Absatz 9 unter bestimmten Voraussetzungen Ausnahmen zu. Es bedarf somit auch keiner ausdrücklichen Erteilung einer Ausnahme durch die Bauaufsichtsbehörde. Wenn die gesetzlich vorgeschriebenen Voraussetzungen vorliegen, besteht ein Anspruch auf Erteilung der Baugenehmigung.

**b) Anwendungsfälle des Absatz 9**

Absatz 9 beinhaltet zwei Fallvarianten:

1) Bauliche Anlagen nach Nrn. 1–3 (also Garagen, Einfriedungen usw.) sind „in den Abstandsflächen eines Gebäudes" zulässig. D. h., diese baulichen Anlagen brauchen auf Abstandsflächen eines anderen Gebäudes, die nach Abs. 1 vor deren Außenwänden an sich freigehalten werden müssen, keine Rücksicht zu nehmen. Sie sind in den Abstandsflächen eines anderen Gebäudes zulässig und dürfen ohne eigene Abstandsflächen zu anderen Gebäuden auf demselben Grundstück errichtet werden.   **109**

2) Die in Nrn. 1–3 genannten baulichen Anlagen sind – auch außerhalb der Abstandsflächen eines anderen Gebäudes – selbst ohne eigene Abstandsflächen zulässig. Vor den Außenwänden dieser baulichen Anlagen sind also, abweichend von Abs. 1 Satz 1, Abstandsflächen nicht erforderlich.

In beiden Fällen müssen die baulichen Anlagen der Nrn. 1–3 nicht unmittelbar auf der Nachbargrenze errichtet werden, wie dies bisher der Fall war (vgl. zu § 8 Abs. 10 Nrn. 1 und 2 LBauO 1986: OVG Rheinland-Pfalz, Beschluß vom 29. 9. 1989 in AS 22, 405), sie dürfen vielmehr bis zu 1 m von der Grenze entfernt angeordnet werden. Die Verpflichtung, direkt an die Grenze zu bauen, ist also entfallen.

Durch die Neuregelung sollen herkömmliche Trauf- und Ortgangausbildungen, aber auch die Rücksichtnahme auf vorhandene oder vorgesehene Anpflanzungen ermöglicht werden (Abb. 35).

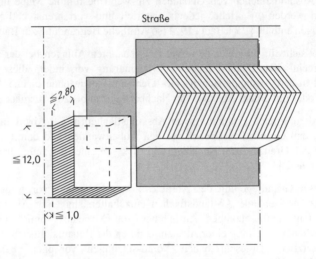

Abb. 35: Grenzgebäude bis 1,0 m Abstand zur Grenze und innerhalb der Abstandsfläche anderer Gebäude (Abs. 9 Nr. 1).

c) **Erleichterungen für Garagen und sonstige Gebäude ohne Aufenthaltsräume (Abs. 9 Satz 1 Nr. 1)**

110 Nach Nr. 1 privilegiert sind Garagen und sonstige Gebäude ohne Aufenthaltsräume und Feuerstätten. Sonstige Gebäude ohne Aufenthaltsräume und Feuerstätten sind nunmehr unter den gleichen Voraussetzungen wie Garagen an Nachbargrenzen zulässig. Die bisherige Längenbegrenzung von 5 m ist entfallen.

**Garagen** sind gem. § 2 Abs. 8 Satz 2 LBauO ganz oder teilweise umschlossene Räume zum Abstellen von Kraftfahrzeugen. Ausstellungs-, Verkaufs-, Werk- und Lagerräume gelten nicht als Garagen.

**Aufenthaltsräume** sind gem. § 2 Abs. 5 Räume, die zum nicht nur vorübergehenden Aufenthalt von Menschen bestimmt oder geeignet sind. **Feuerstätten**

sind gem. § 2 Abs. 7 in oder an Gebäuden ortsfest benutzte Anlagen oder Einrichtungen, die dazu bestimmt sind, durch Verbrennung Wärme zu erzeugen.

Die Zulässigkeit von Garagen bis zu 12 m Länge ermöglicht es, bis zu 4 Garagen senkrecht zur Grenze zu errichten (vgl. Amtliche Begründung, a. a. O.). Zur bisherigen Rechtslage hatte das OVG Rheinland-Pfalz bereits entschieden, daß es möglich ist, zwei Garagen übereinander – teilweise unterirdisch – zu errichten, sofern die gesetzlich normierten Längen- und Höhenmaße eingehalten werden (Urteil vom 1. 7. 1976 – 1 A 13/76 – BRS 30 Nr. 104).

Gebäude ohne Aufenthaltsräume sind zum Beispiel Abstellräume, Lagerräume usw.

Eine Garage, die bauliche Einrichtungen zur Durchführung von Reparatur- und Wartungsarbeiten (z. B. eine in den Boden eingelassene Reparaturgrube) vorsieht, unterfällt nicht dem Privileg des § 8 Abs. 9 S. 1 Nr. 1 (vgl. OVG Saarland, AS 24 Nr. 28).

### aa) Höhenbegrenzung der Garagen und sonstigen Gebäude

Die Garagen und sonstigen Gebäude dürfen eine mittlere Wandhöhe von 3,20 m über der Geländeoberfläche an der Grenze nicht überschreiten (Abb. 36.1 bis 36.5).

Durch die Worte „an der Grenze" hat der Gesetzgeber klargestellt, daß für die Messung der Wandhöhe die dem Nachbarn zugewandte Wandfläche maßgebend ist.

Die mittlere Wandhöhe der Grenzgaragen und sonstigen Gebäude ohne Aufenthaltsräume und Feuerstätten darf nicht mehr als 3,20 m betragen. Als Wandhöhe gilt das Maß von der Geländeoberfläche bis zur Schnittlinie der Wand mit der Dachhaut oder bis zum oberen Abschluß der Wand (§ 8 Abs. 4 Satz 2) (Abb. 6).

Zur Bestimmung der mittleren Wandhöhe bei grenzständigen Gebäuden (vgl. Abb. 36.3 u. 36.4).

Die Begrenzung der mittleren Wandhöhe von 3,20 m gilt auch für die um bis zu 1,0 m von der Grenze abgerückte Wand.

§ 8, 111

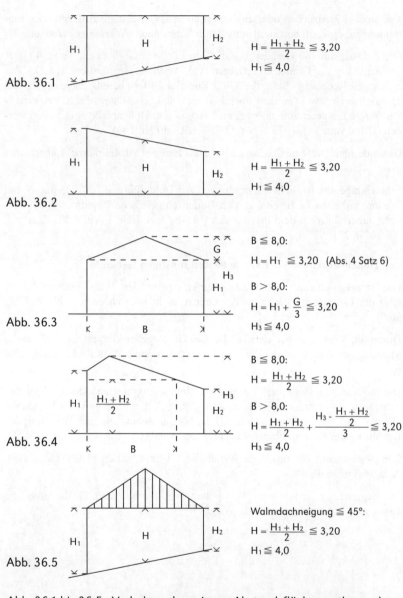

Abb. 36.1 bis 36.5: Vorhaben ohne eigene Abstandsflächen entlang oder bis zu 1,0 m Abstand zu den Grundstücksgrenzen (Abs. 9 Nr. 1 und 2). Für alle Fälle gilt zusätzlich: $H_{max}$ Einfahrtseite $\leq$ 2,80 m (Abs. 9 Nr. 1, Halbsatz 3).

Durch die besondere Erwähnung der mittleren Wandhöhe hat der Gesetzgeber eindeutig zu erkennen gegeben, daß er auch in gewissen Grenzen die Geländebeschaffenheit berücksichtigt hat. Zielrichtung der Höhenbegrenzung ist es also, höhere Garagen oder sonstige Gebäude als 3,20 m im Mittel zu verhindern. Eine entsprechende Auffassung hat das OVG Rheinland-Pfalz in seinem Urteil vom 29. 10. 1986 (1 A 74/84) zu der vergleichbaren Vorschrift in § 17 Abs. 7 LBauO 1974 vertreten und dabei ausgeführt: Normalerweise soll eine Garage nicht höher als 2,80 m sein. Durch die besondere Erwähnung des hängigen Geländes hat der Gesetzgeber eindeutig zu erkennen gegeben, daß er auch in gewissen Grenzen die Geländebeschaffenheit berücksichtigt hat. Damit verbietet sich aber gleichzeitig die Annahme, er habe bei Erlaß des Gesetzes nicht bedacht, daß wegen der besonders starken Hängigkeit einzelner Grundstücke in Einzelfällen nicht einmal das Maß von 3,80 m ausreicht, um eine Garage in Straßenhöhe zu errichten. Wenn er gleichwohl für diese Fälle keine Regelung getroffen hat, dann liegt insoweit nicht etwa eine Regelungslücke vor, die im Wege einer Dispenserteilung geschlossen werden könnte. Vielmehr ist der Vorschrift zweifelsfrei zu entnehmen, daß höhere Garagen auch in hängigem Gelände unzulässig sind. In einem solchen Fall muß sich der Bauherr mit einem Einstellplatz begnügen.

**112**

Die mittlere Wandhöhe grenzständiger Gebäude nach § 8 Abs. 9 Satz 1 Nrn. 1 und 2 LBauO wird allein durch die Regelung des § 8 Abs. 4 Satz 2 und 3 LBauO – nicht dagegen auch nach Satz 5 – bestimmt; allerdings schreibt § 8 Abs. 9 Satz 2 LBauO bei Giebeln an der Grenze ein Höchstmaß von 4 m über der Geländeoberfläche vor (vgl. Beschluß des OVG Rheinland-Pfalz vom 1. 12. 1989 – 8 B 36/89 –; zu § 8 Abs. 10 LBauO 1986).

Die Giebelfläche ist bei den gemäß § 8 Abs. 9 Nrn. 1 und 2 LBauO zulässigen Gebäuden für die Ermittlung der Wandhöhe nicht mitzurechnen. Dies ergibt sich aus folgenden Erwägungen: Kraft gesetzlicher Fiktion in § 8 Abs. 4 Satz 2 und 3 LBauO gilt als Wandhöhe das Maß von der Geländeoberfläche bis zur Schnittlinie der Wand mit der Dachhaut oder bis zum oberen Abschluß der Wand; wobei bei Wänden unter Giebelflächen als oberer Abschluß der Wand die Waagerechte in Höhe der Schnittlinie nach Satz 2 gilt. Die Hinzunahme auch der Giebelwand gemäß § 8 Abs. 4 Satz 5 LBauO für die Errechnung der mittleren Wandhöhe über der Geländeoberfläche von Gebäuden nach Nrn. 1 und 2, wie sie der Antragsteller für notwendig erachtet und was wohl auch Jekel/Schäfer/Sayn in „Die Neue Bauordnung für Rheinland-Pfalz", Textausgabe mit erläuternden Hinweisen, S. 94 meinen – anders allerdings die bildliche Darstellung Nr. 41 S. 111 –, hat indessen außer Betracht zu bleiben.

**113**

Dies hat seinen Grund allein darin, daß es hier nicht um die Ermittlung der Abstandsflächen eines zu errichtenden Bauwerks geht – das Gebäude steht nämlich ohnehin an der Grenze –, sondern lediglich um die Errechnung der höchstzulässigen Wandhöhe eines Gebäudes an der Grenze. Insoweit enthält § 8

Abs. 9 Satz 2 LBauO für die nach Nrn. 1 und 2 grenzständigen Gebäude eine Sondervorschrift, derzufolge bei Giebeln an der Grenze eine Höhe von 4 m über der Geländeoberfläche nicht überschritten werden darf. Das bedeutet, Wand- und Giebelflächen sind insoweit unterschiedlich zu betrachten. Dem entspricht auch – wie schon erwähnt – die bildliche Darstellung Nr. 41 S. 111 in Jekel/Schäfer/Sayn, a. a. O. (anders die Regelung in § 6 Abs. 11 Nr. 1 LBauO NRW, s. Temme in Gädtke/Böckenförde/Temme, LBauO NRW, Komm., 8. Aufl., Anm. 68 zu § 6). Die mittlere Wandhöhe von 3,20 m grenzständiger Gebäude nach § 8 Abs. 9 Satz 1 Nr. 1 und 2 LBauO wird danach für den Bereich der Landesbauordnung Rheinland-Pfalz allein durch die Regelung des § 8 Abs. 4 Satz 2 und 3 LBauO – nicht dagegen auch nach Satz 5 – bestimmt; allerdings schreibt § 8 Abs. 9 Satz 2 LBauO bei Giebeln an der Grenze ein Höchstmaß von 4 m über der Geländeoberfläche vor, was im vorliegenden Fall ausweislich des Inhalts der Baugenehmigung beachtet wird (OVG Rheinland-Pfalz, a. a. O.).

### bb) Höhenbegrenzung der Wand an der Einfahrtseite (Straßenseite)

114 Die Höhe der an der Grenze errichteten Wand darf an der Einfahrtseite (Straßenseite) nicht mehr als 2,80 m betragen.

Die Gebäude dürfen an der Einfahrtseite eine Wandhöhe von 2,80 m nicht überschreiten.

Diese Voraussetzung ist auf Empfehlung des Haushalts- und Finanzausschusses des Landtages in den Gesetzentwurf aufgenommen worden (vgl. Drucksache 10/2767) und ist als Einschränkung der im ersten Halbsatz eingeräumten Gestaltungsfreiheit anzusehen. Zudem fragt es sich, ob diese Einschränkung im Hinblick auf die verbleibenden Gestaltungsmöglichkeiten ihren Sinn und Zweck erfüllen kann. Möglich bleibt nämlich auch mit dieser Einschränkung eine Erhöhung der Wandhöhe unmittelbar hinter der Einfahrtseite von 2,80 m auf 3,20 m oder auch höher (vgl. Abb. 36.1 bis 36.5).

Die noch in der Vorauflage aufgeworfene Frage, welche Seite bei den sonstigen Gebäuden als Einfahrtseite anzusehen ist, wurde durch den hinzugefügten Klammerzusatz (Straßenseite) beantwortet.

Nach dem Rundschreiben des Ministeriums der Finanzen vom 21. Juni 1995 zum Vollzug der neuen Landesbauordnung erfolgt die Höhenbegrenzung an der Einfahrtseite aus städtebaulichen Gründen; bei ansteigendem Gelände sollen überhohe Nebengebäude an der Straßenseite vermieden werden.

Nach früherem Recht durfte die Wandhöhe an der Einfahrtseite nicht mehr als 2,80 m betragen; bei Wänden mit Pultdächern war für die Bestimmung der Wandhöhe § 8 Abs. 4 Satz 3 maßgebend.

Nach der neuen Regelung gilt die Höhenbegrenzung von 2,80 m nur für die an der Grenze bzw. die von der Grenze abgerückte Wand an der Einfahrtseite, nicht jedoch für die Wand mit der Garageneinfahrt („die Höhe **der an der Grenze errichteten Wand** darf an der Einfahrtseite nicht mehr als 2,80 m betragen"). Im Einzelfall kann es ausreichen, dieses Maß nur an der Gebäudeecke einzuhalten. Bei Pultdächern an der Straßenseite bestimmt sich die zulässige Wandhöhe aus dem Maß von 2,80 m und dem Winkel von 45° nach Absatz 9 Satz 2 (Abb. 37).

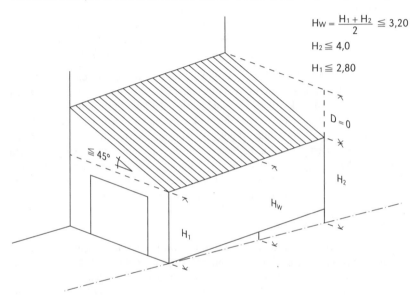

Abb. 37: Gebäude mit Dach zur Grundstücksgrenze oder bis zu 1,0 m Abstand, ohne eigene Abstandsfläche (Abs. 9 Satz 2).

#### cc) Längenbegrenzung von Garagen und sonstigen Gebäuden

Die bisherige Längenbegrenzung auf 5 m für sonstige Gebäude ohne Aufenthaltsräume und Feuerstätten ist entfallen; auch für diese Gebäude gilt nunmehr, ebenso wie für Garagen, eine Längenbegrenzung von 12 m.

Die Gebäude dürfen eine Länge von 12,0 m an einer Nachbargrenze und von insgesamt 18,0 m an allen Nachbargrenzen des Grundstücks nicht überschreiten (vgl. Abb. 38 bis 42). Diese Maße dürfen nicht überschritten werden, auch dann nicht, wenn sich an der Nachbargrenze bereits ein alter Baubestand befindet (vgl. OVG Rh.-Pf., Urteil vom 26. 10. 1978, AS 15 S. 148 zu § 17 Abs. 9 LBauO 1974).

## § 8, 117

Die höchstzulässigen Maße erscheinen zunächst eindeutig; Zweifel können allerdings hinsichtlich der Formulierung „an eine Nachbargrenze" auftreten. Zunächst ist festzustellen, daß die vorgegebene Begrenzung der Grenzbebauung gegenüber allen Grundstücksgrenzen besteht, also auch z. B. gegenüber solchen, die an öffentliche Straßen angrenzen, weil mit der Regelung des § 8 LBauO eine im Prinzip für alle Grundstücksseiten einheitliche Regelung getroffen ist, die es ausschließt, aus der Sicht des Nachbarschutzes zwischen Abstandsflächen an der Straßenseite einerseits und auf den übrigen Gebäudeseiten andererseits zu differenzieren. Als Nachbargrenzen im Sinne der Vorschrift müssen daher alle Grundstücksgrenzen, auch die zu den Verkehrsflächen gelegenen, angesehen werden (vgl. OVG Rh.-Pf., Beschluß vom 15. 10. 1987 in AS 22, 1).

Aus der gesetzlichen Formulierung ergibt sich ferner nicht, ob sich die Nachbargrenze nach den Verhältnissen des Baugrundstücks oder nach den Verhältnissen des Nachbargrundstücks bzw. der Nachbargrundstücke bestimmt. Da die Vorschrift nicht gestalterischen Gesichtspunkten, sondern primär dem Nachbarschutz und dem Brandschutz dient, ist auf die Verhältnisse des Nachbargrundstücks abzustellen. Das bedeutet, daß es mit dem Bezug der zulässigen Länge auf Nachbargrenzen anstelle auf Grundstücksseiten möglich ist, an einer Grundstücksseite mehrere Garagen mit einer Gesamtlänge bis 18 m zu errichten, wenn an diese Grundstücksseite mehrere Nachbargrundstücke angrenzen und die Bebauung an den einzelnen Nachbargrenzen nicht länger als 12 m ist (Abb. 40).

Die Nachbarn werden durch diese Interpretation nicht stärker beeinträchtigt als bei einer Bezugnahme auf das Baugrundstück, da jeder einzelne Nachbar an seiner Grenze höchstens eine Garage bis 12 m Länge zu dulden hat. Der Bezug auf die Nachbargrenzen bzw. Nachbargrundstücke bringt allerdings dort eine Einschränkung, wo mehrere Grundstücksseiten an das gleiche Nachbargrundstück angrenzen (Abb. 41)

117 Das Privileg des Grenzanbaus ist bei Garagen und den anderen Gebäuden nach Nr. 1 auf eine Länge von 12 m an einer Nachbargrenze beschränkt. Ein Garagengebäude, das länger als 12 m ist, ist nach dem eindeutigen Wortlaut des Abs. 9 an einer oder mehreren Nachbargrenzen nicht zulässig. Falls die Seitenwand einer Garage länger als 12 m ist, kann das Privileg des Abs. 9 nur dann zur Anwendung kommen, wenn diese Wand nach höchstens 12 m den nach § 8 Abs. 6 erforderlichen Mindestabstand einhält. Dies setzt einen entsprechenden Grenzverlauf voraus (Abb. 42).

Wird eine Garage in einer Grundstücksecke errichtet, so ist nicht nur die zur seitlichen Grundstücksgrenze orientierte Länge der Garage, sondern auch die an die rückwärtige Grundstücksgrenze anschließende Breite der Garage bei der Längenberechnung mitzurechnen (Abb. 38 u. 39).

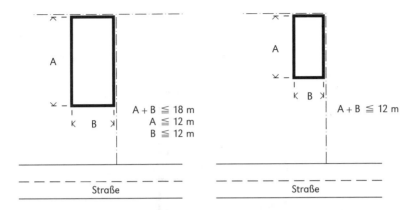

Abb. 38: Garage grenzt an **zwei** oder **mehrere** Grundstücke an (Abs. 9 Nr. 1).

Abb. 39: Garage grenzt an **ein** Grundstück an (Abs. 9 Nr. 1).

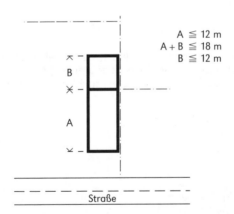

Abb. 40: Vorhaben nach Abs. 9 Nr. 1, Länge entlang aller Nachbargrenzen bis zu 18,0 m, entlang einer Nachbargrenze bis zu 12,0 m.

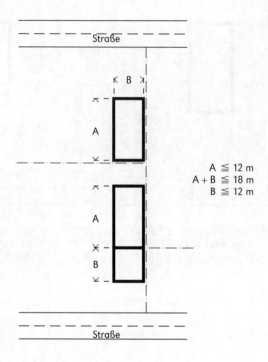

Abb. 41: Vorhaben nach Abs. 9 Nr. 1, wenn mehrere Grundstücke an ein gemeinsames Grundstück angrenzen, muß dieses Grundstück unter Umständen mehrere bis zu 12 m lange Grenzgebäude dulden.

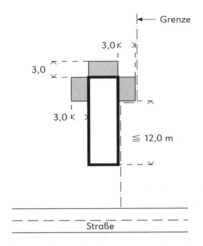

Abb. 42: Ein Versatz im Grenzverlauf ermöglicht auch längere Gebäude als 12,0 m bzw. 18,0 m Gebäudelänge (Abs. 9 Nr. 1).

Eine Garage mit einer auf dem Garagendach befindlichen Terrasse ist keine Garage, die als Grenzgarage im Sinne des Abs. 9 Nr. 1 privilegiert ist (vgl. dazu im einzelnen die Ausführungen zu Abs. 8, Rdn. 101 f.).

### d) Erleichterung für Gebäude und Anlagen zur örtlichen Versorgung (Absatz 9 Satz 1 Nr. 2)

Gem. Satz 1 Nr. 2 sind Gebäude und Anlagen zur örtlichen Versorgung mit Elektrizität, Wärme, Gas und Wasser bis zu 12,0 m Länge und bis zu einer mittleren Wandhöhe von 3,20 m über der Geländeoberfläche an der Grenze zulässig.

Gebäude und Anlagen zur örtlichen Versorgung sind vergleichbar mit den in § 14 Abs. 2 BauNVO erwähnten Nebenanlagen zur Versorgung eines Baugebiets mit Elektrizität, zu denen z. B. „Transformatorenhäuschen" gerechnet werden (so Fickert/Fieseler, BauNVO, 6. Aufl. 1990, § 14 Rdnr. 11).

Transformatorenstationen, die der innerörtlichen Belieferung mit Strom dienen, können also als Nebenanlagen für die öffentliche Versorgung nach Abs. 9 Satz 1 Nr. 2 in Abstandsflächen und ohne eigene Abstandsflächen zugelassen werden. Transformatorenstationen sind Gebäude, wenn sie aufgrund ihrer Abmessungen ungeachtet der konkreten technischen Bestückung sinnvollerweise von Menschen betreten werden können (vgl. OVG des Saarlandes, Urt. vom 3. März 1993, BRS 55 Nr. 116).

Weitere Beispiele für Gebäude und Anlagen der Versorgung mit Elektrizität, Wärme, Gas und Wasser sind: Schaltanlagen, Umspannstationen, Verteileranlagen, Wasserbehälter und Pumpenstationen. Im Hinblick auf die vorgegebene Größe, bis zu 12 m Länge und bis zu einer mittleren Wandhöhe von 3,20 m, erscheinen sie auch nach Umfang und Gestaltung, ebenso wie Garagen, als Nebenanlagen.

Die Aufzählung der Zweckbestimmungen (Elektrizität, Wärme, Gas und Wasser) ist abschließend; ein Telefonhäuschen z. B. unterfällt also nicht dieser Erleichterungsvorschrift.

Die Gebäude müssen der örtlichen Versorgung (des Baugrundstücks, des Baugebiets oder auch des Ortsteils), nicht der überörtlichen dienen.

### e) Erleichterungen für Einfriedungen und Stützmauern (Absatz 9 Satz 1 Nr. 3)

**119** Einfriedungen und Stützmauern sind bis zu einer Höhe von 2 m in allen Baugebieten allgemein zulässig; Stützmauern bis zu 2 m Höhe und Einfriedungen generell bis zu 1,50 m Höhe und bis zu 2 m Höhe, wenn sie vom öffentlichen Verkehrsraum aus sichtbar sind, sind im übrigen auch nach § 61 Abs. 1 Nr. 20 nicht genehmigungsbedürftig.

In Gewerbe- und Industriegebieten entfällt die Begrenzung der Höhe, dort sind Einfriedungen und Stützmauern also ohne Begrenzung der Höhe zulässig. Maßgeblich ist die planungsrechtlich vorgegebene Situation (durch Bebauungsplan oder aufgrund § 34 BauGB), nicht die konkrete Nutzung des Grundstücks.

Die Bestimmung des § 8 Abs. 9 Satz 1 Nr. 3 LBauO erfaßt nur solche Einfriedungen, von denen Wirkungen wie von einem oberirdischen Gebäude im Sinne des § 8 Abs. 8 Satz 1 LBauO ausgehen. Dies ist bei einer 2,40 m hohen offenen Drahteinfriedung nicht der Fall. Ihre bauordnungsrechtliche Zulässigkeit wird durch § 8 Abs. 9 Satz 1 Nr. 3 LBauO nicht eingeschränkt (so OVG Rheinland-Pfalz, Urteil vom 13. Oktober 1993 in AS 24 Nr. 24 = BRS 55 Nr. 115). In diesem Urteil des OVG, das zwar zur LBauO 1986 ergangen ist, allerdings uneingeschränkt auch für die LBauO 1995 gilt, da sich insoweit nur die Absätze der Vorschrift verschoben haben, ist dazu im einzelnen ausgeführt (Die Numerierung der Absätze entspricht der der LBauO 1986):

**120** „Eine Regelung des Inhalts, daß offene Drahteinfriedungen mit einer Höhe von mehr als 2 m an der Grundstücksgrenze generell unzulässig sind, kann der Vorschrift des § 8 Abs. 10 Satz 1 Nr. 3 LBauO nicht entnommen werden.

Die Bestimmungen des § 8 Abs. 10 Satz 1 LBauO sind nicht isoliert zu lesen, sondern sie gewinnen ihren zutreffenden Aussagegehalt erst aus dem Kontext, in dem sie zu den Absätzen 1 und 9 des § 8 LBauO stehen. Die zuletzt genannten Vorschriften legen fest, daß vor Außenwänden oberirdischer Gebäude – vorbehaltlich § 8 Abs. 1 Satz 2 und 3 LBauO – und vor solchen baulichen Anlagen, anderen Anlagen und Einrichtungen, von denen Wirkungen wie von oberirdischen Gebäuden ausgehen, Abstandsflächen freizuhalten sind. Dies dient neben dem Brandschutz und der baulichen Gestaltung auch der Beleuchtung mit Tageslicht und der Lüftung benachbarter Grundstücke (vgl. die Amtl. Begr. zum Entwurf der LBauO 1986, LT-Drucks. 10/1344, S. 76). Von der Grundregel des Abstandsflächenrechts – Freihaltung von Abstandsflächen vor den in § 8 Abs. 1 Satz 1 und Abs. 9 Satz 1 genannten Anlagen – wird in § 8 Abs. 10 Satz 1 LBauO für die dort aufgeführten Anlagen eine Ausnahme gemacht, indem diese generell ohne Abstandsflächen gegenüber Nachbargrenzen sowie ganz oder teilweise in Abstandsflächen von Gebäuden zugelassen werden. Die Bestimmungen des § 8 Abs. 10 Satz 1 Nrn. 1 bis 3 LBauO haben mithin nicht die Festsetzung baufreiheitsbeschränkender abstandsflächenrechtlicher Anforderungen zum Gegenstand, wie sie in § 8 Abs. 2 bis 8 sowie Abs. 11 und 12 LBauO abschließend näher ausgestaltet sind. Vielmehr sieht § 8 Abs. 10 LBauO für die dort genannten Anlagen bei der abstandsflächenrechtlichen Behandlung eine Erleichterung vor, indem diese Anlagen generell ohne Abstandsflächen gegenüber Nachbargrenzen sowie ganz oder teilweise in Abstandsflächen von Gebäuden zulässig sind. Diese Erleichterung kann indessen denknotwendigerweise nur dann zum Tragen kommen, wenn es sich um eine Anlage handelt, die der (Grund-)Regelung des § 8 Abs. 1 Satz 1 und Abs. 9 Satz 1 LBauO überhaupt unterfällt; ist dies nicht der Fall, so sind die Vorschriften des Abstandsflächenrechts von vornherein nicht anwendbar, und es besteht daher für das Eingreifen der Ausnahmeregelungen des § 8 Abs. 10 Satz 1 LBauO kein Anlaß. ...

Ein systemgerechtes Verständnis der Bestimmung des § 8 Abs. 10 Satz 1 Nr. 3 LBauO erfordert es folglich, den dort gebrauchten Begriff der Einfriedung so zu verstehen, daß darunter nur solche Einfriedungen fallen, von denen Wirkungen wie von oberirdischen Gebäuden ausgehen. Für andere Einfriedungen besteht kein Bedürfnis nach einer abstandsflächenrechtlichen Ausnahmeregelung. Ferner würde die Regelung, wendete man sie auf diese anderen Einfriedungen an, insoweit in ihr Gegenteil verkehrt, als aus einer als Erleichterung konzipierten Bestimmung für einen Teilbereich ein weiterer, zu § 8 Abs. 1 Satz 1 und Abs. 9 Satz 1 LBauO hinzutretender abstandsflächenrechtlicher (Grund-)Tatbestand abgeleitet würde. Dafür, daß letzteres dem Willen des Gesetzgebers entspricht, bieten im übrigen die Gesetzesmaterialien keinen Anhalt. Auch zwingt der Wortlaut der Bestimmung nicht dazu, unter den Begriff der Einfriedung im Sinne des § 8 Abs. 10 Satz 1 LBauO ausnahmslos alle Einfriedungen – also auch solche, die § 8 Abs. 9 Satz 1 LBauO nicht unterfallen – einzuordnen. Die vom Gesetzgeber verwendete Formulierung läßt es vielmehr ebensogut zu, darunter – einem systemgerechten Verständnis der Regelung entsprechend – nur diejenigen Einfriedungen zu fassen, von denen Wirkungen wie von oberirdischen Gebäuden im Sinne des § 8 Abs. 9 Satz 1 LBauO ausgehen. Hinzu kommt, daß sich die von der Beklagten angenommene Unzulässigkeit auch offener Drahteinfriedungen von mehr als 2 m Höhe an der Grundstücksgrenze nicht direkt aus dem Wortlaut der Bestimmung ergäbe, sondern erst aus einem an diesem ansetzenden Umkehrschluß. Für Einfriedungen, die der Bestimmung des § 8 Abs. 9 Satz 1 LBauO nicht unterfallen, darf ein solcher Umkehrschluß indessen nicht gezogen werden."

121 Eine Dunglege mit einer Mauer bildet eine einheitliche bauliche Anlage und kann nicht in eine Einfriedung und eine Dunglege „zerlegt" werden mit der Folge, daß die Erleichterungen der Abstandsflächenvorschrift für Einfriedungen zur Anwendung kommen (Niedersächsisches OVG, Urt. vom 18. Februar 1993, BRS 55 Nr. 84).

### f) Wegfall der Erleichterungen bei steilen Dächern und hohen Giebeln (Abs. 9 Satz 2)

122 Absatz 9 Satz 2 regelt, unter welchen Voraussetzungen Dächer und Giebel bei den Gebäuden nach Satz 1 zulässig sind. Satz 1, und damit die Möglichkeit, in den Abstandsflächen eines anderen Gebäudes und ohne Abstandsfläche zu den Nachbargrenzen ein Nebengebäude zu errichten, gilt nicht, wenn Dächer zur Grenze mehr als 45° geneigt sind oder bei Giebeln an der Grenze eine Höhe von 4,0 m über der Geländeoberfläche überschritten wird (Abb. 37).

### g) Bauliche Verbindung von Dächern (Abs. 9 Satz 3)

123 Dächer von Gebäuden nach Satz 1 Nr. 1 dürfen nach Abs. 9 Satz 3 mit dem Dach eines anderen Gebäudes, das für sich betrachtet die erforderliche Abstandsfläche einhält, baulich verbunden werden. Damit sind vor allem sog. abgeschleppte Dächer zulässig. (Abb. 43).

Absatz 9 Satz 3 ist die Reaktion des Gesetzgebers auf die Entscheidung des Oberverwaltungsgerichtes vom 27. 2. 1980 (1 B 561/79), in der sich das OVG zur Zulässigkeit von Garagen unter einem sogenannten abgeschleppten Dach geäußert hat. Das Gericht hat in dieser Entscheidung ausgeführt, daß im Hinblick darauf, daß ein Bauwich gem. § 17 Abs. 7 Satz 1 LBauO 1974 nur für Gebäude vorgeschrieben sei, die Bestimmung des § 17 Abs. 7 Satz 1 LBauO 1974 voraussetze, daß überdachte Stellplätze und Garagen nicht Teile eines anderen Gebäudes seien. Das Gericht hatte mit der zitierten Entscheidung einen Antrag auf sofortige Vollziehung einer Baugenehmigung, mit der unter anderem eine Garage unter einem abgeschleppten Dach genehmigt worden war, abgelehnt. Gem. § 8 Abs. 10 Satz 3 dürfen nunmehr Dächer von Garagen und Nebengebäuden mit dem Dach eines anderen Gebäudes, das seinerseits die erforderliche Abstandsfläche einhält, baulich verbunden werden; das Dach des Hauptgebäudes darf somit über die Garage und das Nebengebäude bis an die Nachbargrenze geführt werden (so aber auch schon OVG Rh.-Pf., Urteil vom 7. 6. 1985 – 1 A 18/84 – und Urteil vom 28. 6. 1984 – 1 A 32/83 –; AS 15 S. 424).

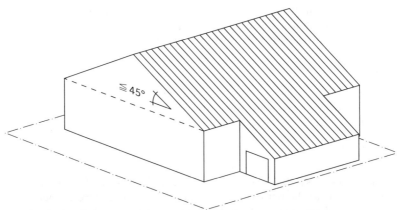

Abb. 43: Gebäude mit Dach zur Grundstücksgrenze oder bis zu 1,0 m Abstand und im Verbund mit dem Dach des Hauptgebäudes (Abs. 9 Satz 3).

Eine Garagenunterkellerung an der Grundstücksgrenze ist dann möglich, wenn sie voll unter der Geländeoberfläche liegt und somit keine Abstandsflächen auslöst.

### 3.10 Gestattung geringerer Tiefen der Abstandsflächen (Absatz 10)

**a) Allgemeines**

Absatz 10 entspricht dem bisherigen Absatz 11.

Absatz 10 ist eine Ausnahmevorschrift. Danach können unter bestimmten Voraussetzungen vor den Außenwänden von Gebäuden auf demselben Grundstück sowie in überwiegend bebauten Gebieten geringere Abstandsflächen gestattet werden, sofern die Beleuchtung mit Tageslicht und die Lüftung von Aufenthaltsräumen nicht erheblich beeinträchtigt werden und der Brandschutz gewährleistet ist.

Bei Absatz 10 handelt es sich nicht um einen Zulässigkeitstatbestand, sondern um eine Ausnahmevorschrift, d. h., eine Genehmigung durch die Bauaufsichtsbehörde kann nur im Wege einer Ausnahme gem. § 67 Abs. 1 LBauO nach pflichtgemäßem Ermessen erteilt werden.

**b) Ausnahmen nach Absatz 10 Nr. 1**

Absatz 10 Nr. 1 bezieht sich auf solche Wände, die auf **demselben** Grundstück stehen.

Eine Ausnahme im Falle des Absatzes 10 Nr. 1 kommt auch nur für die Wände in Betracht, die auf demselben Grundstück in einem Winkel von 75° oder weniger zueinander stehen (analog Abb. 5.1 bis 5.5). Dies bedeutet, daß diese Erleichterung für die übrigen Wände des Gebäudes, die diese Voraussetzungen nicht erfüllen, nicht gilt.

Die Möglichkeit, geringere Tiefen der Abstandsflächen vor Wänden zu gestatten, die auf demselben Grundstück in einem Winkel von 75° oder weniger zueinander stehen, besteht in folgenden Fällen (Abb. 44.1 bis 44.3):

a) Wenn es sich um Wände von Gebäuden handelt, die nicht dem Wohnen dienen.

   Hierbei kann es sich z. B. handeln um Nebengebäude, wie Waschküchen oder landwirtschaftliche Betriebsgebäude, um gewerblich genutzte Gebäude, auch mit Aufenthaltsräumen, also z. B. Werkstätten, oder auch um Verwaltungsgebäude.

b) Wenn es sich um Wände von Wohngebäuden handelt, in denen keine Fenster von Wohn- und Schlafräumen angeordnet sind.

   Der Gesetzgeber hat den Begriff „Wohnräume" nicht definiert, es dürfte sich jedoch hierbei um alle Aufenthaltsräume handeln, die dem Wohnen dienen.

c) Wenn es sich um Wände derselben Wohnung zu einem eigenen Innenhof handelt.

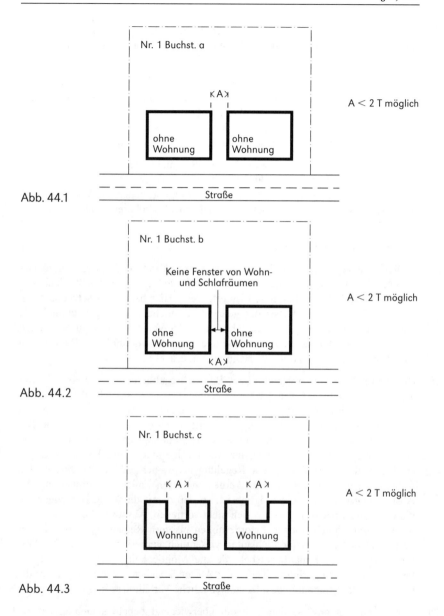

Abb. 44.1 bis 44.3: Geringere Tiefen der Abstandsflächen können als Ausnahme nach § 67 Abs. 1 gestattet werden (Abs. 10 Nr. 1 a bis 1 c).

Durch diese Ausnahmeregelung können insbesondere Gebäude mit Atriumhöfen, U-förmigen Grundrissen oder mit starker Gliederung der Außenwände durch Vor- und Rücksprünge in der Fassade begünstigt werden.

Diese Ausnahmeregelung soll sinnvolle Bebauungen von Grundstücken, gegliederte Gestaltungen von Gebäuden sowie zweckdienliche Grundrißgestaltungen dann ermöglichen, wenn zwar der Wortlaut der einzelnen Abstandsflächenregeln dem entgegensteht, nicht jedoch der Sinn dieser Regelungen (so auch Böckenförde/Krebs/Temme, Komm. BauO NW, Anm. zu § 6 Abs. 13 Rdn. 77).

Da sich die Abstandsflächen zwar überdecken, nicht aber in die gegenüberliegenden Gebäude hineinragen dürfen (vgl. Abb. 5.4), gewährleistet die Ausnahmeregelung des Absatz 10, zwischen den gegenüberliegenden Wänden einen Mindestabstand entsprechend der Abstandsfläche des höheren Gebäudes.

c) **Ausnahmen nach Absatz 10 Nr. 2**

127 In überwiegend bebauten Gebieten können nach Absatz 10 Nr. 2 geringere Tiefen der Abstandsflächen gestattet werden, wenn die Gestaltung des Straßenbildes oder städtebauliche Verhältnisse dies erfordern. Hier hat der Gesetzgeber u. a. an die Erhaltung alter Ortsbilder gedacht. Ähnliche Regelungen enthielt die Landesverordnung zu § 19 LBauO. Mit Hilfe der Vorschrift können Neubauten in gewachsene Stadtstrukturen unter Einhaltung der vorhandenen Baufluchten eingefügt werden (vgl. Amtliche Begründung, a. a. O.).

128 Die Anwendung von Abstands- bzw. Bauwichregelungen auf bereits überwiegend bebaute Gebiete hat in der Vergangenheit häufig zu städtebaulich unbefriedigenden Ergebnissen geführt, die – wenn überhaupt – nur durch die Erteilung von Befreiungen von den Bauwichvorschriften gemildert werden konnten. Die Erteilung einer Befreiung von zwingenden bauordnungsrechtlichen Vorschriften ist aber nicht der richtige Weg, um vernünftige städtebauliche Lösungen zu erreichen, da die Befreiung der Regelung atypischer Einzelfälle dienen soll, während in alten Stadt- und Ortskernen in vielen Fällen die Einhaltung der Abstandsvorschriften nicht möglich ist, so daß damit die Voraussetzungen für die Erteilung einer Befreiung an sich nicht vorliegen. Absatz 10 Nr. 2 trägt nunmehr diesen städtebaulichen Erfordernissen insofern Rechnung, als die bisher bestehenden Ausnahmemöglichkeiten wesentlich verbessert werden. Die Vorschrift räumt der Bauaufsichtsbehörde die Möglichkeit ein, in überwiegend bebauten Gebieten geringere Tiefen der Abstandsflächen zu gestatten, wenn die Gestaltung des Straßenbildes oder städtebauliche Verhältnisse dies erfordern.

129 Erste Voraussetzung ist demnach ein überwiegend bebautes Gebiet. Ob ein Gebiet überwiegend bebaut ist, ist nach den tatsächlichen Gegebenheiten zu beantworten. Um dem Sinngehalt der Vorschrift Rechnung zu tragen, ist es aber wohl notwendig, daß die Umgebung des Baugrundstücks zu weit mehr als der

Hälfte bebaut ist und daß diese Bebauung auch durch erkennbar geringere Abstandsflächen, als nach § 8 erforderlich, geprägt ist. Bei den überwiegend bebauten Gebieten dürfte es sich deshalb in der Regel um ältere Baugebiete handeln, die entweder im Bereich eines qualifizierten Bebauungsplanes nach § 30 BauGB oder in einem im Zusammenhang bebauten Ortsteil im Sinne des § 34 BauGB liegen. Wenn es sich dagegen um eine aufgelockerte Bebauung handelt, in die sich das geplante Bauvorhaben unter Einhaltung der vorgeschriebenen Abstandsflächen gestalterisch und städtebaulich sinnvoll einfügen läßt, dann liegen die Voraussetzungen des Absatzes 10 Nr. 2 nicht vor.

**130** Weitere Voraussetzung ist, daß die geringere Tiefe der Abstandsfläche erforderlich ist. Es reicht deshalb nicht aus, wenn die Gestattung einer geringeren Tiefe der Abstandsfläche nur vertretbar oder gerechtfertigt ist, sondern sie muß geboten sein, um die Gestaltung des Straßenbildes oder die besonderen städtebaulichen Verhältnisse zu bewahren. Persönliche Gründe des Bauherrn, wie z. B. der Wunsch, das Grundstück besser ausnutzen zu können, können deshalb für eine Gestattung nicht ausschlaggebend sein.

**131** Wie bereits bei der Frage, ob es sich um ein überwiegend bebautes Gebiet handelt, ist auch bei der Feststellung, ob die Gestaltung des Straßenbildes oder städtebauliche Verhältnisse geringere Abstandsflächentiefen erfordern, auf größere Straßenabschnitte abzustellen und nicht nur auf die unmittelbar benachbarten Grundstücke. Die Gestaltung des Straßenbildes erfordert geringere Abstände z. B. dann, wenn nach der gewachsenen Struktur eindeutig Baufluchten und Bauhöhen vorgegeben sind und ein Abweichen davon eine Störung des Straßenbildes oder gar eine Verunstaltung des Straßenbildes darstellen würde. Auch was die Höhe der Gebäude angeht, kann sich eine einheitliche Bebauung entwickelt haben, so daß ein Gebäude, das diese Höhe aufgrund der gegebenen Abstandsflächenvorschriften nicht einhalten kann, als eine Verunstaltung des Straßenbildes erscheint. Auch in einem solchen Falle lägen die Voraussetzungen für eine Ausnahmeerteilung nach § 8 Abs. 10 Nr. 2 vor.

Für das Straßenbild kann aber nicht nur die vordere Baufluchtoder die Gebäudehöhe (Traufhöhe) entscheidend sein; auch schmale Traufgassen, mit denen die Mindestabstände unterschritten werden, können charakteristische Merkmale des Straßenbildes sein (so auch Gädtke/Böckenförde/Temme, § 6 Rdn. 79).

**132** Städtebauliche Verhältnisse im Sinne des Absatzes 10 Nr. 2 sind vor allem solche, die auch durch einen Bebauungsplan in dieser Weise hätten festgesetzt oder geregelt werden können. Wenn diese städtebaulichen Verhältnisse durch eine besondere Einheitlichkeit der Bebauung oder durch eine besondere Eigenart der baulichen Grundstücksnutzung in Erscheinung treten, dann rechtfertigen auch solche besonderen städtebaulichen Verhältnisse ein Abweichen von der an sich erforderlichen Abstandsfläche.

Von der Möglichkeit, geringere Abstandsflächen zu gestatten, kann also insbesondere bei der Bebauung von Baulücken sowie bei Aus- und Umbauvorhaben Gebrauch gemacht werden. Ob die an die Beleuchtung und Lüftung von Aufenthaltsräumen sowie die an den Brandschutz zu stellenden Anforderungen erfüllt sind, muß im Einzelfall entschieden werden.

133 Die Erhaltung einer historischen Straßenflucht kann dafür sprechen, bei der Aufstockung eines Gebäudes eine geringere Tiefe der an sich gebotenen Abstandsfläche zuzulassen (so VGH Kassel, Beschl. v. 8. 5. 1995, NVwZ-RR 1995, 634). Der VGH Kassel hat zur Auslegung der vergleichbaren Regelung der hessischen Bauordnung folgendes ausgeführt:

„Die besonderen örtlichen Verhältnisse städtebaulicher Art, auf die es ankommt, sind hier dadurch geprägt, daß in dem betreffenden Straßenabzweig von der ... straße bezüglich der beiderseitigen Straßenrandbebauung schon jetzt geringere Abstandsflächen vorhanden sind, als sie nach § 6 HessBauO 1993 erforderlich wären. Zudem fällt entscheidend ins Gewicht, daß sich beiderseits des genannten Straßenabzweigs aufgrund des vorhandenen baulichen Altbestands jeweils eine einheitliche vordere Bauflucht gebildet hat, die planungsrechtlich nach § 34 I BauGB vom überbauten Standort her als zu beachtende Baulinie am Straßenrand einzuhalten ist (vgl. zur Verringerung von Abstandsflächen zwecks Einhaltung von Straßenfluchten *Müller,* Das BauR in Hessen, Stand: 8/1994, § 8, S. 54; *Gädtke/Böckenförde/Temme,* NWBauO, 8. Aufl. [1989], § 6 Rdnrn. 123 und 125). Diese planungsrechtliche Vorgabe der Einhaltung einer historisch gewachsenen Straßenflucht in der unbeplanten Ortslage, die sich in der Sache als Vorbelastung des Grundstücks des Ast. auswirkt, erfordert auch eine geringere Tiefe der an sich gebotenen Mindestabstandsfläche von 3 m i. S. des § 6 XII 1 Nr. 1 HessBauO 1993, da sonst bei Einhaltung der vollen Tiefe der Mindestabstandsfläche unter Berücksichtigung des nach Art. 14 I GG verfassungskräftig abgestützten Bebauungsrechts des Beigel., dem ein Angleichen der Geschoßzahl an die vorhandene Bebauung der näheren Umgebung mit im wesentlichen zwei Vollgeschossen grundsätzlich nicht verwehrt werden kann, im Ober- und Dachgeschoß des aufgestockten Wohnhauses ein architektonisch mißglückter Rücksprung des Baukörpers folgen müßte. Dies würde die von § 6 XII 1 Nr. 1 HessBauO 1993 im öffentlichen Interesse geschützten städtebaulichen Belange nachhaltig stören (vgl. *Schaetzell*). Bei alledem ist das „Erfordern" i. S. des § 6 XII 1 Nr. 1 HessBauO 1993 nicht i. S. eines zwingenden Gebotenseins zu verstehen, daß also den entsprechenden öffentlichen Belangen auf keine andere Weise entsprochen werden könnte, sondern ähnlich wie bei der entsprechenden Formulierung in § 31 II Nr. 1 BBauG bzw. BauGB ist es nach dem Sinn und Zweck der Vorschrift schon dann erfüllt, wenn es zur Wahrnehmung des jeweiligen öffentlichen Interesses vernünftigerweise geboten ist, mit Hilfe der Ausnahme das Vorhaben an der vorgesehenen Stelle zu verwirklichen. Die Ausnahme muß nicht schlechterdings das einzige denkbare Mittel für die

Verwirklichung des jeweiligen öffentlichen Belangs sein; dessen Erfüllung muß also nicht mit der Erteilung der Ausnahme „stehen und fallen" (vgl. zur Befreiung *BVerwG* 56, 71 = NJW 1979, 939 = BRS 33 Nr. 150; *VGH München,* BayVBl. 1992, 55)."

Es sind somit ausschließlich die prägenden Merkmale der Umgebung eines geplanten Bauvorhabens in einem überwiegend bebauten Gebiet, die eine Reduzierung der Abstandsflächen aus Gründen der Gestaltung des Straßenbildes oder der städtebaulichen Verhältnisse erfordern. Eine bauordnungsrechtliche Satzung oder ein Bebauungsplan ist hierfür nicht Voraussetzung.

**134** Hinzuweisen ist in diesem Zusammenhang aber auf die gem. § 86 Abs. 1 LBauO für die Gemeinden bestehende Möglichkeit, durch Satzung Vorschriften zu erlassen über geringere als in § 8 Abs. 6 vorgeschriebene Maße zur Wahrung der baugeschichtlichen Bedeutung und der sonstigen erhaltenswerten Eigenart des Ortsteiles. § 86 Abs. 1 Nr. 4 gibt die Möglichkeit, entsprechende Regelungen für ein ganzes Gebiet zu erlassen; § 8 Abs. 10 regelt dagegen den Einzelfall.

**d) Zusätzliche Voraussetzungen für Ausnahmen nach Nr. 1 u. 2**

**135** Voraussetzung für die Gestattung einer Ausnahme ist sowohl im Fall der Nr. 1 als auch im Fall der Nr. 2, daß die Beleuchtung mit Tageslicht und Lüftung von Aufenthaltsräumen nicht erheblich beeinträchtigt werden und der Brandschutz gewährleistet ist. Den Belangen der Beleuchtung, der Lüftung und des Brandschutzes kann durch die entsprechende Stellung der Gebäude, durch entsprechende Gestaltung des Grundrisses, durch eine zweckmäßige Anordnung der Fenster oder durch die Bauart der Außenwände Rechnung getragen werden.

### 3.11 Vorrang von Festsetzungen in Bebauungsplänen (Absatz 11)

Absatz 11 entspricht dem bisherigen Absatz 12.

**136** Nach Absatz 11 sollen in einem Bebauungsplan – mittelbar – geringere Tiefen der Abstandsflächen festgelegt werden können, wenn die aufgeführten bauordnungsrechtlichen Belange durch geeignete Festsetzungen gewahrt werden. Planungsrecht und Bauordnungsrecht stehen grundsätzlich selbständig nebeneinander. Der Bebauungsplan regelt nur die städtebaurechtliche Zulässigkeit; das Bauordnungsrecht und damit auch die Bestimmungen über die Mindestabstandsflächen bleiben unberührt.

Absatz 11 räumt dem Bebauungsplan unter den genannten Voraussetzungen Vorrang ein. Dabei muß es sich um zwingende Festsetzungen handeln, da nur dann eine ausreichende Beleuchtung und Belüftung für alle zulässigen Gebäude in gleicher Weise sichergestellt und der Brandschutz gewährleistet werden kann.

Die Gewährleistung der Belange ist möglich durch Festsetzungen der Grundflächen der Gebäude und der Zahl der Vollgeschosse oder durch andere zwingende Festsetzungen eines Bebauungsplanes. Andere zwingende Festsetzungen können z. B. sein: Baulinien, nicht überbaubare Grundstücksflächen, die Stellung und Höhe der Gebäude, die Größe der Grund- und Geschoßfläche (so Amtliche Begründung, a. a. O.).

137 Die Formulierung des Absatzes 11 könnte zu Mißverständnissen führen. Der Sinn dürfte klarer werden, wenn man die Vorschrift um die beiden in Klammern gesetzten Zusätze ergänzt:

Geringere Abstandsflächen sind zulässig, wenn (sie sich) durch Festsetzungen der Grundflächen der Gebäude und der Zahl der Vollgeschosse oder durch andere zwingende Festsetzungen eines Bebauungsplanes (ergeben und) die Beleuchtung mit Tageslicht, die Lüftung und der Brandschutz gewährleistet sind.

Nach der bisherigen Rechtslage war es nur aufgrund der Vorschrift des § 123 Abs. 1 Nr. 4 der LBauO 1974 zur Wahrung der baugeschichtlichen Bedeutung eines Ortsteiles möglich, geringere Abstände, als sie die Landesbauordnung vorsieht, vorzuschreiben. Diese örtlichen Bauvorschriften konnten auch als Festsetzungen in den Bebauungsplan aufgenommen werden. Darüber hinaus war es nicht möglich, in einem Bebauungsplan geringere Grenzabstände festzusetzen. § 8 Abs. 11 ermächtigt nunmehr die Gemeinden, im Bebauungsplan geringere Abstandsflächen festzusetzen. Wird ein solcher Bebauungsplan aufgestellt, so sollen die im Bebauungsplan festgesetzten abweichenden Abstandsflächen anstelle der gesetzlichen Abstandsflächen in § 8 Abs. 6 zugelassen werden, wenn die Beleuchtung mit Tageslicht, die Lüftung und der Brandschutz gewährleistet sind. Es versteht sich von selbst, daß die Festsetzungen eines entsprechenden Bebauungsplanes die Planungs- und Abwägungsgrundsätze des § 1 BauGB beachten müssen. Hier ist in erster Linie zu denken an die allgemeinen Anforderungen an gesunde Wohn- und Arbeitsverhältnisse und an eine gerechte Abwägung der öffentlichen und privaten Belange, auch die der Nachbarn (so auch Böckenförde/Krebs/Temme, BauO NW, Abstandflächen und Abstände, aus Rdn. 80 zu § 6).

138 Das OVG Rheinland-Pfalz hat schon in seinem Urteil vom 9. 12. 1977 (BRS 32 Nr. 96) entschieden, daß durch Bebauungsplan, abweichend von den Regelungen der LBauO über Bauwiche und ähnliche Grenzwerte, der Standort baulicher Anlagen an der seitlichen Grundstücksgrenze zwingend vorgeschrieben werden kann; im Urteil vom 6. 3. 1980 (BRS 36 Nr. 42) wurde dieser Grundsatz unterstrichen.

Der bereits in der Amtlichen Begründung erwähnte Vorrang des Bebauungsplans gegenüber der bauordnungsrechtlichen Abstandsflächenregelung ist nur bei konkreten planerischen Festsetzungen gegeben, die zudem noch zwingenden Charakter haben müssen. Denn nur in einem solchen Fall sind die durch die Abstandsflächen gesicherten Belange in die Abstandsfestsetzungen des Bebauungsplanes eingeflossen und Gegenstand der planerischen Abwägung geworden. Wenn demnach der Bebauungsplan durch seine – nicht zwingenden, etwa durch Höchstwerte angegebenen – Festsetzungen verschiedene Bauformen zuläßt, dann muß das Bauvorhaben so errichtet werden, daß es die nach der Landesbauordnung erforderlichen Abstandsflächen einhält.

**139** Da es sich bei den Abstandsflächen um bauordnungsrechtliche Vorschriften handelt, die der Landesgesetzgebung unterliegen, können Abstandsflächen in einem Bebauungsplan, dessen Festsetzungen bekanntlich im § 9 BauGB normiert sind, grundsätzlich nicht festgesetzt werden (Ausnahme: § 9 Abs. 4 BauGB in Verbindung mit § 86 Abs. 1 Nr. 4 u. Abs. 6 LBauO). Allerdings ist es durch die Festsetzung der Grundfläche des Gebäudes oder der Zahl der Vollgeschosse oder durch andere zwingende Festsetzungen des Bebauungsplanes möglich, mittelbar auch die Abstandsfläche festzulegen. Dies kann z. B. dadurch geschehen, daß der Bebauungsplan nicht nur allgemein die überbaubare Grundfläche des Grundstücks und die Höchstzahl der Vollgeschosse festsetzt, sondern daß er konkret Grundflächen der Gebäude durch Baulinien (vgl. § 23 Abs. 2 BauNVO) und durch die zwingende Festsetzung der Zahl der Vollgeschosse (vgl. § 17 Abs. 4 BauNVO) ausweist. Durch solche Festsetzungen wird dann der Baukörper und damit zugleich der erforderliche Abstand zu anderen Gebäuden und zu den Grundstücksgrenzen festgelegt. Die Bestimmungen über die Abstandsflächen sind dann nicht anzuwenden.

**140** Die zwingenden Festsetzungen des Bebauungsplanes müssen gewährleisten, daß eine ausreichende Beleuchtung mit Tageslicht, die Lüftung und der Brandschutz sichergestellt sind. Diese Belange sind bei der planerischen Abwägung im Rahmen der Aufstellung des Bebauungsplanes zu berücksichtigen.

# Anmerkungen

## Übersicht

| | Rdn. |
|---|---|
| 4 Abstandsflächenvorschriften und Nachbarschutz | |
| 4.1 Zum Nachbarschutz allgemein | 201–205 |
| 4.2 Nachbarschützender Charakter der Abstandsflächenvorschrift | 206–209 |
| 4.3 Der Nachbarschutz im Rahmen des § 8 im einzelnen | |
|    a) Rechtslage in Rheinland-Pfalz | 210–212 |
|    b) Zu den einzelnen Absätzen | 213–224 |
|    c) Kein Erfordernis einer tatsächlichen Beeinträchtigung | 225–227 |
|    d) Näheres Heranrücken | 228 |
| 4.4 Die Beteiligung des Nachbarn im Baugenehmigungsverfahren | 229–232 |
| 4.5 Rechtsschutz des Nachbarn | |
|    a) Widerspruch und Klage | 233–236 |
|    b) Vorläufiger Rechtsschutz | 237 |
| 4.6 Rechtsanspruch des Nachbarn auf bauaufsichtliches Einschreiten | 238, 239 |
| 4.7 Nachbarschutz im vereinfachten Genehmigungsverfahren und bei genehmigungsfreien Wohnungsbauvorhaben | 240, 241 |
| 5 Die Abstandsflächenregelung und das private Nachbarrecht | |
| 5.1 Rechtsgrundlagen des privaten Nachbarrechts | 242 |
| 5.2 Einfriedungen nach privatem Nachbarrecht | 243–246 |
| 5.3 Grenzabstände für Pflanzen, Hecken und Laub | 247–252 |
| 5.4 Aufschüttungen, Abgrabungen, Aufschichtungen und Grundwasserabsenkungen | 253–256 |
| 5.5 Grundstücks-Benutzungsrecht | |
|    a) Grundsatz | 257 |
|    b) Antennen, Schornsteine und Lüftungsleitungen | 258, 259 |
|    c) Hammerschlags- und Leiterrecht | 260 |
|    d) Notwege- und Leitungsrecht | 261, 262 |
|    e) Rechtsfolgen von Grenzüberbauungen | 263 |
|    f) Fensterrecht | 264, 265 |
| 5.6 Nachbarrechtsgesetz für Rheinland-Pfalz vom 15. Juni 1970 | |

# 4 Abstandsflächenvorschriften und Nachbarschutz

## 4.1 Zum Nachbarschutz allgemein

**201** Ein Ausgleich nachbarlicher Interessen ist nicht nur durch Vorschriften des Privatrechts zu erreichen, sondern wird auch durch öffentlich-rechtliche Vorschriften gewährleistet. Der Ansatzpunkt hierfür ist in Artikel 19 Abs. 4 GG zu sehen, wonach der Rechtsweg offensteht, wenn jemand durch die öffentliche Gewalt in seinen Rechten verletzt wird. Die Möglichkeit der Verletzung in eigenen Rechten ist für den Adressaten eines Verwaltungsaktes uneingeschränkt zu bejahen. Einem Grundstückseigentümer, dem von der Bauaufsichtsbehörde die Genehmigung zur Errichtung eines Wohnhauses auf seinem Grundstück versagt wird, kann dadurch in seinen Rechten aus dem Grundeigentum beeinträchtigt sein und deshalb die negative Entscheidung durch die Verwaltungsgerichte überprüfen lassen.

Der baurechtliche Nachbarschutz beruht auf dem Gedanken der gegenseitigen Rücksichtnahme; seine Grundlage ist das nachbarliche Gemeinschaftsverhältnis, in dessen Rahmen jeder Eigentümer zugunsten seines Nachbarn bestimmten Beschränkungen unterworfen ist und im Austausch dafür verlangen kann, daß der Nachbar diese Beschränkungen gleichfalls beachtet (vgl. BVerwG, Urteil vom 16. 9. 1993, BRS 55 Nr. 110 = DVBl. 1994, S. 284). Der Nachbarschutz beinhaltet somit ein System gegenseitiger Ausgleichs- und Rücksichtspflichten zwischen den Nachbarn.

**202** Die Frage des (baurechtlichen) Nachbarschutzes wird u. a. dann relevant, wenn ein Dritter einen Verwaltungsakt, also z. B. eine Baugenehmigung, anficht, ohne selbst Adressat des Verwaltungsaktes zu sein, oder wenn er wegen Bautätigkeiten auf dem Nachbargrundstück ein Tätigwerden der Bauaufsichtsbehörde beantragt. In diesen Fällen stellt sich nämlich die Frage, ob der Dritte klagebefugt im Sinne des § 42 Abs. 2 VwGO ist und bei objektiver Rechtswidrigkeit der angefochtenen Entscheidung durch den Verwaltungsakt in seinen Rechten verletzt ist (§ 113 Abs. 1 Satz 1 VwGO). Vor diesem Hintergrund hat sich der Begriff der „nachbarschützenden Vorschrift" (auch „drittschützende Vorschrift") entwickelt. Darunter sind solche Vorschriften zu verstehen, die nicht nur dem öffentlichen Interesse dienen, sondern auch die rechtlichen Interessen des Nachbarn schützen sollen. Hat eine Vorschrift nachbarschützende Funktion, so hat auch der Nachbar einen Anspruch darauf, daß die Vorschrift eingehalten wird, und kann dies gegebenenfalls mit den Rechtsbehelfen des Verwaltungsverfahrens und den Rechtsmitteln des verwaltungsgerichtlichen Verfahrens durchsetzen.

Im Bauordnungsrecht dienen die Vorschriften über die Einhaltung der Grenzabstände wegen ihrer Bedeutung für den Brandschutz, die Lichtzufuhr und die

Belüftung nicht nur dem Wohl der Allgemeinheit und damit öffentlichen Interessen, vielmehr schützen sie auch die rechtlichen Interessen des Nachbarn. Vorschriften, die ausschließlich öffentlichem Interesse dienen, sind z. B. solche über Ästhetik und Baugestaltung.

Aber auch dann, wenn spezielle nachbarschützende Vorschriften zugunsten des Nachbarn nicht eingreifen, kann er unmittelbar in seinen Eigentumsrechten aus Artikel 14 Abs. 1 GG beeinträchtigt sein. Nach der ständigen Rechtsprechung des Bundesverwaltungsgerichtes kann der Nachbar durch eine dem Bauherrn erteilte Baugenehmigung dann in Artikel 14 Abs. 1 GG verletzt sein, wenn die Genehmigung bzw. deren Ausnutzung die vorgegebene Grundstückssituation nachhaltig verändert und dadurch den Nachbarn schwer und unerträglich trifft (vgl. u. a. BVerwG in DVBl. 1978, S. 616 m. w. N.).

Diese Rechtsprechung zu Art. 14 GG ist vom BVerwG (Urteil vom 26. 9. 1993, BVerwGE 88, S. 69, 78 f. = NVwZ 1993, S. 977) zwischenzeitlich stark relativiert worden. In dem Urteil ist ausgeführt:

„Keiner Erörterung bedarf es, ob Abwehransprüche Dritter im öffentlichen Baurecht überhaupt unmittelbar auf Art. 14 Abs. 1 Satz 1 GG gestützt werden können. Der Senat hat dies zwar in seiner früheren Rechtsprechung angenommen (...). Soweit drittschützende Regelungen des einfachen Rechts vorhanden sind, kann aber ein weitergehender unmittelbar auf Art. 14 Abs. 1 Satz 1 GG beruhender Anspruch nicht bestehen. Denn durch eine den Anforderungen des Art. 14 Abs. 1 Satz 2 GG genügende gesetzliche Regelung werden Inhalt und Schranken des Eigentums dergestalt bestimmt, daß innerhalb des geregelten Bereichs weitergehende Ansprüche aus Art. 14 Abs. 1 Satz 1 GG ausgeschlossen sind. Im Hinblick auf Belästigungen und Störungen des Nachbarn durch ein Bauvorhaben besitzt das Bauplanungsrecht mit den §§ 31, 34 und 35 BauGB sowie mit § 15 BauNVO Regelungen, die Umfang und Grenzen des Nachbarschutzes umfassend bestimmen. Welche Beeinträchtigungen des Grundeigentums der Nachbar hinnehmen muß und wann er sich gegen ein Bauvorhaben wenden kann, richtet sich nach den Grundsätzen des Rücksichtnahmegebots, das in den genannten Vorschriften enthalten ist. Insoweit ist für weitergehende Ansprüche aus Art. 14 Abs. 1 Satz 1 GG kein Raum."

Daher kommt Art. 14 GG beim Nachbarschutz im öffentlichen Baurecht grundsätzlich nur noch dann Bedeutung zu, wenn das genehmigte Bauvorhaben eine unmittelbar gegenständliche Inanspruchnahme des Nachbargrundstücks zur Folge hat, z. B. durch ein Notwegerecht oder ein Durchleitungsrecht für Versorgungsleitungen (vgl. Dörr, Das öffentliche Baunachbarrecht, DÖV 1994, S. 841).

Ein weiterer Weg des verwaltungsrechtlichen Nachbarschutzes ist vom Bundesverwaltungsgericht erst vor einigen Jahren entwickelt worden. Es handelt sich um das sog. **Gebot der Rücksichtnahme**. Dieses Gebot der Rücksichtnahme kann nach den vom Bundesverwaltungsgericht entwickelten Grundsätzen (vgl. Urteil vom 25. 2. 1977 in BRS 22 Nr. 181) dann drittschützende Wirkung haben, wenn in qualifizierter und individualisierter Weise auf schutzwürdige Interessen eines erkennbar abgegrenzten Kreises Dritter Rücksicht zu nehmen ist. Das Gebot der Rücksichtnahme kann auch im Bauordnungsrecht Nachbarschutz entfalten (vgl. VGH Mannheim in BRS 36 Nr. 191 und OVG Münster, Urteil vom 9. 5. 1985 in BRS 44 Nr. 167). Allerdings hat das Bundesverwaltungsgericht in einem Beschluß vom 22. 11. 1984 (BRS 42 Nr. 206) ausgeführt, daß dann, wenn ein Wohnbauvorhaben die bauordnungsrechtlich für die ausreichende Belichtung, Besonnung und Belüftung von Nachbargrundstücken gebotenen Abstandsflächen einhält, darüber hinaus für ein – drittschützendes – Gebot der Rücksichtnahme auf diese nachbarlichen Belange kein Raum mehr ist (so auch OVG Rh.-Pf., Beschluß vom 31. 3. 1983 – 12 B 13/83 –).

**205** Das Bundesverwaltungsgericht hat andererseits klargestellt, daß die Einhaltung der bauordnungsrechtlichen Abstandsvorschriften die Anwendung des drittschützenden Rücksichtnahmegebots nicht generell ausschließt, wenn sich ein Vorhaben nicht in die Eigenart der näheren Umgebung einfügt (§ 34 Abs. 1 BBauG), weil es die gebotene Rücksichtnahme vermissen lasse (Urt. v. 23. 5. 1986, DVBl. 1986, S. 1271).

Mithin ist ein Verstoß gegen das Gebot der Rücksichtnahme ausgeschlossen, wenn alle nach Lage der Dinge durch ein Vorhaben möglicherweise beeinträchtigten Belange auch bauordnungsrechtlich – in einer den Anforderungen des Art. 14 Abs. 1 Satz 2 GG genügenden Weise – geregelt sind und das Vorhaben mit diesen Regelungen vereinbar ist.

Verallgemeinernd bedeutet dies, daß für die Anwendung des Rücksichtnahmegebots nur insoweit kein Raum ist, wie die durch dieses Gebot geschützten Belange auch durch spezielle bauordnungsrechtliche Vorschriften geschützt werden und das konkrete Vorhaben deren Anforderungen entspricht (so BVerwG, Urt. vom 16. 9. 1993 in DVBl. 1994, 284, 287).

### 4.2 Nachbarschützender Charakter der Abstandsflächenvorschrift

**206** Ob bestimmte Vorschriften nachbarschützenden Charakter haben, kann sich sowohl aus dem Wortlaut der Vorschrift selbst als aber auch aus Sinn und Zweck der Vorschrift ergeben. Häufig tauchen in gesetzlichen Bestimmungen die Formulierungen „zur Vermeidung von unzumutbaren Belästigungen, auch für den Nachbarn" oder aber „auch unter Würdigung nachbarlicher Interessen" auf. Bei diesen Vorschriften ergibt sich der Nachbarschutz bereits aus dem Wortlaut.

Im allgemeinen läßt sich aber die nachbarschützende Funktion nicht aus dem Wortlaut der Vorschrift entnehmen. Es bedarf dann jeweils der Klärung, ob eine baurechtliche Vorschrift ausschließlich objektiv-rechtlichen Charakter hat oder ob sie (auch) dem Schutz individueller Interessen dient, ob sie also Rücksichtnahme auf Interessen Dritter gebietet. Gelegentlich mag sich auch aus der Entstehungsgeschichte der Wille des Normgebers ermitteln lassen, die Interessen Dritter zu schützen.

Hieraus folgt zugleich, daß es nicht darauf ankommen kann, daß die Norm ausdrücklich einen fest abgrenzbaren Kreis der Betroffenen benennt. Es kommt also weder darauf an, ob die Norm einen geschützten Personenkreis räumlich, etwa durch die Bezeichnung eines Gebiets, abgrenzt, noch darauf, ob sie in ihrer vollen Reichweite auch dem Schutz individueller Interessen zu dienen bestimmt ist. Worauf es ankommt, ist, daß sich aus individualisierenden Tatbestandsmerkmalen der Norm ein Personenkreis entnehmen läßt, der sich von der Allgemeinheit unterscheidet (vgl. BVerwG, Urteil vom 19. 9. 1986, NVwZ 1987, 409 = DVBl. 1987, 476).

Da es sich bei den Bestimmungen des Bauordnungsrechts um Landesrecht handelt, hängt die Frage, ob eine Vorschrift des Bauordnungsrechts nachbarschützend ist, letztlich auch maßgebend von der Rechtsauffassung des zuständigen Oberverwaltungsgerichtes als letzter Kontrollinstanz für landesrechtliche Vorschriften ab. Deshalb ist es ratsam, daß man sich in einem konkreten Streitfall vor dem Ergreifen von Rechtsbehelfen zunächst einmal über die Rechtsauffassung des Oberverwaltungsgerichtes Rheinland-Pfalz informiert.

Das Oberverwaltungsgericht Rheinland-Pfalz hat zwischenzeitlich in mehreren Entscheidungen den nachbarschützenden Charakter der Abstandsflächenregelung anerkannt (vgl. u. a. Beschluß vom 15. 10. 1987 – 1 B 54/87 – AS 22, 1). Das OVG hat ausgeführt, daß für die Vorschrift des § 8 LBauO 1986 im Grundsatz nichts anderes gelten könne als für § 17 LBauO 1974.

Mithin ist die grundsätzlich gemäß § 8 Abs. 1 bis 6 LBauO zu beachtende Abstandsfläche nachbarschützend. An dieser nachbarschützenden Funktion des § 8 Abs. 1 bis 6 ändert sich auch nichts durch die Absätze 7 bis 11. Soweit danach geringere Abstände zulässig sind, beruhen diese Bestimmungen auf der Entscheidung des Gesetzgebers, im Interesse bestimmter anderer öffentlicher Belange (etwa der Freihaltung des öffentlichen Verkehrsraums von ruhendem Verkehr in § 8 Abs. 9 Satz 1 Nr. 1) unter den dort genannten Voraussetzungen Abweichungen von den grundsätzlich geforderten Abstandsflächen zuzulassen (vgl. OVG Rheinland-Pfalz, Beschluß v. 15. 2. 1993, AS 24 Nr. 16).

Den früheren Vorschriften über Bauwiche, ähnliche Grenzabstände, Belichtungsbereiche und Abstände zur Wahrung des Wohnfriedens hatte das OVG Rheinland-Pfalz weitgehend nachbarschützenden Charakter zuerkannt (vgl. hinsichtlich § 17 Abs. 1 und 3 LBauO 1974 AS 14, S. 74; hinsichtlich § 19 Abs. 1 und 3 LBauO 1974 AS 14, S. 95; zu § 19 Abs. 4 LBauO 1974 AS 15, S. 24; darüber hinaus Urteil vom 4. 10. 1979 – 1 A 121/79).

**208** Auch von allen anderen zweitinstanzlichen Verwaltungsgerichten werden die Vorschriften über die einzuhaltenden Abstände gegenüber der Grundstücksgrenze einhellig als nachbarschützend angesehen. Der Bayerische VGH hat bereits 1985 (Urteil vom 14. 10. 1985, BRS 44 Nr. 100) festgestellt, daß die Vorschriften der neuen Bayerischen Bauordnung über die Einhaltung von Abstandsflächen in ihrer Gesamtheit auch dem Nachbarschutz dienen. Diese Aussage ist in weiteren Gerichtsentscheidungen immer wieder bestätigt worden (vgl. BRS 54 Nr. 93; BRS 55 Nr. 188).

**209** Auch der VGH Baden-Württemberg hat in einem Beschluß vom 20. 12. 1984 (BRS 42 Nr. 202) entschieden, daß die in § 6 Abs. 5 Satz 1 LBO (entspricht weitgehend § 8 Abs. 6 LBauO Rheinland-Pfalz) vorgeschriebenen Abstandsflächentiefen in vollem Umfang mit nachbarschützender Wirkung ausgestattet sind – entgegen dem im Gesetzgebungsverfahren erklärten Willen des Gesetzgebers. Als Reaktion auf diese Rechtsprechung hat der Gesetzgeber in § 6 Abs. 5 LBauO Baden-Württemberg ausdrücklich bestimmt, daß nachbarschützende Wirkung nur der halben Tiefe der Abstandsflächen zukommt. Hierzu hatte der VGH in der zitierten Entscheidung ausgeführt:

„... die Vereinigung sämtlicher Abstandsvorschriften, die nach altem Recht einzuhalten und die teils nachbarschützend, teils nicht nachbarschützend waren, zu einer einheitlichen Regelung der Abstandsflächentiefe hat dazu geführt, daß nunmehr die gesamte Abstandsflächentiefe auch nachbarschützend geworden ist. Diese Einheit ist unauflösbar. Für eine Trennung der Abstandsflächentiefe in einen nachbarschützenden Teil einerseits und in einen nicht nachbarschützenden Teil andererseits, etwa dergestalt, daß nur die Hälfte der nach § 6 Abs. 5 Satz 1 LBauO vorgeschriebenen Abstandsflächentiefe mit nachbarschützender Funktion ausgestattet ist, bietet das Gesetz keine Handhabe. Der Auffassung, daß nur die Hälfte der ermittelten Abstandsflächentiefe nachbarschützend ist, ist zwar einzuräumen, daß sie offenbar dem Willen des Gesetzgebers entspricht. Auf seinen Willen allein kommt es indessen nicht ausschlaggebend an. Wortlaut und Sinnzusammenhang, auf die es zunächst ankommt, liefern keine hinreichenden Anhaltspunkte für eine nachbarschützende Funktion lediglich der halben Abstandsfläche."

Vergleiche weiterhin: OVG Nordrhein-Westfalen, BRS 56 Nr. 196; OVG Lüneburg, BauR 1987, S. 74; OVG Saarland, NVwZ-RR 1992, S. 404; OVG Hamburg, NVwZ-RR 1993, S. 238; OVG Berlin, BRS 54 Nr. 97 und Sächsisches OVG, BRS 56 Nr. 106; Niedersächsisches OVG, BRS 56 Nr. 108.

## 4.3 Der Nachbarschutz im Rahmen des § 8 im einzelnen

### a) Rechtslage in Rheinland-Pfalz

Geht man vom Wortlaut des § 8 aus, so ergeben sich nur wenige Anhaltspunkte für einen Nachbarschutz. Der rheinland-pfälzische Gesetzgeber hat in der Neuregelung auch fast ausschließlich Zulässigkeitstatbestände geschaffen, um damit eine Nachbarbeteiligung entbehrlich zu machen. Damit ist über den nachbarschützenden Charakter der Vorschrift allerdings noch nichts gesagt, vielmehr kommt es hierfür – wie oben ausgeführt – auf den Sinn und Zweck der Vorschrift an.

Nach Einführung des neuen Abstandsflächenrechts haben mehrere Obergerichte übereinstimmend entschieden, daß die Abstandsflächenregelungen nachbarschützenden Charakter haben (vgl. z. B. Bayerischer VGH in BRS 44 Nr. 100, OVG NRW in BRS 44 Nr. 144 = BauR 1985, 664). Auch das OVG Rheinland-Pfalz hat der Abstandsflächenregelung in mehreren Entscheidungen nachbarschützenden Charakter zuerkannt (Beschluß vom 15. 10. 1987, AS 22, 1 = BRS 47 Nr. 168; Urteil vom 7. 7. 1994, BRS 56 Nr. 103).

Einige grundlegende Ausführungen dazu sind in dem Urteil des OVG vom 10. 4. 1991 – 8 A 12436/90.OVG – enthalten. Dort heißt es u. a.:

„Die Abstandsvorschriften dienen neben dem Brandschutz und der Gestaltung auch der Beleuchtung mit Tageslicht und der Lüftung benachbarter Grundstücke (Amtliche Begründung zum Entwurf der LBauO, Landtagsdrucksache 10/1344, S. 76). Dabei ergibt sich weder aus dem Wortlaut noch der Entstehungsgeschichte dieser Vorschrift, daß für den genannten öffentlichen Schutzbereich einerseits und den privaten des Nachbarn andererseits unterschiedliche Flächen festgesetzt werden sollten (vgl. BayVGH, BayVBl. 85, 143 f.). Der Gesetzgeber hat durch die Gesamtheit der Abstandsvorschriften das Recht des Grundeigentümers dahin bestimmt, daß er das Grundeigentum und das daraus fließende Bebauungsrecht zwar durch die Forderung nach Einhaltung von Abstandsflächen einschränkend regelt, den Rechtskreis des Eigentümers auf der anderen Seite zugleich aber dadurch erweitert, daß der Eigentümer von seinen Nachbarn auch die Einhaltung derselben Bestimmungen verlangen kann (vgl. zur Regelung des § 17 LBauO 1974 OVG Rheinland-Pfalz AS 15, 151–155 f. –). Es ist daher die grundsätzlich gemäß § 8 Abs. 1 bis 6 LBauO zu beachtende Abstandsfläche nachbarschützend (siehe Jekel/Schaefer/Sayn, Die neue Bauordnung für Rheinland-Pfalz, S. 82). Soweit nach den Absätzen 7 bis 12 des § 8 LBauO geringere Abstände zulässig sind, beruhen diese Regelungen auf der Entscheidung des Gesetzgebers, im Interesse bestimmter anderer öffentlicher Belange (etwa der Freihaltung des öffentlichen Verkehrsraums von ruhendem Verkehr in § 8 Abs. 10 Nr. 1 LBauO oder des sparsamen Umgangs mit Grund und Boden, § 8 Abs. 7 LBauO) unter den dort genannten Voraussetzungen Abweichungen von den grundsätzlich geforderten Abstandsflächen zuzulassen. Nur um dieser die Ausnahmevorschriften rechtfertigenden öffentlichen Interessen willen werden die für die Einhaltung von Abstandsflächen generell sprechenden öffentlichen und privaten Belange zurückgestellt. Das bedeutet, daß der Nachbar sich einen verringerten Abstand auch nur ‚zumuten' lassen muß, wenn und soweit die Voraussetzungen für eine Verringerung der Abstandstiefen gegeben sind (siehe BayVGH, BayVBl. 1989, 19 f. sowie Simon, a. a. O., Rdn. 43 f. zu Art. 6; OVG Nordrhein-Westfalen, BRS 44 Nr. 144 zu den insoweit inhaltsgleichen Vorschriften der Bayerischen Landesbauordnung sowie der Landesbauordnung Nordrhein-Westfalen).

Die Meinung, daß die Gesamtheit der Regelungen in § 8 LBauO nachbarschützend ist und der Nachbarschutz nicht generell auf den halben Abstand reduziert wird ohne Rücksicht darauf, ob die Voraussetzungen des sog. Schmalseitenprivilegs gegeben sind, wird auch durch die Entstehungsgeschichte dieser Vorschrift belegt. Sie beruht auf § 6 der Musterbauordnung 1981. Die bereits am 28. November 1983 (GBl. 1984 S. 519) erlassene Landesbauordnung Baden-Württemberg enthielt eine der Musterbauordnung von 1981 und dem jetzigen § 8 LBauO Rheinland-Pfalz entsprechende Regelung. Nachdem der VGH Baden-Württemberg zu dieser Bestimmung in einem Beschluß vom 20. Dezember 1984 (BRS 42 Nr. 202) entschieden hatte, daß der Nachbarschutz – soweit die Voraussetzungen des Schmalseitenprivilegs nicht gegeben sind – sich auf die volle Abstandsfläche erstreckt, hat der Gesetzgeber die Bestimmung über Abstände geändert und durch den Satz ergänzt: ‚Nachbarschützende Wirkung kommt nur der halben Tiefe der Abstandsfläche nach Satz 1, mindestens jedoch eine Tiefe von 2,5 m zu' (Gesetz zur Änderung der Landesbauordnung für Baden-Württemberg vom 1. April 1985, GBl. 1985, S. 51). Diese Gesetzesänderung sowie die Diskussion über die Auswirkungen des Schmalseitenprivilegs auf den Umfang des Nachbarschutzes (vgl. Menzel, Zur nachbarschützenden Wirkung der neuen Abstandsregelungen im Baurecht, Baurecht 1985, 492 ff.) waren dem Gesetzgeber der am 13. November 1986 beschlossenen Landesbauordnung für Rheinland-Pfalz bekannt. Wenn er dennoch von einer der baden-württembergischen Änderungsfassung entsprechenden Bestimmung absah, kann daraus nur der Schluß gezogen werden, daß nach dem Willen des Gesetzgebers die Abstandsvorschrift des § 8 in ihrem gesamten Inhalt auch dem Schutz des Nachbarn dienen soll."

212  Das OVG Rheinland-Pfalz hat diese Rechtsprechung in seinem Beschluß vom 15. 2. 1993 (AS 24 Nr. 16) nochmals bestätigt und dieser Entscheidung folgenden Leitsatz vorangesetzt: § 8 Abs. 6 Satz 1 LBauO 1986 bestimmt eine Regelabstandfläche von 0,8 H, die in ihrer gesamten Tiefe nachbarschützend ist.

Für die entsprechende Vorschrift des § 8 LBauO 1995 gilt nichts anderes.

**b) Zu den einzelnen Absätzen ist folgendes anzumerken:**

zu Absatz 1

Die Forderung des Abs. 1 Satz 1, vor Außenwänden oberirdischer Gebäude Flächen von Gebäuden (Abstandsflächen) freizuhalten, ist nachbarschützend. 213

Die Entscheidung der Frage, ob nach Abs. 1 Satz 2 an die Grenze gebaut werden darf und vom Nachbargrundstück angebaut wird, hat sich an den Schutzzwecken des § 8, also auch an dem nachbarlichen Wohnfrieden auszurichten (vgl. VGH Bad.-Württ., BRS 55 Nr. 118)

Bei der Ermessensentscheidung nach Abs. 1 Satz 3 sind die beiderseitigen Interessen des Bauherrn und des Nachbarn abzuwägen (BayVGH, BRS 56 Nr. 102).

Das Verlangen oder Gestatten eines Grenzanbaus nach Abs. 1 Satz 3 setzt eine Ermessensentscheidung der Behörde voraus, bei der vor allem auch die bauliche Situation auf dem Nachbargrundstück zu berücksichtigen ist.

Auch wenn die Bauaufsichtsbehörde nach Abs. 1 Satz 4 verlangt oder gestattet, daß eine Abstandsfläche eingehalten wird, muß sie die konkrete Situation auf dem Nachbargrundstück berücksichtigen. Die Entscheidung auf Einhaltung einer Abstandsfläche kommt schon dann in Betracht, wenn die Einhaltung eines Abstandes mit Rücksicht auf die Bebauung des Nachbargrundstücks geboten ist oder geboten sein kann (vgl. OVG Lüneburg in BRS 39 Nr. 106 u. BVerwG in BRS 33 Nr. 150). Das Verlangen einer Abstandsfläche kann in Betracht kommen, wenn durch die Grenzbebauung im bestandsgeschützten Nachbargebäude rechtmäßig vorhandene Fenster zugebaut würden und der Nachbar hierdurch schwer und unerträglich getroffen würde (VGH Baden-Württemberg in BauR 1975, 316).

Mit einer pflichtgemäßen Ermessensbetätigung nach § 8 Abs. 1 Satz 4 ist es regelmäßig nicht vereinbar, daß die Bauaufsichtsbehörde auf einen Grenzabstand verzichtet, wenn ein solcher Abstand zur Vermeidung unzumutbarer Beeinträchtigungen für den Nachbarn erforderlich ist (OVG Rh.-Pf., Urt. v. 7. 7. 1994, BRS 56 Nr. 103).

zu Absatz 1 und Absatz 2

Nach dem Beschluß des OVG Rheinland-Pfalz vom 15. 10. 1987 (AS 22, 1) dient die Regelung des § 8 Abs. 1 und 2 der LBauO 1986 über die Abstandsflächen dem Nachbarschutz. Dies gilt auch insoweit, als die Abstandsflächen auf öffentlichen Verkehrs-, Grün- oder Wasserflächen liegen. Nach der jetzt geltenden Regelung sind grundsätzlich auf allen Seiten des Gebäudes Abstandsflächen einzuhalten, die ihrer Struktur nach gleichermaßen neben dem Brandschutz der Sicherung von Belichtung und Belüftung der benachbarten Gebäude dienen. Daran ändert auch die Regelung in § 8 Abs. 2 LBauO nichts, wonach die 214

Abstandsflächen grundsätzlich auf dem Baugrundstück selbst, ausnahmsweise aber auf öffentlichen Verkehrs-, Grün- oder Wasserflächen bis zu deren Mitte liegen dürfen. Mit dieser Neufassung ist die Sonderstellung, welche die Grenzabstandsregelung des § 17 Abs. 13 LBauO 1974 genoß, aufgegeben und eine im Prinzip für alle Grundstückseinheiten einheitliche Regelung getroffen worden, die es ausschließt, aus der Sicht des Nachbarschutzes zwischen Abstandsflächen an der Straßenseite einerseits und auf den übrigen Gebäudeseiten andererseits zu differenzieren (vgl. OVG Rheinland-Pfalz a. a. O.).

zu Absatz 2

215 Die Regelung § 8 Abs. 2 Satz 2 LBauO Rh.-Pf., daß für Abstandsflächen von Gebäuden auch öffentliche Verkehrsflächen und öffentliche Grünflächen bis zu deren Mitte in Anspruch genommen werden können, dient in Verbindung mit dem in Absatz 3 enthaltenen Verbot der Überdeckung von Abstandsflächen (auch) dem Schutz der jeweils gegenüberliegenden Grundstücke (vgl. für die gleichlautende Vorschrift des § 6 Abs. 2 Satz 2 BauO Berl.: OVG Berlin, BRS 56 Nr. 173).

Die Gründe, die für die Qualifikation der bei unmittelbar aneinandergrenzenden Grundstücken anzuwendenden Abstandsvorschriften als (auch) dem Schutz des jeweiligen Nachbarn dienend ins Feld geführt werden, haben prinzipiell auch für die besondere Konstellation Geltung, daß sich zwischen gegenüberliegenden Grundstücken eine öffentliche Verkehrsfläche befindet, welche für die Abstandsflächen in Anspruch genommen wird. Ebenso wie das Erfordernis im Falle der unmittelbaren Nachbarschaft zweier Baugrundstücke, daß die Abstandsflächen auf dem Baugrundstück liegen müssen, hat auch hier die Begrenzung bis zur Mitte der – regelmäßig von Bebauung freizuhaltenden – Verkehrsfläche in Verbindung mit dem Überdeckungsgebot grundsätzlich die Aufgabe, durch die Wahrung eines der Summe beider Abstandsflächen entsprechenden Gesamtabstandes eine ausreichende Belichtung, Belüftung und Besonnung der Gebäude und der sonstigen Teile des gegenüberliegenden Grundstücks zu gewährleisten, einen angemessenen Brandschutz sicherzustellen und die Einsichtsmöglichkeiten zu begrenzen, und damit drittschützende Wirkung (so auch OVG Rheinland-Pfalz, Beschluß vom 15. 10. 1987, BRS 47 Nr. 168; Ortloff, Das Abstandsflächenrecht der Berliner Bauordnung, 2. Aufl. 1993, Rdnr. 301, und Simon, BayBO [Stand April 1993], Art. 6 Rdnr. 30).

zu Absatz 3

216 Die Zielsetzung der Abstandsflächenregelung, also auch der nachbarliche Wohnfriede, wird nach der gesetzgeberischen Vorgabe nur erreicht, wenn sich die Abstandsflächen nicht überdecken. Auch Absatz 3 genießt somit Nachbarschutz (vgl. auch OVG Berlin, BRS 56 Nr. 173).

## zu Absatz 4

Eine sachlich oder rechtlich fehlerhafte Berechnung der Tiefe der Abstandsfläche nach Abs. 4 begründet Abwehrrechte des Eigentümers des Nachbargrundstücks; die Vorschrift ist somit nachbarschützend (vgl. OVG Saarland, BRS 56 Nr. 184).

217

## zu Absatz 5

Vor- und zurückliegende Wandteile sowie untergeordnete Vorbauten, die wegen ihrer Dimensionierung nicht die Privilegierung des Absatzes 5 genießen, dürfen die vorgeschriebenen Abstandsflächen nicht unterschreiten. Unterschreiten sie allerdings die vorgeschriebene Abstandsfläche, greifen sie in Nachbarrechte ein, und zwar auch dann, wenn sie den Mindestabstand von 3 m einhalten (vgl. OVG Berlin, BRS 55 Nr. 121 und OVG Sachsen, BRS 56 Nr. 106).

218

## zu Absatz 6

Die Regelabstandsfläche ist in ihrer gesamten Tiefe nachbarschützend (so entschieden vom OVG Rh.-Pf., Beschluß vom 15. 2. 1993 in AS 24 Nr. 16 noch zu der früheren Regelabstandsfläche von 0,8 H; vgl. ferner: BayVGH, BRS 54 Nr. 93; OVG Berlin, BRS 54 Nr. 97).

219

## zu Absatz 7

Absatz 7 gewährt dem Nachbarn ein subjektiv-öffentliches Recht auf Einhaltung des dort genannten Maßes. Die Abstandsflächentiefe von 5 m ist damit in ihrer gesamten Tiefe nachbarschützend.

220

## zu Absatz 8

Auch Absatz 8 ist ohne Zweifel eine nachbarschützende Vorschrift. Da die Absätze 1 bis 7 gegenüber Gebäuden und Nachbargrenzen entsprechend gelten, gilt insofern auch der Nachbarschutz.

221

## zu Absatz 9

Die Vorschrift regelt, unter welchen Voraussetzungen Garagen (Nr. 1), Gebäude und Anlagen zur örtlichen Versorgung (Nr. 2) sowie Einfriedungen und Stützmauern an der Nachbargrenze zulässig sind, mit anderen Worten, was der Nachbar hinzunehmen hat.

222

Der Nachbar kann deshalb die Einhaltung aller Zulässigkeitsvoraussetzungen verlangen und gegen eine Baugenehmigung, die diese Vorgabe überschreitet, Widerspruch und Klage erheben.

Also dienen auch die Vorschriften über die Zulässigkeit von Grenzgaragen und sonstigen Gebäuden ohne Aufenthaltsräume dem Nachbarschutz. Der Nachbar muß an der Grundstücksgrenze nur die in Absatz 9 genannten Bauwerke mit den vorgeschriebenen Beschränkungen hinnehmen, nicht aber ein sonstiges Gebäude (vgl. OVG NRW, BRS 44 Nr. 171 u. NVwZ 1991, S. 1001).

Absatz 9 macht für die dort aufgeführten Anlagen eine Ausnahme von der Grundregel des Abstandsflächenrechts, indem diese Anlagen generell ohne Abstandsflächen gegenüber Nachbargrenzen sowie ganz oder teilweise in Abstandsflächen von Gebäuden zugelassen werden. Diese gesetzliche Erleichterung darf nicht zu Lasten des Nachbarn ausgeweitet werden.

Zur Zulässigkeit von Terrassen auf Garagendächern vgl. die Ausführungen zu Absatz 8 *(S. 78 bis 83).*

zu Absatz 10 Nr. 2

223 Auch bei dieser Vorschrift kann daraus, daß die Nachbarn nicht ausdrücklich erwähnt sind, nichts gegen eine nachbarschützende Wirkung hergeleitet werden. Denn einerseits ist eine solche Ausnahme nur zulässig, „sofern die Beleuchtung mit Tageslicht und die Belüftung von Aufenthaltsräumen nicht erheblich beeinträchtigt werden", was zu einer Berücksichtigung auch der Belange des jenseits der Straße gelegenen Hauseigentümers zwingt. Zum anderen liegt es auf der Hand, daß auch unabhängig von dieser gesetzlichen Regelung im 2. Halbsatz des § 8 Abs. 10 LBauO der Nachbar die Verletzung dieser Vorschrift muß rügen können, weil die darin vorgesehene Einschränkung des Nachbarschutzes eben nur zulässig ist, wenn die tatbestandlichen Voraussetzungen der Ausnahmeregelung erfüllt sind (vgl. OVG Rheinland-Pfalz in AS 22, 1 ff. zu § 8 Abs. 11 LBauO 1986).

zu Absatz 11

224 Werden in einem Bebauungsplan geringere Abstandsflächen festgesetzt, so hat der Nachbar im Rahmen des Verfahrens zur Aufstellung des Bebauungsplanes die Möglichkeit, Bedenken und Anregungen vorzubringen. Wird der Bebauungsplan trotzdem beschlossen und genehmigt, so ist er rechtsverbindlich und für das Baugenehmigungsverfahren maßgebend.

### c) Kein Erfordernis einer tatsächlichen Beeinträchtigung

225 Wenn diese Bestimmungen verletzt sind, kann dies vom Nachbarn geltend gemacht werden. Einige Gerichte und auch Meinungen in der Literatur vertreten dazu die Auffassung, daß eine Geltendmachung nachbarschützender Vorschriften nur dann in Betracht kommt, wenn der Nachbar durch die Ausnutzung der in Frage stehenden Baugenehmigung tatsächlich und spürbar beeinträchtigt ist. Dies widerspricht aber der Gewährleistung des Eigentums in Artikel 14 GG,

wonach Inhalt und Schranken (nur) durch die Gesetze bestimmt werden. Konsequenterweise hat demzufolge das OVG Rheinland-Pfalz in seinem Urteil vom 7. 12. 1978 (BRS 35 Nr. 200) entschieden, daß nicht mehr zu prüfen ist, ob der Nachbar auch tatsächlich und feststellbar beeinträchtigt ist, wenn die Verletzung einer nachbarschützenden Vorschrift, die – wie die Bestimmungen über den Bauwich – eine meßbare Größe enthält, feststeht.

Weder der Wortlaut noch Sinn und Zweck des § 8 LBauO legen es nahe, eine **226** tatsächliche Beeinträchtigung des Nachbarn im Einzelfall zu fordern. Vielmehr sind die Abstandsregelungen insgesamt als nachbarschützend anzusehen. Sie dienen dem Brandschutz, der Sicherstellung von Belichtung, Belüftung und Besonnung des Nachbargrundstücks sowie der Schaffung eines gewissen Mindestabstandes und Freiraumes zwischen den Gebäuden. Sie regeln die Ausgestaltung des Nachbarrechtsverhältnisses insofern abstrakt und generell und legen – zentimeterscharf – fest, was dem Nachbarn an heranrückender Bebauung zuzumuten ist. Da die Flächen insgesamt ohnehin eher knapp bemessen sind, ist eine Nichteinhaltung der Vorschriften stets geeignet, die Interessen des Nachbarn zu berühren (OVG Sachsen, Beschluß vom 6. 9. 1994, BRS 56 Nr. 106).

Die Abstandsflächen nach § 8 LBauO sollen die Nachbargrundstücke nicht nur nach dem vorhandenen Stand der Bebauung und Nutzung, sondern auch im Hinblick auf künftige Entwicklungen schützen. Das Verlangen eines Nachweises tatsächlicher Beeinträchtigung würde diesen Schutz künftiger, nur beschränkt vorhersehbarer Entwicklungen von Bausubstanz und Nutzung der Nachbargrundstücke in Frage stellen.

In bezug auf die nachbarlichen Belange ausreichender Belichtung, Besonnung **227** und Belüftung ist das Gebot nachbarlicher Rücksichtnahme vom Landesgesetzgeber in den bauordnungsrechtlichen Vorschriften über die Abstandsflächen konkretisiert; der Schutzbereich dieser Regelungen ist durch die Bestimmung genau berechenbarer Maße zentimetergenau festgelegt. Die vom Gesetzgeber vorgesehene Konfliktlösung soll unabhängig von den Gegebenheiten des Einzelfalles gleichmäßig und regelmäßig gelten. Es wäre für die behördliche und gerichtliche Praxis mit erheblichen Schwierigkeiten verbunden, wenn im Einzelfall nach der Zahl der überschrittenen Zentimeter der erforderliche Grad der Rechtsverletzung des Nachbarn ermittelt werden müßte. Das Abstellen auf ein in der Vorschrift des § 8 LBauO nicht enthaltenes Tatbestandsmerkmal der tatsächlichen Beeinträchtigung würde die Rechtsstellung des Nachbarn verkürzen. Mit der Regelung des § 8 LBauO sollten insgesamt verdichtete Bauformen begünstigt und ermöglicht werden Die Tiefen der Abstandsflächen sind dementsprechend bemessen und rechtfertigen grundsätzlich keine Überschreitung (siehe OVG Berlin, BRS 54 Nrn. 93 u. 97 sowie BRS 56 Nr. 172; OVG Sachsen, BRS 56 Nr. 106; OVG Saarland, BRS 55 Nr. 158; OVG NRW, BRS 56 Nr. 196; Mampel, Aktuelle Entwicklungen im Baunachbarrecht, DVBl. 1994, S. 1053).

Nach alledem ist zwar eine tatsächliche Beeinträchtigung des Nachbarn über den objektiven Verstoß gegen § 8 LBauO hinaus nicht erforderlich. Gleichwohl kann im Einzelfall nach Sinn und Zweck der Vorschriften der Schutz des Nachbarn nicht geboten sein oder die Berufung auf die Abstandsregeln eine unzulässige Rechtsausübung darstellen (OVG Saarland und OVG Berlin, jeweils a. a. O.).

### d) Näheres Heranrücken

**228** Aus dem unter 4.1 zitierten System nachbarlicher Ausgleichs- und Rücksichtnahmepflichten folgt für das Abstandsflächenrecht, daß derjenige, der mit der Bebauung seines Grundstücks Abstandsflächen in Anspruch nimmt, welche den bauordnungsrechtlichen Bestimmungen über die einzuhaltenden Abstände widersprechen, nicht beanspruchen kann, daß der Eigentümer eines benachbarten oder gegenüberliegenden Grundstücks diese Vorschriften seinerseits in vollem Umfange achtet und die nach dem geltenden Recht an sich erforderlichen größeren Abstandsflächen wahrt (vgl. OVG Berlin, BRS 56 Nr. 173; OVG Saarland, BRS 54 Nr. 186; OVG NRW, NVwZ 1991, S. 1003).

Ein Grundstücksnachbar kann also gegen die Verletzung abstandsflächenrechtlicher Vorschriften grundsätzlich dann keine Abwehrrechte geltend machen, wenn die Bebauung auf seinem Grundstück gegenüber dem Nachbargrundstück in vergleichbarem Umfang die nach dem geltenden Recht erforderlichen Abstandsflächen nicht einhält. Für diese Beurteilung ist es unerheblich, ob sein Gebäude seinerzeit in Übereinstimmung mit den baurechtlichen Bestimmungen errichtet worden ist oder Bestandsschutz genießt.

## 4.4 Die Beteiligung des Nachbarn im Baugenehmigungsverfahren

**229** Die Beteiligung des Nachbarn ist in § 66 LBauO geregelt.

§ 66 LBauO hat folgenden Wortlaut:

„§ 66
**Beteiligung der Nachbarn**

(1) Der Bauherr hat den Eigentümern der angrenzenden Grundstücke (Nachbarn) den Lageplan und die Bauzeichnungen zur Unterschrift vorzulegen, wenn Ausnahmen oder Befreiungen von Bestimmungen erforderlich sind, die auch dem Schutz nachbarlicher Interessen dienen. Die Unterschrift gilt als Zustimmung. Verweigert ein Nachbar die Unterschrift, so hat der Bauherr dies der Bauaufsichtsbehörde unter Angabe der Gründe mitzuteilen.

(2) Fehlt die Zustimmung eines Nachbarn und beabsichtigt die Bauaufsichtsbehörde von Bestimmungen, die auch dem Schutz nachbarlicher Interessen dienen, Ausnahmen zu gestatten oder Befreiungen zu gewähren, so teilt sie dies dem Nachbarn mit. Auf Verlangen ist dem Nachbarn Einsicht in den Lageplan und in die Bauzeichnungen zu gewähren; hierauf ist in der Mitteilung hinzuweisen. Der Nachbar kann innerhalb von zwei Wochen nach Zustellung der Mitteilung bei der Bauaufsichtsbehörde schriftlich oder zur Niederschrift Einwendungen erheben.

(3) Bei einer Mehrheit von Eigentümern eines angrenzendes Grundstücks genügt die Mitteilung an einen von ihnen. Ist der Eigentümer nur unter Schwierigkeiten zu ermitteln oder zu erreichen, so genügt die Mitteilung an einen unmittelbaren Besitzer."

**Unterschrift auf die Baupläne**

Nach § 66 Abs. 1 hat der Bauherr den Eigentümern der angrenzenden Grundstücke (Nachbarn) den Lageplan und die Bauzeichnungen zur Unterschrift vorzulegen, wenn Ausnahmen oder Befreiungen von Bestimmungen erforderlich sind, die auch dem Schutz nachbarlicher Interessen dienen. Die Unterschrift gilt als Zustimmung.

Mit der in Form der Unterschrift auf den Bauplänen zum Ausdruck gebrachten Zustimmungserklärung verzichtet der Nachbar zum einen verfahrensrechtlich auf eine Beteiligung am Genehmigungsverfahren und zum anderen auch materiell-rechtlich auf die Geltendmachung etwaiger Nachbarrechte (VGH Baden-Württemberg in NVwZ 1983, 229; OVG Saarland in BRS 33 Nr. 178 und OVG Rheinland-Pfalz in AS 15, 292 = DÖV 81, 879 ff.).

Wegen dieser weitreichenden Wirkung der nachbarrechtlichen Erklärung wird verlangt, daß der Verzichtswille eindeutig und unmißverständlich erklärt werden muß, wobei auch über die Gestaltung des Bauvorhabens, dem zugestimmt wird, keine Zweifel bestehen dürfen. Die Zustimmung eines Nachbarn zu einem Bauvorhaben bewirkt deshalb nur dann einen Verzicht auf die Geltendmachung etwaiger Nachbarrechte, wenn sie sich eindeutig auf ein konkretes Bauvorhaben bezieht und nach Abgabe der Erklärung keine Änderungen an der Planung vorgenommen werden (vgl. OVG Rheinland-Pfalz in DÖV 81, 879 ff.).

Die Zustimmung des Nachbarn verliert ihre Bindungswirkung, wenn die beantragte Baugenehmigung unanfechtbar versagt wird oder die erteilte Baugenehmigung erlischt, ohne daß von ihr Gebrauch gemacht ist (OVG Rheinland-Pfalz, a. a. O.).

Die durch die Unterschrift auf die Baupläne erklärte Zustimmung des Nachbarn zu einem Bauvorhaben wird mit dem Zugang bei der Bauaufsichtsbehörde wirksam. Sie kann von diesem Zeitpunkt an nicht mehr widerrufen werden, so OVG Rheinland-Pfalz, Urteil vom 25. 2. 1987, in: AS 21, 147. In diesem Urteil ist im einzelnen ausgeführt:

„Die durch Unterschrift auf den Bauplänen erklärte Zustimmung zu einem Bauvorhaben hat einmal verfahrensrechtliche Bedeutung, da die Bauaufsichtsbehörde in einem solchen Fall den Nachbarn von dem Bauantrag nicht mehr zu benachrichtigen hat (vgl. § 97 Abs. 3 LBauO; ergibt sich jetzt mittelbar aus § 68 Abs. 3 Satz 2 LBauO 1986). Darüber hinaus bedeutet diese Zustimmung materiell einen Verzicht auf das dem Nachbarn zustehende Recht (OVG Rh.-Pf., AS 16, 292 f.; OVG Saarland, BauR 1979, 135 ff. sowie AS 18, 183 ff.; VGH Mannheim, NVwZ 1983, 229 f.; Simon, Kommentar zur Bay. Bauordnung, Rdn. 9 zu Art. 73). Dieser Verzicht ist jedenfalls insoweit zulässig, als nur Nachbarinteressen berührt werden (OVG Rh.-Pf., AS 13, 374 f.). Als gegenüber der Baubehörde abzugebende einseitig empfangsbedürftige Willenserklärung wird der Verzicht in analoger Anwendung von § 130 Abs. 1 Satz 1 BGB wirksam, sobald er der Baubehörde zugeht (OVG Saarland, a. a. O.; VGH Mannheim, a. a. O.; Simon, a. a. O., jeweils m. w. N.). Der Auffassung des BayVGH (BayVBl. 1972, 635 ff.), daß auf derartige Erklärungen der Rechtsgedanke des § 183 BGB anzuwenden ist, kann nicht gefolgt werden. Bei der Zustimmung des Nachbarn zu einem Bauvorhaben handelt es sich nämlich gerade nicht um einen zwischen dem Nachbarn und dem Bauherrn abzuschließenden Vertrag, vielmehr ist diese Zustimmung die gegenüber der Baubehörde abgegebene Erklärung des Grundeigentümers, daß er gegen die Erteilung der Baugenehmigung an seinen Nachbarn keine Einwände hat. Das von dieser Erklärung betroffene Recht erwächst dem Eigentümer allein aus den nachbarschützenden öffentlich-rechtlichen Baubestimmungen, es handelt sich nicht um private Rechte zwischen den Grundstücksnachbarn. Die Zustimmung berührt daher unmittelbar allein das öffentlich-rechtliche Verhältnis zwischen dem Nachbarn und der Baugenehmigungsbehörde, dem Bauherrn gegenüber hat sie lediglich mittelbare Wirkungen, während der in § 183 BGB geregelte Vertrag unmittelbare Beziehungen zwischen den Vertragsparteien voraussetzt. Aus diesem Grunde ist mit der wohl überwiegenden Meinung davon auszugehen, daß sich die Wirksamkeit der Verzichtserklärung nach § 130 BGB richtet (vgl. insbesondere OVG Saarland, BauR 1979, 135 ff.).

Ist demnach der in der Unterschrift auf den Bauplänen enthaltene Verzicht auf die Einhaltung nachbarschützender Vorschriften mit dem Zugang bei der Baubehörde wirksam geworden, so hat dies das Erlöschen des subjektiv-öffentlichen Rechts auf Einhaltung der betreffenden nachbarschützenden Vorschrift zur Folge (Erichsen-Martens, Allgemeines Verwaltungsrecht, § 10 II 7 b; Simon, a. a. O.). Diese Wirkung kann durch einen Widerruf, der als ebenfalls einseitig empfangsbedürftige Willenserklärung gemäß § 130 BGB erst mit Zugang bei der Baubehörde wirksam werden kann, nicht aufgehoben werden, da eine später wirksame gegenteilige Erklärung ein bereits erloschenes Recht nicht wieder begründen kann."

## 4.5 Rechtsschutz des Nachbarn

### a) Widerspruch und Klage

Wenn sich der Nachbar durch eine Baugenehmigung, die dem Bauherrn für ein benachbartes Grundstück erteilt wurde, in seinen Rechten verletzt fühlt, kann er gegen diese Baugenehmigung Widerspruch einlegen, und zwar bei der Baugenehmigungsbehörde oder direkt bei der Behörde, die über den Widerspruch zu entscheiden hat. Wird der Widerspruch zurückgewiesen, kann der Nachbar Anfechtungsklage gegen die Baugenehmigung erheben (vgl. BVerwGE 22, 130 = DÖV 1966, S. 246). **233**

Der Widerspruch ist innerhalb eines Monats, nachdem der Verwaltungsakt dem Beschwerten bekanntgegeben worden ist, zu erheben (§ 70 VwGO). Die Widerspruchsfrist von einem Monat wird also nur durch die Bekanntgabe an den Nachbarn durch die Behörde in Lauf gesetzt. Die Zustellung der Baugenehmigung an den Bauherrn selbst löst für den Nachbarn die Widerspruchsfrist nicht aus (BVerwG, DÖV 1969, S. 428).

Auch wenn eine Bekanntgabe der Baugenehmigung an den Nachbarn nicht erfolgt ist und somit die Widerspruchsfrist nicht in Lauf gesetzt wurde, kann die Widerspruchsbefugnis durch Verwirkung entfallen. Das Bundesverwaltungsgericht (NJW 1974, S. 1260) nimmt Verwirkung an, wenn der Nachbar Kenntnis von dem Bauvorhaben erlangt hat – in der Regel durch den Beginn von Bauarbeiten –, aber gleichwohl innerhalb eines Jahres kein Rechtsmittel einlegt. Dies hat zur Folge, daß der Nachbar, der z. B. wegen mehrjähriger Ortsabwesenheit von dem Bauvorhaben nichts weiß, u. U. noch nach Jahren seine Abwehrrechte geltend machen kann. Die Verwirkung kann aber auch schon vor Ablauf der Jahresfrist eintreten, wenn der Nachbar durch sein Verhalten den berechtigten Eindruck erweckt, er habe gegen das Bauvorhaben nichts einzuwenden, z. B. der Nachbar den Transport von Baumaterialien über sein Grundstück gestattet, und der Bauherr daraufhin die Bauarbeiten beginnt oder fortsetzt (BVerwG, BauR 1991, S. 597; OVG NRW, NVwZ-RR 1993, S. 397). **234**

Wird die Baugenehmigung erteilt und legt der Nachbar Widerspruch ein, so hat dieser Widerspruch – ebenso wie die Anfechtungsklage – aufschiebende Wirkung (§ 80 Abs. 1 VwGO; vgl. Grundsatzentscheidung des OVG Rheinland-Pfalz vom 31. März 1976, Az.: 1 B 2/76, BRS 30 Nr. 152). Die Bauaufsichtsbehörde muß den Bauherrn umgehend von dem Widerspruch des Nachbarn unterrichten. Der Bauherr darf unabhängig davon, ob die Behörde ihn hierzu auffordert, von der Baugenehmigung vorerst keinen Gebrauch machen; begonnene Bauarbeiten muß er einstellen. **235**

## 236, Nachbarschutz

Widerspruch und Anfechtungsklage haben also aufschiebende Wirkung. Das gilt auch für den Widerspruch und die Anfechtungsklage eines Dritten gegen eine Baugenehmigung (s. hierzu § 80 Abs. 1 und § 80 a VwGO i. d. F., die sie durch das Vierte Gesetz zur Änderung der VwGO v. 17. 12. 1990 [BGBl. I, 2809] erhalten hat). In den durch Bundesgesetz vorgeschriebenen Fällen entfällt die aufschiebende Wirkung (§ 80 Abs. 2 Nr. 3 VwGO). Eine solche Regelung trifft § 10 Abs. 2 des Maßnahmengesetzes zum Baugesetzbuch – BauGB-Maßnahmengesetz – vom 17. 5. 1990 (BGBl. I, 926) für die Fälle, in denen ein Dritter gegen die bauaufsichtliche Genehmigung eines Vorhabens, das ausschließlich Wohnzwecken dient, Widerspruch einlegt oder Anfechtungsklage erhebt. Die Vorschrift ist nach § 18 Abs. 2 BauGBMaßnG anzuwenden auf Widerspruch und Anfechtungsklage eines Dritten gegen eine bauaufsichtliche Genehmigung, die nach dem 30. April 1993 und vor dem 1. Januar 1998 erteilt worden ist.

Die Vorschrift des § 10 Abs. 2 BauGBMaßnG bringt für den Bauherrn zunächst die verfahrensmäßige Erleichterung mit sich, daß er von der ihm erteilten Baugenehmigung ungeachtet des von einem Dritten eingelegten Rechtsbehelfs weiterhin Gebrauch machen kann und der Dritte gehalten ist, zusätzlich vorläufigen Rechtsschutz zu beantragen.

**236** In § 10 Abs. 2 BauGBMaßnG kommt das vom Gesetzgeber als vordringlich eingestufte öffentliche Interesse zum Ausdruck, zur Erfüllung eines dringenden Wohnraumbedarfs der Bevölkerung den Wohnungsbau zu erleichtern. Im Verfahren des vorläufigen Rechtsschutzes führt dies gleichwohl nicht zu einer grundlegenden Änderung des Maßstabs der gerichtlichen Prüfung, da es nach der Rechtsprechung des *BVerfG* keinen Unterschied macht, ob der Sofortvollzug einer gesetzlichen oder einer behördlichen Anordnung entspricht (vgl. *BVerfGE* 69, 315 [363] = NJW 1986, 2395; *BVerfGE* 69, 220 [229] = NVwZ 1985, 409).

Die verfahrensmäßige Außerkraftsetzung des bisherigen Regel-Ausnahme-Verhältnisses und das hinzutretende öffentliche Interesse an der raschen Schaffung von Wohnungen führten zu einem veränderten Ansatz, im Regelfall jedoch gleichwohl nicht zu einer grundlegenden Änderung des Maßstabs der gerichtlichen Prüfung. Art. 19 IV GG gewährleistet wirksamen Rechtsschutz. Es sollen nicht wiedergutzumachende Folgen, wie sie durch die sofortige Vollziehung einer hoheitlichen Maßnahme – hier durch die Baufreigabe – eintreten können, so weit wie möglich ausgeschlossen werden. Andererseits gewährleistet Art. 19 IV GG die aufschiebende Wirkung von Rechtsbehelfen im Verwaltungsprozeß nicht schlechthin. Vielmehr können überwiegende öffentliche Belange es auch vor der Verfassung rechtfertigen, den Rechtsschutz des Einzelnen – freilich nur einstweilen – zurückzustellen, um unaufschiebbare Maßnahmen im Interesse des allgemeinen Wohls rechtzeitig in die Wege zu leiten. Ob eine beabsichtigte hoheitliche Maßnahme in diesem Sinne unaufschiebbar ist, bestimmt sich dabei nach dem Grundsatz der Verhältnismäßigkeit: Je schwerwiegender die dem Einzelnen hierdurch auferlegte Belastung ist und je mehr die Maßnahme Unabänderliches bewirkt, um so weniger darf der Rechtsschutzanspruch des Einzelnen zurückstehen (*BVerfGE* 35, 382 [401 f.] = NJW 1974, 227; BayVGH, NVwZ 1991, S. 1002; VGH Baden-Württemberg, NVwZ 1991, S. 1004).

Eine Unterschreitung der in § 8 LBauO vorgeschriebenen Maße für die notwendigen Abstandsflächen löst regelmäßig einen Abwehranspruch des Nachbarn aus (vgl. OVG NRW, Urteil vom 14. 1. 1994, BRS 56 Nr. 196).

**b) Vorläufiger Rechtsschutz**

Für die Wahrung der Rechte des Nachbarn ist der vorläufige Rechtsschutz von besonderer Bedeutung. Wenn der Nachbar die Schaffung vollendeter Tatsachen, also die Errichtung des Bauwerks vor Abschluß des Klageverfahrens, verhindern will, muß er vorläufigen Rechtsschutz in Anspruch nehmen.

Durch die Neuregelung des § 80 a VwGO hat der vorläufige Rechtsschutz im Baunachbarrecht eine gravierende Änderung erfahren. § 80 Abs. 1 Satz 1 VwGO stellt nunmehr ausdrücklich klar, daß Widerspruch und Anfechtungsklage auch beim Verwaltungsakt mit Doppelwirkung (also z. B. der Baugenehmigung) aufschiebende Wirkung haben. Dies bedeutet grundsätzlich, daß der Bauherr von der ihm erteilten Baugenehmigung keinen Gebrauch machen darf.

Wie schon unter 4.5 a) ausgeführt, macht § 10 Abs. 2 BauGB-MaßnG von dem Grundsatz des § 80 Abs. 1 VwGO, daß Rechtsmittel aufschiebende Wirkung haben, eine Ausnahme für Bauvorhaben, die überwiegend Wohnzwecken dienen. Wenn es sich um ein Wohnbauvorhaben handelt, kann der Bauherr also trotz eines Widerspruchs oder einer Klage des Nachbarn weiterbauen. „Vollendete Tatsachen" kann der Nachbar in einem solchen Fall nur dadurch verhindern, daß er beim Verwaltungsgericht nach § 80 a Abs. 3 VwGO die Anordnung der aufschiebenden Wirkung der Baugenehmigung beantragt. Im Fall des § 10 Abs. 2 BauGB-MaßnG muß der Antrag innerhalb eines Monats nach der Zustellung der Genehmigung gestellt werden. Der Fristbeginn setzt eine förmliche Zustellung sowie eine Belehrung über die Frist voraus.

(Zu weiteren Einzelheiten vgl. Dürr, Das öffentliche Baunachbarrecht, DÖV 1994, S. 850).

## 4.6 Rechtsanspruch des Nachbarn auf bauaufsichtliches Einschreiten

Verstoßen bauliche Anlagen gegen baurechtliche oder sonstige öffentlich-rechtliche Vorschriften, so kann die Bauaufsichtsbehörde nach § 78 LBauO deren Beseitigung anordnen oder die Benutzung untersagen, wenn nicht auf andere Weise rechtmäßige Zustände hergestellt werden können.

§ 78 LBauO setzt also auf seiner Tatbestandsseite voraus, daß der Bauherr eine Anlage im Widerspruch zu öffentlich-rechtlichen Vorschriften errichtet oder geändert hat. Dies ist zum Beispiel bei einer Unterschreitung der erforderlichen Abstandsfläche auch schon um wenige Zentimeter der Fall. § 78 LBauO räumt den Bauaufsichtsbehörden aber ein Ermessen ein, die Beseitigung rechtswidriger Anlagen zu verlangen. Dies gilt grundsätzlich auch dann, wenn nachbarschützende Vorschriften verletzt sind. Ein Nachbar, der durch einen baurechtswidrigen Zustand in seinen öffentlich-rechtlichen Rechten betroffen wird, kann grundsätzlich verlangen, daß die Bauaufsichtsbehörde auf seinen Antrag nach pflichtgemäßem Ermessen entscheidet, ob und wie sie von den ihr gesetzlich eingeräumten Möglichkeiten Gebrauch macht *(Simon,* Art. 63 Rdnr. 20 a; Art. 73 Rdnr. 45 a; Art. 82 Rdnr. 7; *Koch/Molodovsky/Rahm,* Art. 63 Erl. 3.3.2; *Steinberg,* NJW 1984, 457 [462 ff.] m. w. Nachw.; *BVerwGE* 11, 95 [96] = NJW 1961, 793; s. ferner *VGH München,* BayVBl. 1992, 467 [468]; *VGH München,* BRS 48 Nr. 174); die nachbarlichen Interessen – sofern solche berührt werden – sind in die Ermessenserwägungen bei der Entscheidung über den Erlaß einer Beseitigungsanordnung einzustellen.

**239** In Rechtsprechung und Schrifttum wird aber vertreten *(Jäde,* ThürVBl 1993, 82 [85], bezeichnet diese Ansicht „als ganz herrschende Auffassung"), ein Rechtsanspruch des Nachbarn auf bauaufsichtliches Einschreiten bestehe selbst dann nicht, wenn die umstrittene bauliche Anlage ihn in nachbarschützenden Rechten verletze (vgl. *BVerwGE* 11, 95 [96] = NJW 1961, 793; *BVerwG,* Buchholz 406.19 Nachbarschutz Nr. 80; *OVG Münster,* NJW 1984, 883; *OVG Lüneburg,* BRS 38 Nr. 181; *Simon,* Art. 73 Rdnr. 45 a, Art. 82 Rdnr. 7; s. auch *BVerwG,* BayVBl. 1991, 696). Etwas anderes könne nur dann gelten, wenn jede andere Entscheidung mit Rücksicht auf die schutzwürdigen Interessen des Nachbarn ermessensfehlerhaft wäre, d. h. wenn das Ermessen auf Grund der konkreten Umstände des Einzelfalls auf Null reduziert ist *(Simon,* Art. 73 Rdnr. 45 a; *OVG Münster,* BRS 25 Nr. 193; s. auch *VGH München,* BayVBl. 1991, 759). Maßgebliches Kriterium sei der Grundsatz der Verhältnismäßigkeit. Danach wird dem Nachbarn ein Rechtsanspruch nur zugebilligt, wenn die von dem rechtswidrigen Bauwerk ausgehenden Beeinträchtigungen einen erheblichen Grad erreichen und die Abwägung der Beeinträchtigung des Nachbarn mit dem Schaden des Bauherrn nach dem Grundsatz der Verhältnismäßigkeit ein deutliches Übergewicht der Interessen des Nachbarn ergibt. Andernfalls werde die Herstellung des früheren oder eines gleichwertigen Zustandes nicht zumutbar sein. Sei die Nachbarrechtsverletzung nur geringfügig, der Beseitigungsaufwand für den Bauherrn aber groß, so werde eine fehlerfreie Ermessensausübung zugunsten des Bauherrn ausfallen (Simon, Art. 73 Rdnr. 45 a). Nach Auffassung des Bayerischen Verfassungsgerichtshofes (NVwZ-RR 1994, S. 631) verstößt eine solche Betrachtungsweise nicht gegen das im Gleichheitssatz enthaltene Willkürverbot.

Andererseits kann sich die Frage, ob der Bauherr ein gegen nachbarschützende Vorschriften verstoßendes Bauwerk abreißen muß, nicht an dem dafür notwendigen finanziellen Aufwand orientieren. Dies würde nämlich bedeuten, daß ein Bauherr, der in gravierender Weise gegen baurechtliche Vorschriften verstößt, die Früchte dieses rechtswidrigen Tuns weiter nutzen kann, während ein Bauherr, dem nur geringe Verstöße vorzuwerfen sind, die rechtswidrige Anlage abreißen müßte. Eine solche Handhabung wäre mit rechtsstaatlichen Grundsätzen nicht vereinbar. Wenn die nach § 8 LBauO einzuhaltenden Abstandsflächen nicht gewahrt werden, muß der davon betroffene Nachbar vielmehr grundsätzlich verlangen können, daß die von dem Bauvorhaben ausgehenden, das vom Gesetzgeber als zumutbar bewertete Maß überschreitenden Beeinträchtigungen beseitigt werden (vgl. OVG NRW, BRS 56 Nr. 196).

Ein dem Beseitigungsverlangen entgegenstehender Rechtsmißbrauch kann nur in den Fällen bejaht werden, in denen die Abstandsfläche nur um wenige Millimeter verkürzt ist, in denen es dem Bauherrn also möglich ist, durch geringfügige Veränderungen das Vorhaben so zu ändern, daß es vom Nachbarn hingenommen werden muß, ohne daß hierdurch ein faktisch wahrnehmbarer Vorteil für den Bauherrn entsteht. Bei einer solchen Situation kann für den Nachbarn aus dem nachbarlichen Gemeinschaftsverhältnis die Pflicht zur Duldung eines Baukörpers erwachsen, weshalb in einem so gelagerten Fall eine Bauaufsichtsbehörde möglicherweise ermessensfehlerfrei von dem Erlaß einer Abrißverfügung absehen kann (vgl. OVG NRW, a. a. A.; OVG Lüneburg, BRS 48 Nr. 191; BayVGH, BRS 48 Nrn. 174 u. 175).

### 4.7 Nachbarschutz im vereinfachten Genehmigungsverfahren und bei genehmigungsfreien Wohnungsbauvorhaben

Im vereinfachten Genehmigungsverfahren nach § 65 LBauO beschränkt sich die Prüfung bei den unter Absatz 1 der Vorschrift genannten Vorhaben gemäß Absatz 2 auf die Zulässigkeit des Vorhabens nach den Vorschriften des Baugesetzbuchs und sonstigen öffentlich-rechtlichen Vorschriften. Mit dieser durch das Landesgesetz zur Änderung der Landesbauordnung Rheinland-Pfalz vom 8. April 1991 (GVBl. S. 118) vorgenommenen Neuerung wurden sämtliche Vorschriften der Landesbauordnung von einer Überprüfung im vereinfachten Genehmigungsverfahren ausgenommen. Das bedeutet, daß auch die Abstandsflächenbestimmungen des § 8 LBauO nicht mehr Gegenstand der Prüfung und Genehmigung sind. Entsprechendes gilt natürlich auch für die genehmigungsfreien Wohnungsbauvorhaben nach § 65 a, der mit der neuen LBauO 1995 am 1. April 1995 in Kraft getreten ist. Dasselbe galt im übrigen bisher schon für die genehmigungsfreien Vorhaben nach § 61 LBauO.

Die Bauaufsichtsbehörden haben nach § 58 Abs. 1 LBauO – auch in den oben genannten Fällen – darüber zu wachen, daß die baurechtlichen und sonstigen öffentlich-rechtlichen Vorschriften eingehalten werden und zu diesem Zweck die nach pflichtgemäßem Ermessen erforderlichen Maßnahmen zu treffen.

**241** Da die im vereinfachten Genehmigungsverfahren erteilte Baugenehmigung nur Wirkung in bezug auf die öffentlich-rechtlichen Vorschriften hat, die in diesem Verfahren zu prüfen sind, und bei den genehmigungsfreien Vorhaben keine Genehmigung erteilt wird, wird der Nachbar in diesen Fällen nicht durch eine behördliche Entscheidung belastet. Da er somit nicht durch behördliche Maßnahmen in seinen Rechten verletzt wird, kann er mit Erfolg auch keinen Widerspruch und keine Klage (gegen die Baugenehmigung) erheben.

Wie in den Fällen, in denen der Bauherr abweichend von der Genehmigung oder ohne notwendige Genehmigung ein Vorhaben unter Verstoß gegen nachbarschützende Vorschriften verwirklicht, muß der Nachbar auch hier bei der Bauaufsichtsbehörde ein bauaufsichtliches Einschreiten beantragen und, falls diese nichts tut, den Anspruch auf baubehördliches Einschreiten im Wege der Verpflichtungsklage geltend machen. Vorläufiger Rechtsschutz wird demzufolge nach § 123 VwGO gewährt (OVG Rheinland-Pfalz, Beschluß vom 18. 11. 1991, NVwZ-RR 1992, S. 289).

## 5 Die Abstandsflächenregelung und das private Nachbarrecht

### 5.1 Rechtsgrundlagen des privaten Nachbarrechts

Neben dem öffentlich-rechtlichen Nachbarschutz gibt es auch privatrechtliche 242
Regelungen des Baunachbarrechts. Beide Rechtsmaterien stehen selbständig
nebeneinander und sind unabhängig voneinander, d. h., daß der beeinträchtigte
Nachbar gleichzeitig, ohne Verlust des Rechtsschutzinteresses, seine privatrechtlichen Beeinträchtigungen im Zivilrechtsweg und seine öffentlich-rechtliche
Beeinträchtigung im Verwaltungsrechtsweg verfolgen kann (vgl. Ernst/Hoppe,
Das öffentliche Bau- und Bodenrecht, 2. Auflage 1981, Seite 524).

Zivilrechtlicher Nachbarschutz kann aufgrund der Vorschriften des § 1004 BGB
in Verbindung mit den §§ 906, 907 BGB geltend gemacht werden. Zudem sind
die Abstandsflächenvorschriften Schutzgesetze im Sinne des § 823 Abs. 2 BGB
(vgl. BGHZ 72, 272). Ein Nachbar kann also z. B. gem. § 823 Abs. 2 und
§ 1004 BGB einen Anspruch auf Beseitigung geltend machen, wenn eine Beeinträchtigung des Eigentums durch Verletzung der Abstandsflächenvorschriften
vorliegt. Zu den privatrechtlichen Normen, die bundesweit gelten, gehören in
diesem Zusammenhang insbesondere die §§ 903 bis 924 BGB, der § 1004 BGB
sowie die §§ 122 ff. EGBGB, nach denen landesrechtliche Vorschriften
unberührt bleiben.

Die zivilrechtlichen Nachbarschutzvorschriften des Landesrechts finden sich in
erster Linie im Nachbarrechtsgesetz für Rheinland-Pfalz vom 15. Juni 1970
(GVBl. S. 198). Dieses Gesetz beinhaltet unter anderem mehrere Abschnitte mit
Bezug zu den Abstandsflächenvorschriften, z. B. die Nachbarwand (§ 3 bis 12),
die Grenzwand (§ 13–16) und das Fenster- und Lichtrecht (§ 34–36).

Oberstes rechtspolitisches Ziel der Gesetze über das private Nachbarrecht – das
Bürgerliche Gesetzbuch und das Landesnachbarrechtsgesetz – ist es, die Verständigung unter den Nachbarn und damit den Nachbarfrieden zu erhalten und
zu fördern. Deshalb treten die gesetzlichen Vorschriften zurück, wenn die Nachbarn sich einigen. In § 1 des Nachbarrechtsgesetzes für Rheinland-Pfalz heißt es
ausdrücklich, daß die Vorschriften dieses Gesetzes nur gelten, **soweit die Beteiligten nichts anderes vereinbaren.**

Die nachbarschützenden Regelungen privatrechtlicher sowie öffentlich-rechtlicher Art decken sich nur in Ausnahmefällen. Die Konkurrenz der Vorschriften
ist insoweit ohne Relevanz, als öffentlich-rechtliche Entscheidungen unbeschadet privater Rechte Dritter getroffen werden.

## 5.2 Einfriedungen nach privatem Nachbarrecht

**243** Innerhalb eines im Zusammenhang bebauten Ortsteils ist der Eigentümer eines bebauten oder gewerblich genutzten Grundstücks auf Verlangen des Eigentümers des Nachbargrundstücks verpflichtet, sein Grundstück an der gemeinsamen Grenze einzufrieden. Sind beide Grundstücke bebaut oder gewerblich genutzt, so sind ihre Eigentümer verpflichtet, die Einfriedungen gemeinsam zu errichten, wenn auch nur einer von ihnen die Einfriedung verlangt. Wirkt der Nachbar nicht binnen zwei Monaten nach schriftlicher Aufforderung bei der Errichtung mit, so kann der Eigentümer die Einfriedung allein errichten.

Wenn von einem bebauten oder gewerblich genutzten Grundstück Beeinträchtigungen ausgehen, die für den Nachbarn unzumutbar sind, so hat der Eigentümer das Grundstück insoweit einzufrieden, als dadurch die Beeinträchtigungen verhindert oder, falls dies nicht möglich oder zumutbar ist, gemildert werden können. Unzumutbar für den Nachbarn ist in dieser Hinsicht beispielsweise das ständige Hinüberlaufen oder Hinüberfliegen von Tieren, die auf dem Nachbargrundstück gehalten werden. Diese Vorschrift kann auch im Außenbereich zur Anwendung kommen.

**244** Die Einfriedung muß ortsüblich sein. Läßt sich nicht feststellen, was ortsüblich ist, so ist eine etwa 1,20 m hohe Einfriedung zu errichten. Schreiben allerdings öffentlich-rechtliche (etwa örtliche) Bauvorschriften eine andere Art der Einfriedung vor, so tritt diese an die Stelle der zuerst genannten Einfriedungsarten. Soweit die danach zu errichtende Einfriedung keinen ausreichenden Schutz gegen Beeinträchtigungen bietet, hat auf Verlangen des Nachbarn derjenige, von dessen Grundstück die Beeinträchtigungen ausgehen, die Einfriedung auf seine Kosten stärker oder höher auszuführen.

Was den Standort der Einfriedung angeht, so ist sie auf der Grenze zu errichten, wenn sie

– zwischen bebauten oder gewerblich genutzten Grundstücken oder

– zwischen einem bebauten oder gewerblich genutzten Grundstück und einem Grundstück liegt, das weder bebaut noch gewerblich genutzt ist, aber innerhalb des im Zusammenhang bebauten Ortsteils liegt oder in einem Bebauungsplan als Bauland festgesetzt ist.

In allen übrigen Fällen ist die Einfriedung entlang der Grenze zu errichten. Von der Grenze eines Grundstücks, das außerhalb eines im Zusammenhang bebauten Ortsteils liegt und nicht in einem Bebauungsplan als Bauland festgesetzt ist, muß eine Einfriedung grundsätzlich 0,50 m zurückbleiben.

**245** Die Kosten der Errichtung einer Einfriedung haben die beteiligten Grundstückseigentümer im allgemeinen zu gleichen Teilen zu tragen. Gehen jedoch von einem Grundstück unzumutbare Beeinträchtigungen des Nachbargrundstücks aus, die durch die Einfriedung verhindert oder gemildert werden könnten, und verlangt der Eigentümer des Nachbargrundstücks die Errichtung der Einfriedung ausdrücklich nur aus diesen Gründen, so ist er nicht verpflichtet, sich an den Kosten der Errichtung zu beteiligen. Die Kosten der Unterhaltung der Einfriedung tragen die beteiligten Grundstückseigentümer je zur Hälfte, wenn und sobald für sie oder ihre Rechtsvorgänger die Verpflichtung zur Tragung von Errichtungskosten begründet worden ist.

Alle vorgenannten Regelungen gelten nicht für Einfriedungen zwischen Grundstücken und den an sie angrenzenden öffentlichen Verkehrsflächen, öffentlichen Grünflächen und oberirdischen Gewässern. Es greifen insoweit die besonderen verwaltungsrechtlichen Vorschriften Platz. Ortsrechtliche Bauvorschriften können auch die Einfriedung gegenüber öffentlichen Flächen vorschreiben; die Kosten der Errichtung haben dann die privaten Grundstückseigentümer allein zu tragen. 246

## 5.3 Grenzabstände für Pflanzen und Hecken, Überwuchs, Wurzeln

Das Nachbarrechtsgesetz unterscheidet bei Bäumen drei Gruppen: 247

a) sehr stark wachsende Bäume (wie z. B. Eichen, Pappeln, Linden, Roßkastanien u. ä.), mit denen ein Grenzabstand von 4 Metern einzuhalten ist,

b) stark wachsende Bäume (wie z. B. Thuja, Birke u. ä.), mit denen ein Grenzabstand von 2 Metern einzuhalten ist,

c) alle übrigen Bäume, mit denen ein Abstand von 1,5 Metern von der Nachbargrenze einzuhalten ist.

Auch bei Obstbäumen gibt es nach dem Nachbarrechtsgesetz drei Abstufungen:

d) mit Walnußbäumen sind 4 Meter Abstand von der Grenze einzuhalten;

e) mit Kernobstbäumen auf stark wachsenden Unterlagen veredelt, mit Süßkirschenbäumen und veredelten Walnußbäumen genügen 2 Meter Abstand,

f) bei Kernobstbäumen auf schwach wachsenden Unterlagen sowie Steinobstbäumen – ausgenommen Süßkirschenbäume – sind nur 1,5 Meter Abstand erforderlich.

Ähnlich ist die Regelung für Sträucher gestuft:

1 Meter Abstand von der Nachbargrenze ist mit stark wachsenden Sträuchern (wie z. B. Flieder, Haselnuß, Forsythie u. ä.) einzuhalten, während 0,5 Meter genügt für alle übrigen Ziersträucher ebenso wie für alle Beerenobststräucher. 248

1 Meter Abstand ist bei stark wachsenden Brombeersträuchern zu wahren.

Diese Abstände verdoppeln sich an Grenzen zu landwirtschaftlich, gärtnerisch oder für den Weinbau genutzten Grundstücken.

**249** Das Recht eines Grundstückseigentümers, die Beseitigung von Anpflanzungen zu verlangen, die ihn wegen des nicht eingehaltenen Grenzabstandes beeinträchtigen, ist zeitlich befristet. Nur innerhalb von fünf Jahren nach der Anpflanzung kann der betroffene Nachbar die Beseitigung verlangen. Wenn er sich innerhalb dieser Frist nicht gegen die unzulässige Anpflanzung wehrt, ist sein Beseitigungsanspruch erloschen.

Die Entziehung von Licht und Luft durch Bäume ist grundsätzlich nicht abwehrbar (OLG Düsseldorf, Urteil v. 6. 7. 1979 – 4 U 18/79), wenn die zulässigen Grenzabstände nicht unterschritten sind.

Der Nachbar kann gemäß § 1004 Abs. 1 Satz 1 BGB Beseitigung von Baumwurzeln verlangen, die in sein Grundstück hineingewachsen sind, wenn dies zu einer konkreten Beeinträchtigung seines Grundstücks geführt hat. Der Nachbar muß in seiner Rechtsstellung als Eigentümer eine nicht ohne weiteres zu duldende Einbuße erfahren; ganz unerhebliche Störungen scheiden dabei aus. Nicht hinzunehmen braucht der Nachbar beispielsweise Asphaltaufbrüche in seiner Garagenzufahrt oder Aufbrüche in und hinter der Garage (OLG Köln, Urteil v. 17. 5. 1989 – 13 U 113/88).

**250** Nach § 910 BGB kann der Eigentümer eine Grundstücks Wurzeln eines Baumes oder eines Strauches, die von einem Nachbargrundstück eingedrungen sind, abschneiden und behalten. Das gleiche gilt von herüberragenden Zweigen, wenn der Eigentümer dem Besitzer des Nachbargrundstücks eine angemessene Frist zur Beseitigung bestimmt hat und die Beseitigung nicht innerhalb der Frist erfolgt. Dem Eigentümer steht dieses Recht nicht zu, wenn die Wurzeln oder die Zweige die Benutzung des Grundstücks nicht beeinträchtigen.

Das Abschneiden darf nur vom eigenen Grundstück aus erfolgen; das Nachbargrundstück darf hierzu nicht betreten werden. Bei dem Abschneiden bzw. der Fristsetzung müssen Wachstums- und Obsterntezeiten beachtet werden. Weiterhin ist eine Beschränkung des Abschneiderechts durch vorrangige Naturschutzvorschriften möglich. Es existieren heute in vielen Orten kommunale Baumschutzsatzungen, die das Abschneiden von Ästen usw. untersagen. Diese Satzungen haben Vorrang vor dem Recht aus § 910 BGB (OLG Düsseldorf, Urteil v. 20. 4. 1988 – 9 U 228/87; LG Dortmund, Urteil v. 9. 4. 1986 – 1 S 599/84).

Vor dem Abschneiden von Ästen etc. sollte man sich also auf jeden Fall bei der Gemeinde nach eventuell bestehenden Baumschutzsatzungen erkundigen.

## Hecken

Bei der Anpflanzung von **Hecken** sollte man sich ebenfalls – sofern man sich nicht mit dem Nachbarn auf eine bestimmte Art der Anpflanzung geeinigt hat – unbedingt über die Abstandsregeln informieren:

Hier kommt es auf die Art der Pflanzen, die als Hecke gezogen werden, nicht an. Die verschiedensten Baum- oder Straucharten können als Hecke angelegt werden, so z. B. Hainbuche, Fichte, Eibe, Thuja, Buchsbaum, Feuerdorn, Liguster usw. Da Hecken üblicherweise geschnitten werden, stellt das Gesetz für die einzuhaltenden Abstände nicht auf die Art der Pflanzen, sondern ausschließlich auf die Höhe der Hecke ab:

25 cm Grenzabstand erfordern Hecken, die nicht höher als 1 Meter werden

50 cm Grenzabstand muß bei Hecken mit einer Höhe von 1,50 m eingehalten werden

75 cm muß der Grenzabstand mindestens bei allen über 1,50 Meter hohen Hekken betragen

Auch diese Abstände verdoppeln sich an der Grenze zu landwirtschaftlich, gärtnerisch oder für Weinanbau genutzten Grundstücken.

Falls eine Hecke höher wird, als dies nach dem eingehaltenen Abstand erlaubt ist, kann der Nachbar verlangen, daß die Hecke auf die zulässige Höhe zurückgeschnitten oder sogar ganz beseitigt wird.

Wenn die lebende Hecke an der Grenze zweier Grundstücke bereits so hoch gewachsen ist, daß die Hecke von ihrem Eigentümer nicht mehr auf beiden Seiten geschnitten werden kann, dann muß der Nachbar dem Eigentümer der Hecke in gewissen Zeitabständen das Betreten seines Grundstücks gestatten, damit dieser die Auswüchse der Hecke zu dem Nachbargrundstück beseitigen kann (AG Michelstadt/Odenwald, Urteil v. 17. 3. 1964 – C 164/63).

Eine an der Grundstücksgrenze angepflanzte Fichtenreihe, die eine Höhe von 4–6 m erreicht hat, ist nicht mehr als Hecke anzusehen und auf Verlangen des Nachbarn zu entfernen, falls sie nicht auf eine Höhe von 3 m zurückgeschnitten wird (LG Saarbrücken, Urteil v. 3. 2. 1988 – 17 S 79/87).

### Kein Anspruch auf Laubbeseitigung

Fällt Laub auf ein Nachbargrundstück, so muß der Nachbar das hinnehmen. Entschädigung für die Laubbeseitigung kann er nicht verlangen. So ein Urteil des Oberlandesgerichts Düsseldorf (Az: 9 U 10/95). Es wies die Klage eines Grundstücksbesitzers ab, in dessen Swimmingpool ständig das Laub vom Nachbargrundstück wehte.

## 5.4 Aufschüttungen, Abgrabungen, Aufschichtungen und Grundwasserabsenkungen

253 Wer den Boden seines Grundstücks über die Oberfläche des Nachbargrundstücks erhöht, muß einen solchen Grenzabstand einhalten oder solche Vorkehrungen treffen und unterhalten, daß eine Schädigung des Nachbargrundstücks, insbesondere durch Abstürzen oder Abschwemmen des Bodens, ausgeschlossen ist. Diese Verpflichtung geht auf den Rechtsnachfolger über.

254 Mit Aufschichtungen von Holz, Steinen, Stroh und dergleichen sowie sonstigen nicht mit dem Grundstück fest verbundenen Anlagen, die nicht über 2 m hoch sind, ist ein Mindestabstand von 0,50 m von der Grenze einzuhalten. Sind sie höher, so muß der Abstand so viel über 0,50 m betragen, als ihre Höhe das Maß von 2 m übersteigt (also bei 3 m Höhe 1,50 m Abstand). Doch gilt diese Einschränkung nicht

– für Baugerüste

– für Aufschichtungen und Anlagen, die eine Wand oder geschlossene Einfriedung nicht überragen oder die als Stützwand oder Einfriedung dienen

– für gewerbliche Lagerplätze

– gegenüber Grenzen zu öffentlichen Verkehrsflächen, zu öffentlichen Grünflächen und zu oberirdischen Gewässern von mehr als 0,50 m Breite (Mittelwasserstand)

255 Nach § 909 BGB darf ein Grundstück nicht in der Weise vertieft werden, daß der Boden des Nachbargrundstücks seine Stütze verliert, es sei denn, daß für eine anderweitige genügende Befestigung gesorgt ist. Das Abwehrrecht, das diese Vorschrift dem Nachbarn eröffnet, ist von einem Verschulden desjenigen, der die Vertiefung herbeiführt, unabhängig. Wird jedoch ein solches Verschulden nachgewiesen, weil etwa die Gefahr für das Nachbargrundstück bei Beachtung der im Verkehr erforderlichen Sorgfalt hätte erkannt werden müssen oder weil auf diese Gefahr sogar ausdrücklich hingewiesen worden war, so begründet § 909 BGB als sogenanntes Schutzgesetz in Verbindung mit § 823 Abs. 2 BGB auch einen Anspruch auf Schadensersatz.

In den letzten Jahren sind mehrere Gerichtsentscheidungen veröffentlicht worden, die zeigen, daß diese Vorschriften vor allem bei der Aushebung von Baugruben bedeutsam werden können. So entstanden an einem mehrere Meter von der Grundstücksgrenze entfernten Haus Risse, weil beim Ausheben einer Baugrube eine Ader mit Fließsand angestochen worden war und der Bauherr entgegen dem Rat des bauleitenden Architekten keine Spundwand einbringen ließ. In einem anderen Fall wurde beim Ausheben einer tiefen Baugrube für ein Bankgebäude neben einer gotischen Kirche der ausdrückliche schriftliche Hinweis der Baubehörde auf die Notwendigkeit des Unterfangens und Abstützens nicht beachtet, und es entstanden schwere Schäden an dem Chor der Kirche. Interessant ist auch der Fall, in dem zur Trockenhaltung einer in torfigen Untergrund reichenden Baugrube eine Spezialfirma wochenlang ständig erhebliche Mengen Grundwasser abpumpte, bis in dem umliegenden Neubaugebiet die gerade erst hergestellten Straßen absackten. Schließlich wurde ein Tiefbauunternehmen zum Schadensersatz herangezogen, weil es beim Verlegen einer Kanalleitung mit einem Kiesbett eine Dränagewirkung erzeugt und die dadurch verursachte Grundwasserabsenkung an den benachbarten Häusern erhebliche Risseschäden bewirkt hatte; der Hinweis auf die gemeindliche Ausschreibung, die das Kiesbett gefordert hatte, vermochte das Unternehmen wegen der von ihm zu erwartenden speziellen Kenntnisse und Erfahrungen nicht zu entlasten.

Der Nachbar ist nicht verpflichtet, erhebliche Beeinträchtigungen von einem größeren Müllbehälter auf dem Nachbargrundstück hinzunehmen. Er kann verlangen, daß der Nachbar alle erforderlichen Maßnahmen trifft, um die Belästigungen abzustellen (OLG Koblenz, Urteil v. 28. 11. 1979 – 1 U 62/79).

## 5.5 Grundstücks-Benutzungsrecht

### a) Grundsatz

Der Eigentümer eines Grundstücks kann nach dem Gesetz (§ 903 BGB) grundsätzlich allein über sein Grundstück disponieren und andere Personen nach seinem Belieben von der Benutzung ausschließen. Hiervon gibt es jedoch – unter bestimmten engen Voraussetzungen – gewisse Ausnahmen, die sich letztlich aus dem übergeordneten Gedanken des sog. nachbarlichen Gemeinschaftsverhältnisses herleiten. Darunter ist die für Grundstückseigentümer in ihrer natürlichen nachbarlichen Verbundenheit begründete Verpflichtung zu verstehen, bei der Ausübung ihrer Rechte gebührende Rücksicht aufeinander zu nehmen. Es geht dabei im Grunde um die Anwendung des allgemeinen Rechtsgrundsatzes von „Treu und Glauben" auf die spezielle Situation des nachbarlichen Zusammenlebens. Z. B. muß der benachbarte Eigentümer eines (Wohn-) Grundstücks nicht dulden, daß der Ausleger eines auf dem Nachbargrundstück aufgestellten Turmdrehkrans eines Bauunternehmers teilweise über sein Grundstück geschwenkt wird (OLG Düsseldorf, Urteil v. 9. 8.1989 – 9 U 36/89).

### b) Antennen, Schornsteine und Lüftungsleitungen, Straßenlampen

In bebauten Gebieten mit erheblichen Unterschieden in den Bauhöhen können sich Mißstände daraus ergeben, daß an den niedrigeren Gebäuden die Schornsteine, Lüftungsleitungen und Antennenanlagen nicht so weit hochgeführt werden können, wie es für ihr ordnungsgemäßes Funktionieren erforderlich wäre. Deshalb müssen es die Eigentümer und die Nutzungsberechtigten von Grundstücken dulden, daß an ihren höheren Gebäuden die Eigentümer und die Nutzungsberechtigten angrenzender niedrigerer Gebäude ihre Schornsteine, Lüftungsleitungen und Antennenanlagen befestigen, wenn

- die Erhöhung der Schornsteine und Lüftungsleitungen für die notwendige Zug- und Saugwirkung und der Antennenanlagen für einen einwandfreien Empfang von Sendungen erforderlich ist und

- die Befestigung der höhergeführten Schornsteine, Lüftungsleitungen und Antennenanlagen anders nicht zweckmäßig oder nur mit unverhältnismäßig großen Kosten durchgeführt werden könnte.

**259** Die Eigentümer und Nutzungsberechtigten der betroffenen Grundstücke müssen ferner dulden,

- daß die unter den vorstehend genannten Voraussetzungen höhergeführten und befestigten Schornsteine, Lüftungsleitungen und Antennenanlagen der Nachbargrundstücke von ihren Grundstücken aus unterhalten und gereinigt werden, soweit dies erforderlich ist, und

- daß die hierzu erforderlichen Einrichtungen angebracht werden.

Ein Anwohner hat die von einer Straßenlampe üblicherweise ausgehenden Beeinträchtigungen (Lichteinfall, Verunreinigung durch Insekten) zu dulden, sofern nicht besondere Umstände vorliegen (VGH Kassel, Urteil v. 26. 4. 1988 – 11 UE 468/85).

### c) Hammerschlags- und Leiterrecht

**260** Hinter dieser eigenartigen Bezeichnung verbirgt sich eine für das Bauen und die Unterhaltung baulicher Anlagen äußerst wichtige Erweiterung und zugleich Einschränkung der Eigentümerrechte an Grundstücken. Der Eigentümer und die Nutzungsberechtigten müssen nämlich dulden, daß ihr Grundstück einschließlich der baulichen Anlagen zum Zwecke von Bau- und Instandsetzungsarbeiten auf dem Nachbargrundstück vorübergehend betreten und benutzt wird, wenn und soweit

- die Arbeiten anders nicht zweckmäßig oder nur mit unverhältnismäßigen Kosten durchgeführt werden können

- die mit der Duldung verbundenen Nachteile oder Belästigungen nicht außer Verhältnis zu dem von dem Berechtigten erstrebten Vorteil stehen

- ausreichende Vorkehrungen zur Minderung von Nachteilen und Belästigungen getroffen werden und

- das Vorhaben öffentlich-rechtlichen Vorschriften nicht widerspricht

Ferner ist das (Hammerschlags- und Leiter-)Recht so schonend wie möglich auszuüben. Auch darf es nicht zur Unzeit gemacht werden (kommt allerdings der

Sturm, der Dachziegel herunterreißt, mit sintflutartigen Regenfällen mitten in der Nacht, so kann der Eigentümer die Garage des Nachbarn, über die allein er mit seiner Leiter den abgedeckten Teil seines Daches erreichen kann, auch bei Nacht besteigen).

Wenn möglich, sind die Arbeiten, für die das Hammerschlags- und Leiterrecht in Anspruch genommen werden soll, vorher anzuzeigen. Entstehen dem Nachbarn Schäden, gleich, ob verschuldet oder unverschuldet, so sind sie ihm zu ersetzen. Wird ein Grundstück in Ausübung des Rechts länger als einen Monat benutzt (beispielsweise zur Aufstellung eines Gerüsts), so ist für die darüber hinausgehende Zeit der Benutzung eine Entschädigung in Höhe der ortsüblichen Miete für einen dem benutzten Grundstücksteil vergleichbaren Lagerplatz zu zahlen.

**d) Notwege- und Leitungsrecht**

Ein weiteres wichtiges Recht zur Benutzung eines fremden Grundstücks ist das Notwegerecht. Wenn einem Grundstück der Zugang zu einem öffentlichen Weg fehlt, so hat der Eigentümer des zwischen dem fraglichen Grundstück und dem nächsten öffentlichen Weg liegenden Grundstücks zu dulden, daß sein Grundstück zum Erreichen des dahinterliegenden Grundstücks benutzt wird, allerdings nur gegen eine angemessene Entschädigung (§ 917 BGB) und soweit die Benutzung unumgänglich ist. Ein ähnliches Recht zur Benutzung eines Nachbargrundstücks besteht, wenn der Anschluß an das Wasserversorgungs- oder das Entwässerungsnetz nur über ein dazwischenliegendes Nachbargrundstück möglich ist. Dann muß dieser Nachbar – soweit notwendig und ihm zumutbar – dulden, daß Leitungen durch sein Grundstück hindurchgeführt werden (§ 26 ff. NachbG).

Bauliche Anlagen sind so einzurichten, daß Niederschlagswasser nicht auf das Nachbargrundstück tropft, auf dieses abgeleitet wird oder dorthin übertritt. Doch gilt diese Einschränkung nicht für frei stehende Mauern entlang öffentlicher Verkehrsflächen und öffentlicher Grünflächen.

Sind die Eigentümer und die Nutzungsberechtigten eines Grundstücks aus besonderem Rechtsgrund (etwa aufgrund einer Dienstbarkeit) verpflichtet, das von baulichen Anlagen eines Nachbargrundstücks tropfende oder abgeleitete oder von dem Nachbargrundstück übertretende Niederschlagswasser aufzunehmen, so haben sie das Recht, an der baulichen Anlage des traufberechtigten Nachbarn besondere Sammel- und Abflußeinrichtungen anzubringen, wenn die damit verbundene Beeinträchtigung nicht erheblich ist. Sie sind dann auch zur Unterhaltung dieser Einrichtung verpflichtet.

### e) Rechtsfolgen von Grenzüberbauungen

**263** Es kommt immer wieder vor, daß ein Neubau, insbesondere eine Grenzgarage, nicht richtig eingemessen und dann mit einem Bauteil die Grenze zum Nachbargrundstück überschritten wird. Gäbe es den § 912 BGB nicht, so müßte der Bauherr auf Verlangen des Nachbarn gemäß § 1004 BGB den Überbau in jedem Fall beseitigen. Statt dessen nimmt der Gesetzgeber eine Interessenabwägung vor: Hat der Eigentümer eines Grundstücks bei der Errichtung eines Gebäudes über die Grenze gebaut, ohne daß ihm Vorsatz oder grobe Fahrlässigkeit zur Last fällt, so hat der Nachbar den Überbau zu dulden; doch gilt dies nicht, wenn der Nachbar vor oder sofort nach der Grenzüberschreitung Widerspruch erhoben hat. Eine bewußte oder zwar nicht ganz bewußte, aber für möglich gehaltene und in Kauf genommene Grenzüberschreitung braucht demnach in keinem Fall hingenommen zu werden.

Wenn der Nachbar nach diesen rechtlichen Grundsätzen den Überbau zu dulden hat, ist er durch eine Geldrente zu entschädigen.

### f) Fensterrecht

**264** Nach den §§ 34–36 des Nachbarrechtsgesetzes (NRG) müssen Fenster in Außenwänden, die parallel oder in einem Winkel bis zu 60° zur Grenze des Nachbargrundstücks verlaufen (s. sinngemäß Abb. 5.1–5.5), zur Wahrung des Wohnfriedens einen Abstand von 2,50 m zur Grundstücksgrenze einhalten.

**265** Nach einem Grundsatzurteil hat jetzt das Landgericht Kassel als Berufungsgericht durch Urteil vom 1. 12. 1995 – 10 S 455/95 – den Einbau von Dachschrägfenstern, die den in § 11 Abs. 1 Hess. NRG enthaltenen Abstand des Dachfensters zur Grenze von 2,50 m nicht einhalten, untersagt. Es hat die anders lautende Entscheidung der Vorinstanz abgeändert und die Auffassung vertreten, bei den von dem Beklagten eingebauten Dachschrägfenstern, sog. V-Fenster, handele es sich um Fenster „in der Außenwand eines Gebäudes". Unter Außenwand i. S. der Bestimmung des § 11 Abs. 1 Hess. NRG seien diejenigen Bauteile zu verstehen, die den Baukörper nach außen hin zur Grenze des Nachbargebäudes räumlich abschließen und abgrenzen. In diesem Sinne seien auch Dachschrägen als Außenwände i. S. des Gesetzes zu verstehen. Das Grundsatzurteil des Landgerichts Kassel ist geradezu schulmäßig begründet und hat bundesweite Bedeutung.

Aus den Gründen:

Die Klägerin hat gegen den Beklagten einen Anspruch auf Beseitigung der von dem Beklagten in seinem Haus eingebauten Dachfenster nach § 1004 BGB i. V. m. § 11 Hess. Nachbarrechtsgesetz.

Unstreitig hat der Beklagte im Oktober und Dezember 1994 in die zum Grundstück der Klägerin hin belegene Dachschräge seines Hauses 2 aufklappbare Dachfenster, sogenannte V.-Fenster, eingebaut. Die Außenwand der Gebäudeseite, in dem sich die Dachfenster befinden, grenzt dabei unmittelbar an die Grenze des Grundstücks der Klägerin an. Zwischen den Parteien ist auch unstreitig, daß der Abstand der Dachfenster zur Grenze weniger als 2,5 m beträgt. Bei der von dem Amtsgericht am 8. 5. 1995 durchgeführten Ortsbesichtigung wurde ein Abstand zur Grenze von ca. 1,50 m festgestellt. Eine Einwilligung der Klägerin als Eigentümerin des Nachbargrundstücks hat der Beklagte nicht eingeholt. Der Einbau der Dachschrägfenster verstößt damit gegen § 11 Abs. 1 Hess. Nachbarrechtsgesetz. Nach dieser Bestimmung dürfen in oder an der Außenwand eines Gebäudes, die parallel oder in einem Winkel bis zu 60° zur Grenze des Nachbargrundstücks verläuft, Fenster oder Türen oder zum Betreten bestimmte Bauteile nur mit der Einwilligung des Eigentümers des Nachbargrundstücks angebracht werden, wenn die Fenster, die Türen oder die Bauteile von der Grenze einen geringeren Abstand als 2,50 m einhalten sollen. Diese Tatbestandsvoraussetzungen sind im vorliegenden Fall erfüllt.

Entgegen der Ansicht des Beklagten und der in dem amtsgerichtlichen Urteil vertretenen Rechtsauffassung ist die Bestimmung des § 11 Abs. 1 Hess. Nachbarrechtsgesetz auf den vorliegenden Fall auch anwendbar. Bei den von dem Beklagten eingebauten Dachschrägfenstern, sogenannten V.-Fenstern, handelt es sich um Fenster in der Außenwand eines Gebäudes. Unter Außenwand i. S. der Bestimmung des § 11 Abs. 1 Hess. Nachbarrechtsgesetz sind nämlich alle diejenigen Bauteile zu verstehen, die den Baukörper nach außen hin zur Grenze des Nachbargebäudes räumlich abschließen und abgrenzen. In diesem Sinne sind auch Dachschrägen als Außenwände i. S. des Gesetzes zu verstehen.

Das ergibt sich im einzelnen aus folgenden Überlegungen:

Bei der Bestimmung des Begriffs Außenwand i. S. des § 11 Abs. 1 Hess. Nachbarrechtsgesetz ist zunächst am möglichen Wortsinn des Begriffs Außenwand anzusetzen. Finden sich keine Hinweise darauf, daß sich das Gesetz eines besonderen Sprachgebrauchs bedient, ist insoweit auf den allgemeinen Sprachgebrauch zurückzugreifen. Er bezeichnet den Rahmen, innerhalb dessen die gesuchte Bedeutung liegen muß. Was jenseits des sprachlich möglichen Wortsinns liegt, durch ihn eindeutig ausgeschlossen wird, kann nicht mehr im Wege der Auslegung als die hier maßgebliche Bedeutung dieses Ausdrucks verstanden werden. Der Wortlaut hat danach eine doppelte Aufgabe. Er ist Ausgangspunkt für die richterliche Sinnesermittlung und steckt zugleich die Grenze seiner Auslegungstätigkeit ab. Eine Deutung, die nicht mehr im Bereich des möglichen Wortsinns liegt, ist nicht mehr Ausdeutung, sondern Umdeutung.[2])

---

[2]) Vgl. Larenz, Methodenlehre der Rechtswissenschaft, 4. Aufl., S. 3098, 332.

Bei Anwendung dieser Kriterien ist festzustellen daß ein eindeutiger Wortsinn des Begriffs Wand (Außenwand) i. S. der Definition „senkrecht stehende Fläche" sich nicht feststellen läßt. So wird der Begriff Wand auch als seitliche Begrenzung eines Raumes, besonders eines Zimmers oder Gebäudes verstanden.[3]) Unter dem Begriff der Wand kann damit in diesem allgemeinen Sinne jede seitliche Begrenzung eines Raumes und damit auch eines Gebäudes oder Baukörpers verstanden werden. Der mögliche Wortsinn des Begriffs ist damit nicht eindeutig, sondern läßt Raum für verschiedene Bedeutungsvarianten. Ein eindeutiger Ausdruck/Begriff, der insoweit nicht der Auslegung bedürfte, liegt damit nicht vor. Eine Definition des Gesetzesbegriffs Außenwand i. S. all derjenigen Bauteile, die den Baukörper nach außen hin zur Grenze des Nachbargrundstücks räumlich abschließen und abgrenzen, steht dem möglichen Wortsinn damit nicht entgegen und läßt sich mit diesem vereinbaren.

Diesem Auslegungsergebnis steht auch nicht der Bedeutungszusammenhang des Gesetzes entgegen. Welche der mannigfachen Bedeutungsvarianten, die einem Ausdruck nach dem Sprachgebrauch zukommen können, jeweils in Betracht kommt, ergibt sich in der Regel, wenn auch nicht immer mit letzter Genauigkeit, aus dem Zusammenhang, in dem er gebraucht wird. Der Bedeutungszusammenhang des Gesetzes bestimmt zunächst einmal in der gleichen Weise das Verständnis einzelner Sätze und Worte, wie auch sonst das Verständnis einer Textstelle durch deren Kontext mitbestimmt wird.[4]) Die Frage nach dem Bedeutungszusammenhang des Gesetzes läßt sich dabei aber weder völlig losgelöst von der nach dem möglichen Wortsinn, noch von der nach anderen Auslegungskriterien beantworten. Ob insoweit zwischen den einzelnen Gesetzesbestimmungen eine sachliche Übereinstimmung angenommen werden kann, kann sich dabei aus der Äußerungsthematik des Gesetzes und dem hier etwa zugrundeliegenden begrifflichen System ergeben. Notwendig ist dies indes nicht, weil sich das Gesetz keineswegs immer an eine bestimmte Systematik hält.

Im Falle des Hess. Nachbarrechtsgesetzes zeigt insoweit ein Blick auf die äußere Systematik des Gesetzes und dem ihm zugrunde liegenden System, daß der Begriff Wand in durchaus unterschiedlichen Regelungsabschnitten des Gesetzes verwandt wird. So wird im ersten Abschnitt des Gesetzes das Errichten, die Beschaffenheit und die Ausgestaltung der sogenannten Nachbarwand einer gesetzlichen Regelung unterzogen, wobei sich in § 1 Abs. 1 Hess. Nachbarrechtsgesetz eine (Legal-)Definition des Begriffs der Nachbarwand befindet. Nachbarwand ist danach die auf der Grenze zweier Grundstücke errichtete Wand, die den auf diesen Grundstücken errichteten oder zu errichtenden Bauwerken als Abschlußwand oder zur Unterstützung oder Aussteifung dient oder

---

[3]) Vgl. Der große Brockhaus, Kompaktausgabe, 18. Aufl. 1984, Bd. 23 Stichwort Wand; Duden, Bd. 10 Bedeutungswörterbuch, Stichwort Wand.
[4]) Larenz, a. a. O., S. 311.

dienen soll. Die Aufzählung der Möglichkeit der Nachbarwand als Abschlußwand für das errichtete oder zu errichtende Bauwerk ließe sich dabei durchaus mit der oben wiedergegebenen Auslegung des Begriffs Wand als seitliche Begrenzung eines Raumes oder Baukörpers vereinbaren.[5]) Im zweiten Abschnitt des Gesetzes finden sich sodann Regelungen zur Grenzwand, §§ 8–10 Hess. Nachbarrechtsgesetz. Nach der Definition in § 8 Abs. 1 Hess. Nachbarrechtsgesetz ist danach Grenzwand die an der Grenze zum Nachbargrundstück auf dem Grundstück des Erbauers errichtete Wand. § 11 wiederum steht im dritten Abschnitt des Gesetzes, der das Fenster- und das Lichtrecht regelt. Die Abschnittsüberschriften sind dabei amtliche Überschriften des Gesetzestextes.[6]) Regelungszweck des 3. Abschnittes ist hier ausschließlich, Normen über die Anlage und Ausgestaltung der Fenstersicht zum Nachbargrundstück durch den Grundeigentümer sowie bezüglich des Lichtrechts und den Schutz der angelegten Fenster gegen nachbarliche Eingriffe, insbesondere gegen die Verbauung, aufzustellen.[7])

Bereits dieser kurze Blick auf die Systematik des Gesetzes zeigt damit, daß insoweit ein einheitlicher Begriff der Wand von dem Gesetz nicht vorgegeben oder zugrunde gelegt wird, sondern daß jeweils nach in den einzelnen Abschnitten des Gesetzes zu regelnden Materien eine unterschiedliche oder teilweise mögliche deckungsgleiche Verwendung des Begriffs der Wand vorgenommen wird. Aus dem Bedeutungszusammenhang des Gesetzes lassen sich damit zwingend keine Anhaltspunkte entnehmen, die auf eine sachliche Zusammengehörigkeit der Vorschriften hinweisen, in denen der Begriff der Wand verwendet wird und woraus sich eine von dem Gesetz vorausgesetzte oder verfolgte bestimmte begriffliche Bedeutung dieses Begriffes ergeben würde.

Schließlich spricht auch die Regelungsabsicht des (historischen) Gesetzgebers und der Zweck der betreffenden Norm (historisch-teleologische Auslegung) dafür, den Begriff der Außenwand i. S. der Begrenzung des Baukörpers zu verstehen und damit auch Fenster in Dachschrägen der Regelung des § 11 Hess. Nachbarrechtsgesetz zu unterstellen. Wie sich insoweit aus der Entstehungsgeschichte des Gesetzes ergibt, wollte der (historische) Gesetzgeber außerhalb des öffentlich-rechtlichen Baurechts eine Bestimmung schaffen, die dem Nachbarn einen zivilrechtlichen Abwehranspruch gegen Einrichtungen an oder in einem Gebäude, durch welche Beeinträchtigungen auf sein Grundstück ausgehen, geben sollte. Die Regelungen in § 25 der seinerzeit geltenden Hess. Bauordnung und seiner Auslegung durch den Hessischen Verwaltungsgerichtshof, der den Bestimmungen nur teilweise nachbarrechtsschützenden Charakter zuerkannte,

---

[5]) Vgl. Hodes/Dehner, Hess. Nachbarrecht, 4. Aufl., § 1 Rdn. 1, S. 29.
[6]) Vgl. GVBl. I, 1962, S. 415.
[7]) Vgl. Hodes/Dehner, a. a. O., Vorbemerkung zu §§ 11 ff. Rdn. 1.

wurden nicht als ausreichend angesehen.[8]) Ziel des Gesetzgebers war es, damit in den von § 11 erfaßten Fällen die Frage nach einem nach der Regelung des § 25 Abs. 4 der Hess. Bauordnung möglichen Baudispenz mit dem Ziel der Zulassung eines geringen Abstandes als 2,50 m solange gegenstandslos zu machen, wie der Nachbar nicht eingewilligt hatte oder zur Einwilligung rechtskräftig verurteilt worden war (§ 11 Abs. 2 Hess. Nachbarrechtsgesetz, § 894 ZPO).[9]) Verfolgte damit der Gesetzgeber das Ziel, den Schutz des Nachbarn gegen von dem Nachbargrundstück ausgehende Beeinträchtigungen zu verbessern, ist es schließlich zur Vermeidung von Wertungswidersprüchen auch geboten, Fenster in senkrechten Außenwänden und Dachschrägen gleich zu behandeln, wenn sie sich innerhalb des Abstandsbereichs des § 11 Abs. 1 Hess. Nachbarrechtsgesetz befinden. Von der Möglichkeit und der Art möglicher Beeinträchtigungen besteht nämlich insoweit kein Unterschied. Im Rahmen des möglichen Wortsinns ist aber insoweit derjenigen Auslegung der Vorzug zu geben, durch die ein Wertungswiderspruch innerhalb der Rechtsordnung vermieden wird.[10])

Bei den Fenstern in der Dachschräge des Beklagten handelt es sich damit im Ergebnis um Fenster in oder an der Außenwand eines Gebäudes i. S. des § 11 Abs. 1 Hess. Nachbarrechtsgesetz. Die übrigen Tatbestandsmerkmale der Vorschrift liegen vor, da die Dachschrägfenster ohne Einwilligung der Klägerin angebracht worden sind und diese einen geringeren Abstand als 2,5 m zur Grundstücksgrenze einhalten.

Der Beklagte ist zur Beseitigung der Fenster verpflichtet, da die Klägerin weder zur Erteilung der Einwilligung zum Einbau der Fenster verpflichtet ist, § 11 Abs. 2 Hess. Nachbarrechtsgesetz, noch die Ausnahme des § 12 vorliegt, oder der Anspruch auf Beseitigung durch § 13 Hess. Nachbarrechtsgesetz ausgeschlossen wäre.

Die Klägerin ist zunächst nicht gemäß § 11 Abs. 2 Hess. Nachbarrechtsgesetz verpflichtet, die Einwilligung zum Einbau der Fenster zu erteilen, da mehr als nur geringfügige Beeinträchtigungen zu erwarten sind. Die erstinstanzlich durchgeführte Augenscheinseinnahme hat ergeben, daß sich von den Dachflächenfenstern sowohl in das linksseitig gelegene Schlafzimmerfenster der Klägerin als auch in die Küche und das Eßzimmer sehen läßt. Diese Möglichkeit der Einsichtnahme stellt insoweit eine mehr als geringfügige Beeinträchtigung dar, als nicht lediglich ungewohnt selten betretene Abstellräume, sondern

---

[8]) Vgl. zur Entstehungsgeschichte Hodes/Dehner, a. a. O., Vorbem. zu §§ 11 ff. Rdn. 19, § 11 Rdn. 1; und Protokolle des Rechtsausschusses des Hess. Landtages vom 30. 3. 1962, Abt. I Nr. 1012, Vorlage der Landesregierung betreffend den Entwurf eines Hess. Nachbarrechtsgesetzes, auszugsweise vom Kläger eingereicht, Bl. 36 d. A.

[9]) Vgl. Hodes/Dehner, a. a. O., § 11 Rdn. 1 am Ende.

[10]) Vgl. dazu Larenz, a. a. O., S. 334.

Räumlichkeiten der Klägerin betroffen sind, die in besonderer Weise der Abschirmung vor fremden Blicken bedürfen. Die Wesentlichkeit der zu erwartenden Beeinträchtigung wird auch nicht dadurch aufgehoben, daß der Beklagte durch die Anbringung von Rollos, Gardinen oder ähnlichem die Möglichkeit zur Einsichtnahme beschränken oder die Klägerin durch die Anbringung von solchen Sichthemmnissen die einsehbaren Fenster abschirmen könnte. Die Frage der Wesentlichkeit der Störung kann nämlich nicht danach bestimmt werden, daß es in das Belieben des Störers oder des Gestörten selbst gestellt wird, selber Maßnahmen zu ergreifen, um die Störung auszuschließen oder auf ein Mindestmaß zu begrenzen. Im übrigen könnte der Beklagte solche Maßnahmen jederzeit wieder aufheben.

Die Anwendbarkeit von § 11 Abs. 1 Hess. Nachbarrechtsgesetz wird weiterhin nicht nach § 12 Hess. Nachbarrechtsgesetz ausgeschlossen. Insbesondere hat der Beklagte nicht vorgetragen, daß die von ihm eingebauten Fenster nach öffentlich-rechtlichen Vorschriften anzubringen waren. Daß insoweit von den zuständigen Baubehörden eine Baugenehmigung erteilt worden ist, ist dabei irrelevant, da diese unbeschadet der (privatrechtlichen) Rechte Dritter angeht.

Der Beseitigungsanspruch der Klägerin ist schließlich auch nicht nach § 13 Hess. Nachbarrechtsgesetz ausgeschlossen. Dies wäre nach Nr. 1 dieser Vorschrift nur dann der Fall, wenn die Fenster bereits bei Inkrafttreten des Hess. Nachbarrechtsgesetzes am 1. 11. 1962 vorhanden waren und der Abstand dem bisherigen Recht entsprach. Unstreitig ist dies aber nicht der Fall, da die Fenster erst Ende 1994 eingebaut worden sind.

Bei der Frage, welche Rechtsfolge der Verstoß gegen § 11 Hess. Nachbarrechtsgesetz nach sich zieht, ist zu berücksichtigen, daß § 11 Hess. Nachbarrechtsgesetz nicht lediglich die störende Einwirkungsmöglichkeit durch zu nahe Fenster, sondern bereits im Vorfeld den Einbau derartiger Fenster verbietet. Die Beeinträchtigung des Klägers liegt also nicht allein darin, daß nun durch die Fenster in seine Räumlichkeiten geschaut werden kann. Die Beeinträchtigung besteht vielmehr in dem Anbringen der Fenster als solche. Von daher ist es unerheblich, ob die störende Einsichtsmöglichkeit durch Vorhänge oder Folien behoben werden kann. Der Beeinträchtigung durch den Einbau der Fenster kann nur dadurch begegnet werden, daß der Beklagte die Fenster wieder ausbaut und die dadurch entstandene Öffnung wieder verschließt. Diesen Abwehr- und Beseitigungsanspruch kann die Klägerin gemäß § 1004 BGB geltend machen, so daß ihre Berufung begründet und der Beklagte antragsgemäß zu verurteilen war.

## 5.6 Nachbarrechtsgesetz für Rheinland-Pfalz
### Vom 15. Juni 1970 (GVBl. S. 198)

**Inhaltsübersicht**

**Erster Abschnitt**
§§ 1, 2 — Allgemeine Vorschriften

**Zweiter Abschnitt**
§§ 3–12 — Nachbarwand

**Dritter Abschnitt**
§§ 13–16 — Grenzwand

**Vierter Abschnitt**
Hochführen von Schornsteinen, Lüftungsschächten und Antennenanlagen
§§ 17–20

**Fünfter Abschnitt**
§§ 21–25 — Hammerschlags- und Leiterrecht

**Sechster Abschnitt**
§§ 26–33 — Duldung von Leitungen

**Siebenter Abschnitt**
§§ 34–36 — Fenster- und Lichtrecht

**Achter Abschnitt**
§§ 37, 38 — Dachtraufe

**Neunter Abschnitt**
§§ 39–42 — Einfriedungen

**Zehnter Abschnitt**
§ 43 — Bodenerhöhungen

**Elfter Abschnitt**
§§ 44–52 — Grenzabstände für Pflanzen

| | |
|---|---|
| § 53 | **Zwölfter Abschnitt**<br>**Verjährung** |
| §§ 54–56 | **Dreizehnter Abschnitt**<br>**Schlußbestimmungen** |

## Erster Abschnitt
## Allgemeine Vorschriften

### § 1
### Anwendungsbereich

(1) Die §§ 3 bis 52 dieses Gesetzes gelten nur, soweit die Beteiligten nichts anderes vereinbaren.

(2) Rechte und Pflichten nach öffentlichem Recht werden durch dieses Gesetz nicht berührt. Die Ausübung von Rechten nach diesem Gesetz ist nur zulässig, wenn die nach öffentlichem Recht zu erfüllenden Voraussetzungen gegeben sind.

### § 2
### Nachbar und Nutzungsberechtigter

(1) Nachbar im Sinne dieses Gesetzes ist der Eigentümer eines Grundstücks, im Falle der Belastung des Grundstücks mit einem Erbbaurecht der Erbbauberechtigte. Soweit sich nach den Vorschriften dieses Gesetzes für den Eigentümer eines Grundstücks Rechte oder Pflichten ergeben, treffen diese bei einer Belastung des Grundstücks mit einem Erbbaurecht den Erbbauberechtigten.

(2) Rechte und Pflichten eines Nutzungsberechtigten nach diesem Gesetz entstehen nur für denjenigen Nutzungsberechtigten, dessen Besitzstand berührt wird.

## Zweiter Abschnitt
## Nachbarwand

### § 3
### Grundsatz

(1) Nachbarwand ist die auf der Grenze zweier Grundstücke errichtete Wand, die den auf diesen Grundstücken errichteten oder zu errichtenden Gebäuden als Abschlußwand oder zur Unterstützung oder Aussteifung dient oder dienen soll.

(2) Eine Nachbarwand darf nur errichtet werden, wenn der Nachbar einwilligt.

(3) Für die mit Einwilligung des Nachbarn errichtete Nachbarwand gelten die Vorschriften der §§ 4 bis 12.

## § 4
### Beschaffenheit der Nachbarwand

(1) Die Nachbarwand ist in derjenigen Bauart und Bemessung, insbesondere in der Dicke und mit der Gründungstiefe auszuführen, daß sie den Zwecken beider Nachbarn genügt. Der zuerst Bauende braucht die Wand nur für einen Anbau herzurichten, der an die Bauart und Bemessung der Wand keine höheren Anforderungen stellt als sein eigenes Gebäude.

(2) Erfordert keines der beiden Gebäude eine größere Dicke der Wand als das andere, so darf die Nachbarwand höchstens mit der Hälfte ihrer notwendigen Dicke auf dem Nachbargrundstück errichtet werden. Erfordert das auf einem der Grundstücke geplante Gebäude eine dickere Wand, so ist die Wand mit einem entsprechend größeren Teil ihrer Dicke auf diesem Grundstück zu errichten.

(3) Soweit die Nachbarwand den Vorschriften des Absatzes 2 entspricht, hat der Nachbar keinen Anspruch auf Zahlung einer Vergütung (§ 912 BGB) oder auf Abkauf von Boden (§ 915 BGB). Wird die Nachbarwand beseitigt, bevor angebaut ist, so kann der Nachbar für die Zeit ihres Bestehens eine Vergütung nach § 912 BGB beanspruchen.

## § 5
### Anbau an die Nachbarwand

(1) Der Nachbar ist berechtigt, an die Nachbarwand anzubauen. Anbau ist die Mitbenutzung der Wand als Abschlußwand oder zur Unterstützung oder Aussteifung des neuen Gebäudes.

(2) Ein Unterfangen der Nachbarwand ist nur unter den Voraussetzungen des § 16 Abs. 1 zulässig.

## § 6
### Anzeige des Anbaues

(1) Die Einzelheiten des beabsichtigten Anbaues sind mindestens drei Monate vor Beginn der Bauarbeiten dem Eigentümer und dem Nutzungsberechtigten des zuerst bebauten Grundstücks anzuzeigen. Mit den Arbeiten darf erst nach Fristablauf begonnen werden.

(2) Etwaige Einwendungen gegen den Anbau sind unverzüglich zu erheben.

(3) Ist jemand, dem Anzeige nach Absatz 1 zu machen ist, unbekannten Aufenthaltes oder bei einem Aufenthalt im Ausland nicht alsbald erreichbar und hat er

keinen Vertreter bestellt, so genügt statt der Anzeige an diesen Betroffenen die Anzeige an den unmittelbaren Besitzer.

## § 7
### Vergütung

(1) Der anbauende Nachbar hat dem Eigentümer des zuerst bebauten Grundstücks den halben Wert der Nachbarwand zu vergüten, soweit ihre Fläche zum Anbau genutzt wird.

(2) Die Vergütung ist angemessen herabzusetzen, wenn die besondere Bauart oder Bemessung der Wand nicht erforderlich oder nur für das zuerst errichtete Gebäude erforderlich ist; sie ist angemessen zu erhöhen, wenn die besondere Bauart oder Bemessung der Wand nur für das später errichtete Gebäude erforderlich ist.

(3) Nimmt die Nachbarwand auf dem Grundstück des anbauenden Nachbarn eine größere Bodenfläche in Anspruch, als in § 4 Abs. 2 vorgesehen, so kann dieser die Vergütung um den Wert des zusätzlich überbauten Bodens kürzen, wenn er nicht die in § 912 Abs. 2 oder in § 915 BGB bestimmten Rechte ausübt. Nimmt die Nachbarwand auf dem Grundstück des anbauenden Nachbarn eine geringere Bodenfläche in Anspruch, als in § 4 Abs. 2 vorgesehen, so erhöht sich die Vergütung um den Wert des Bodens, den die Wand anderenfalls auf dem Grundstück des anbauenden Nachbarn zusätzlich benötigen würde.

(4) Die Vergütung wird mit der Rohbauabnahme des Anbaues fällig; sie steht demjenigen zu, der zu dieser Zeit Eigentümer ist. Bei der Wertberechnung ist von den zu diesem Zeitpunkt üblichen Baukosten auszugehen und das Alter sowie der bauliche Zustand der Nachbarwand zu berücksichtigen. Auf Verlangen ist Sicherheit in Höhe der voraussichtlich zu gewährenden Vergütung zu leisten; in einem solchen Falle darf der Anbau erst nach Leistung der Sicherheit begonnen oder fortgesetzt werden. Die Sicherheit kann in einer Bankbürgschaft bestehen.

## § 8
### Unterhaltung der Nachbarwand

(1) Bis zum Anbau fallen die Unterhaltungskosten der Nachbarwand dem Eigentümer des zuerst bebauten Grundstücks allein zur Last.

(2) Nach dem Anbau sind die Unterhaltungskosten für den gemeinsam genutzten Teil der Nachbarwand von beiden Nachbarn entsprechend dem Verhältnis ihrer Beteiligung gemäß § 7 Abs. 1 bis 3 zu tragen.

(3) Wird eines der beiden Gebäude abgebrochen und nicht neu errichtet, so hat der Eigentümer des abgebrochenen Gebäudes die Außenfläche des bisher

gemeinsam genutzten Teiles der Wand in einen für eine Außenwand geeigneten Zustand zu versetzen. Bedarf die Wand gelegentlich des Gebäudeabbruches noch weiterer Instandsetzung, so sind die Kosten dafür gemäß Absatz 2 gemeinsam zu tragen.

## § 9
### Nichtbenutzen der Nachbarwand

(1) Wird das später errichtete Gebäude nicht an die Nachbarwand angebaut, so hat der anbauberechtigte Nachbar für die durch Errichtung einer Nachbarwand entstandenen Mehraufwendungen gegenüber den Kosten einer Grenzwand Ersatz zu leisten. Dabei ist in angemessener Weise zu berücksichtigen, daß das Nachbargrundstück durch die Nachbarwand teilweise weiter genutzt wird.

(2) Hat die Nachbarwand von dem Grundstück des zuerst Bauenden weniger Bodenfläche benötigt als eine Grenzwand (§ 13), so ermäßigt sich der Ersatz um den Wert der eingesparten Bodenfläche.

(3) Höchstens ist der Betrag zu erstatten, der im Falle des Anbaues zu zahlen wäre.

(4) Im übrigen ist § 7 Abs. 4 Satz 1 entsprechend anzuwenden.

(5) Der anbauberechtigte Nachbar ist verpflichtet, die Dachfläche seines Gebäudes auf seine Kosten dicht an die Nachbarwand anzuschließen.

## § 10
### Beseitigen der Nachbarwand vor dem Anbau

(1) Der Eigentümer des zuerst bebauten Grundstücks darf die Nachbarwand nur mit Einwilligung des Nachbarn beseitigen. Die Absicht, die Nachbarwand zu beseitigen, muß dem Nachbarn schriftlich erklärt werden. Die Einwilligung gilt als erteilt, wenn der Nachbar dieser Erklärung nicht innerhalb von zwei Monaten schriftlich widerspricht. Für die Erklärung gilt § 6 Abs. 3 entsprechend.

(2) Die Einwilligung gilt trotz Widerspruch als erteilt, wenn

a) der Nachbar nicht innerhalb von sechs Monaten nach Empfang der Erklärung einen Antrag auf Genehmigung eines Anbaues bei der Baugenehmigungsbehörde einreicht oder

b) wenn die Ablehnung einer beantragten Baugenehmigung nicht mehr angefochten werden kann oder

c) wenn von einer Baugenehmigung nicht innerhalb eines Jahres nach Erteilung Gebrauch gemacht wird.

(3) Beseitigt der Erbauer der Nachbarwand diese ganz oder teilweise, ohne hierzu nach den Absätzen 1 und 2 berechtigt zu sein, so kann der anbauberech-

tigte Nachbar ohne Rücksicht auf Verschulden Ersatz für den ihm durch die völlige oder teilweise Beseitigung der Anbaumöglichkeit zugefügten Schaden verlangen. Der Anspruch wird mit der Rohbauabnahme des späteren Gebäudes fällig.

## § 11
### Erhöhen der Nachbarwand

(1) Jeder Nachbar ist berechtigt, die Nachbarwand auf seine Kosten zu erhöhen. Für den hinzugefügten oberen Teil der Nachbarwand gelten die §§ 4 bis 10 entsprechend.

(2) Der höher Bauende darf auf das Nachbardach einschließlich des Dachtragewerks einwirken, soweit dies erforderlich ist; er hat auf seine Kosten das Nachbardach mit der erhöhten Nachbarwand ordnungsgemäß zu verbinden.

## § 12
### Gründungstiefe

(1) Soll eine Nachbarwand errichtet werden, so kann der Nachbar von ihrem Erbauer bis zur Erteilung der Baugenehmigung verlangen, daß dieser die Gründung so tief legt, wie es erforderlich ist, um bei Errichtung eines baurechtlich zulässigen Gebäudes auf dem Nachbargrundstück die Nachbarwand zu benutzen. Er hat ihm in diesem Falle die entstandenen Mehrkosten zu erstatten. Auf Verlangen ist binnen zwei Wochen Vorschuß in Höhe der voraussichtlichen Mehrkosten zu leisten. Der Anspruch auf tiefere Gründung erlischt, wenn der Vorschuß nicht fristgerecht geleistet wird.

(2) Der Erbauer der Nachbarwand kann verlangen, daß der Nachbar innerhalb angemessener Frist die tiefere Gründung selbst ausführt. Nach Ablauf dieser Frist gilt das Verlangen auf tiefere Gründung nach Absatz 1 als nicht gestellt.

(3) Soweit die tiefere Gründung zum Vorteil des zur Bebauung vorgesehenen Grundstücks ausgenutzt wird, beschränkt sich die Erstattungspflicht des Nachbarn auf die Hälfte der entstandenen Mehrkosten; darüber hinaus bereits erbrachte Leistungen können zurückgefordert werden. Absatz 2 ist nicht anzuwenden.

## Dritter Abschnitt
## Grenzwand

## § 13
### Errichten der Grenzwand

(1) Grenzwand ist die unmittelbar an der Grenze zum Nachbargrundstück, jedoch ausschließlich auf dem Grundstück des Erbauers errichtete Wand.

(2) Wer eine Grenzwand errichten will, hat dem Nachbarn die Bauart, Bemessung und Gründung der beabsichtigten Wand anzuzeigen. Ist der Nachbar für den Erbauer der Grenzwand nicht alsbald erreichbar, so genügt eine Anzeige an den unmittelbaren Besitzer des Nachbargrundstücks.

(3) Der Nachbar kann innerhalb eines Monats nach Zugang der Anzeige eine solche Gründung der Grenzwand verlangen, daß zusätzliche Baumaßnahmen vermieden werden, wenn er später neben der Grenzwand ein Gebäude errichtet oder erweitert. Mit den Arbeiten zur Errichtung der Grenzwand darf erst nach Ablauf der Frist begonnen werden.

(4) Die nach Absatz 3 entstehenden Mehrkosten sind zu erstatten. In Höhe der voraussichtlich erwachsenden Mehrkosten ist auf Verlangen binnen zwei Wochen Vorschuß zu leisten; der Anspruch auf besondere Gründung erlischt, wenn der Vorschuß nicht fristgerecht geleistet wird.

(5) Soweit die besondere Gründung auch zum Vorteil des zuerst errichteten Gebäudes ausgenutzt wird, beschränkt sich die Erstattungspflicht des Nachbarn auf den angemessenen Kostenanteil; darüber hinaus bereits erbrachte Leistungen können zurückgefordert werden.

(6) Die Absätze 2 bis 5 gelten nicht, wenn Garagen oder andere eingeschossige Nebengebäude ohne Aufenthaltsräume an der Grenze errichtet werden sollen.

## § 14
### Anbau an eine Grenzwand

(1) Der Nachbar darf eine Grenzwand durch Anbau (§ 5 Abs. 1 Satz 2) nutzen, wenn der Eigentümer einwilligt.

(2) Der anbauende Nachbar hat eine Vergütung zu zahlen, soweit er sich nicht schon nach § 13 Abs. 4 an den Baukosten beteiligt hat. Auf diese Vergütung ist § 7 Abs. 1, 2 und Abs. 4 Satz 1 entsprechend anzuwenden. Die Vergütung erhöht sich um den Wert des Bodens, den er Anbauende gemäß § 4 Abs. 2 bei Errichtung einer Nachbarwand hätte zur Verfügung stellen müssen.

(3) Für die Unterhaltungskosten der Grenzwand gilt § 8 entsprechend.

## § 15
### Anschluß bei zwei Grenzwänden

(1) Wer eine Grenzwand neben einer schon vorhandenen Grenzwand errichtet, hat sie auf seine Kosten an das zuerst errichtete Gebäude dicht anzuschließen. Er hat den Anschluß auf seine Kosten zu unterhalten.

(2) Die Einzelheiten des beabsichtigten Anschlusses sind in der nach § 13 Abs. 2 vorgeschriebenen Anzeige dem Nachbarn mitzuteilen.

(3) Werden die Grenzwände gleichzeitig errichtet, so tragen die Nachbarn die Kosten des Anschlusses und seiner Unterhaltung zu gleichen Teilen.

## § 16
### Unterfangen einer Grenzwand

(1) Muß der Nachbar zur Errichtung seines Gebäudes seine Grenzwand tiefer als die zuerst errichtete Grenzwand gründen, so darf er diese unterfangen, wenn keine erhebliche Schädigung des zuerst errichteten Gebäudes zu besorgen ist und das Unterfangen nur mit unzumutbar hohen Kosten vermieden werden könnte.

(2) Für die Verpflichtung zur vorherigen Anzeige der Rechtsausübung und zum Schadensersatz gelten die §§ 6 und 19 entsprechend.

## Vierter Abschnitt
### Hochführen von Schornsteinen, Lüftungsschächten und Antennenanlagen

## § 17
### Inhalt und Umfang

(1) Der Eigentümer und der Nutzungsberechtigte eines Grundstücks müssen dulden, daß der Nachbar an dem Gebäude Schornsteine, Lüftungsschächte und Antennenanlagen seines angrenzenden niedrigeren Gebäudes befestigt, wenn

1. die Höherführung der Schornsteine und Lüftungsschächte zur Betriebsfähigkeit oder die Erhöhung der Antennenanlage für einen einwandfreien Empfang von Sendungen erforderlich ist und

2. die Befestigung der höhergeführten Schornsteine, Lüftungsschächte und Antennenanlagen ohne Inanspruchnahme des Nachbargebäudes nur mit erheblichen technischen Nachteilen oder unverhältnismäßig hohen Kosten möglich wäre und

3. das betroffene Grundstück nicht erheblich beeinträchtigt wird.

(2) Der Eigentümer und der Nutzungsberechtigte des betroffenen Grundstücks müssen ferner dulden,

1. daß die höhergeführten Schornsteine, Lüftungsschächte und Antennenanlagen des Nachbargrundstücks von ihrem Grundstück aus unterhalten und gereinigt werden und

2. daß die hierfür notwendigen Einrichtungen auf ihrem Grundstück angebracht werden,

wenn diese Maßnahmen anders nicht zweckmäßig und nur mit unverhältnismäßig hohen Kosten getroffen werden können. Sie können die Berechtigten darauf verweisen, an ihrem Gebäude außen eine Steigleiter anzubringen und zu benutzen, wenn dies den notwendigen Zugang für die nach Satz 1 vorzunehmenden Arbeiten ermöglicht.

(3) Absätze 1 und 2 gelten für Antennenanlagen nicht, wenn dem Eigentümer und dem Nutzungsberechtigten des niedrigeren Gebäudes Mitbenutzung einer dazu geeigneten Antennenanlage des höheren Gebäudes gestattet wird.

## § 18
### Anzeigepflicht

Für die Verpflichtung zur vorherigen Anzeige der Rechtsausübung gilt § 6 entsprechend. Keiner vorherigen Anzeige bedürfen jedoch die vorgeschriebenen Tätigkeiten des Schornsteinfegers, notwendige Besichtigungen der Anlage durch den Berechtigten, sowie kleinere Arbeiten, die den Verpflichteten nicht belästigen.

## § 19
### Schadensersatz

(1) Schaden, der bei Ausübung der Rechte nach § 17 dem Eigentümer oder dem Nutzungsberechtigten des Nachbargrundstücks entsteht, ist ohne Rücksicht auf Verschulden zu ersetzen. Hat der Geschädigte den Schaden mitverursacht, so richtet sich die Ersatzpflicht sowie der Umfang der Ersatzleistung nach den Umständen, insbesondere danach, inwieweit der Schaden überwiegend von dem einen oder dem anderen Teil verursacht worden ist.

(2) Auf Verlangen ist Sicherheit in Höhe des möglichen Schadens zu leisten. In diesem Falle darf das Recht erst nach Leistung der Sicherheit ausgeübt werden. Die Sicherheit kann in einer Bankbürgschaft bestehen.

## § 20
### Entschädigung

(1) Für die Duldung der Rechtsübung nach § 17 ist der Nachbar durch eine Geldrente zu entschädigen. Die Rente ist jährlich im voraus zu entrichten.

(2) Die Höhe der Rente ist nach Billigkeit zu bemessen. Dabei sind die dem Berechtigten durch die Ausübung des Rechts zugute kommenden Einsparungen und der Umfang der Belästigung des Nachbarn angemessen zu berücksichtigen.

## Fünfter Abschnitt
## Hammerschlags- und Leiterrecht

### § 21
### Inhalt und Umfang

(1) Der Eigentümer und der Nutzungsberechtigte müssen dulden, daß ihr Grundstück zwecks Errichtung, Veränderung, Reinigung, Unterhaltung oder Beseitigung einer baulichen Anlage auf dem Nachbargrundstück vorübergehend betreten wird und daß auf oder über dem Grundstück Leitern oder Gerüste aufgestellt sowie die zu den Bauarbeiten erforderlichen Gegenstände über das Grundstück gebracht werden, wenn und soweit

1. das Vorhaben anders nicht zweckmäßig oder nur mit unverhältnismäßig hohen Kosten durchgeführt werden kann und

2. die mit der Duldung verbundenen Nachteile und Belästigungen nicht außer Verhältnis zu dem von dem Berechtigten erstrebten Vorteil stehen.

(2) Das Recht ist mit möglichster Schonung des Nachbargrundstücks auzuüben; es darf nicht zur Unzeit geltend gemacht werden.

### § 22
### Anzeigepflicht

Die Absicht, das Nachbargrundstück zu benutzen, ist mindestens zwei Wochen vor Beginn der Benutzung dem Eigentümer und dem Nutzungsberechtigten dieses Grundstücks anzuzeigen. § 6 Abs. 3 findet entsprechende Anwendung.

### § 23
### Schadensersatz

Der bei der Ausübung des Rechts auf dem Nachbargrundstück entstehende Schaden ist ohne Rücksicht auf Verschulden zu ersetzen. Auf Verlangen ist Sicherheit in Höhe des voraussichtlichen Schadensbetrages zu leisten; in einem solchen Falle darf das Recht erst nach Leistung der Sicherheit ausgeübt werden. Die Sicherheit kann in einer Bankbürgschaft bestehen.

### § 24
### Gefahr im Verzuge

Ist die Ausübung des Rechts nach § 21 zur Abwendung einer gegenwärtigen erheblichen Gefahr erforderlich, so entfällt die Verpflichtung zur Anzeige nach § 22 und zur Sicherheitsleistung nach § 23 Satz 2.

## § 25
### Entschädigung

(1) Wer ein Grundstück länger als zwei Wochen gemäß § 21 benutzt, hat für die ganze Zeit der Benutzung eine angemessene Entschädigung zu zahlen; diese ist in der Regel so hoch wie die ortsübliche Miete für einen dem benutzten Grundstücksteil vergleichbaren gewerblichen Lagerplatz.

(2) Auf die nach Absatz 1 zu zahlende Entschädigung sind Schadensersatzleistungen nach § 23 für entgangene anderweitige Nutzung anzurechnen.

## Sechster Abschnitt
## Duldung von Leitungen

### § 26
### Duldungspflicht

(1) Der Eigentümer und der Nutzungsberechtigte müssen dulden, daß durch ihr Grundstück Wasserversorgungs- oder Abwasserleitungen zu einem Nachbargrundstück hindurchgeführt werden, wenn

1. der Anschluß an das Wasserversorgungs- oder Entwässerungsnetz anders nicht zweckmäßig oder nur mit unverhältnismäßig hohen Kosten durchgeführt werden kann und

2. die damit verbundene Beeinträchtigung nicht erheblich ist.

(2) Ist das betroffene Grundstück an das Wasserversorgungs- und Entwässerungsnetz bereits angeschlossen und reichen die vorhandenen Leitungen zur Versorgung oder Entwässerung beider Grundstücke aus, so beschränkt sich die Verpflichtung nach Absatz 1 auf das Dulden des Anschlusses. Im Falle des Anschlusses ist zu den Herstellungskosten des Teils der Leitungen, der nach dem Anschluß mitbenutzt werden soll, ein angemessener Beitrag und auf Verlangen Sicherheit in Höhe des voraussichtlichen Beitrags zu leisten. In diesem Falle dürfen die Arbeiten erst nach Leistung der Sicherheit vorgenommen werden. Die Sicherheit kann in einer Bankbürgschaft bestehen.

(3) Bestehen technisch mehrere Möglichkeiten der Durchführung, so ist die für das betroffene Grundstück schonendste zu wählen.

### § 27
### Unterhaltung der Leitungen

Der Berechtigte hat die nach § 26 verlegten Leitungen oder Anschlußleitungen auf seine Kosten zu unterhalten. Zu den Unterhaltungskosten der Teile der Leitungen, die von ihm mitbenutzt werden, hat er einen angemessenen Beitrag zu leisten.

## § 28
### Anzeigepflichten und Schadensersatz

(1) Für die Verpflichtungen des Berechtigten zur Anzeige und zum Schadensersatz gelten die §§ 22 und 23 entsprechend.

(2) Der Duldungspflichtige hat dem Berechtigten anzuzeigen, wenn er auf seinem Grundstück Veränderungen vornehmen will, die wesentliche Auswirkungen auf die Benutzung oder Unterhaltung der verlegten Leitungen haben könnten.

## § 29
### Anschlußrecht des Duldungspflichtigen

(1) Der Eigentümer und der Nutzungsberechtigte eines Grundstücks, das nach § 26 in Anspruch genommen wird, sind berechtigt, ihrerseits an die verlegten Leitungen anzuschließen, wenn diese ausreichen, um die Wasserversorgung oder die Entwässerung beider Grundstücke sicherzustellen. § 26 Abs. 2 Satz 2 und §§ 27, 28 gelten entsprechend.

(2) Soll ein auf dem betroffenen Grundstück errichtetes oder noch zu erstellendes Gebäude an die Leitungen angeschlossen werden, die der Eigentümer oder der Nutzungsberechtigte eines anderen Grundstücks nach § 26 durch das Grundstück hindurchführen wollen, so können der Eigentümer und der Nutzungsberechtigte des betroffenen Grundstücks verlangen, daß ihr Grundstück ebenfalls angeschlossen werden kann. Die entstehenden Mehrkosten sind zu erstatten. In Höhe der voraussichtlich erwachsenden Mehrkosten ist auf Verlangen binnen zwei Wochen Vorschuß zu leisten; der Anspruch nach Satz 1 erlischt, wenn der Vorschuß nicht fristgerecht geleistet wird.

## § 30
### Betretungsrecht

(1) Der Eigentümer und der Nutzungsberechtigte müssen dulden, daß ihr Grundstück zwecks Verlegung, Änderung, Unterhaltung oder Beseitigung einer Wasserversorgungs- oder Abwasserleitung auf einem anderen Grundstück betreten wird, daß über das Grundstück die zu den Arbeiten erforderlichen Gegenstände gebracht werden und daß Erdaushub vorübergehend dort gelagert wird, wenn

1. das Vorhaben anders nicht zweckmäßig oder nur mit unverhältnismäßig hohen Kosten durchgeführt werden kann und

2. die mit der Duldung verbundenen Nachteile und Belästigungen nicht außer Verhältnis zu dem von dem Berechtigten erstrebten Vorteil stehen.

(2) Die Vorschriften der §§ 22 bis 25 gelten entsprechend.

## § 31
### Nachträgliche erhebliche Beeinträchtigungen

(1) Führen die nach § 26 Abs. 1 verlegten Leitungen oder die nach § 26 Abs. 2 hergestellten Anschlußleitungen nachträglich zu einer erheblichen Beeinträchtigung, so können der Eigentümer und der Nutzungsberechtigte des betroffenen Grundstücks von dem Berechtigten verlangen, daß er seine Leitungen beseitigt und die Beseitigung der Teile der Leitungen, die gemeinschaftlich genutzt werden, dulden. Dieses Recht entfällt, wenn der Berechtigte die Beeinträchtigung so herabmindert, daß sie nicht mehr erheblich ist.

(2) Schaden, der durch Maßnahmen nach Absatz 1 auf dem betroffenen Grundstück entsteht, ist ohne Rücksicht auf Verschulden zu ersetzen.

## § 32
### Entschädigung

(1) Für die Duldung der Rechtsausübung nach § 26 ist der Nachbar durch eine Geldrente zu entschädigen. Die Rente ist jährlich im voraus zu entrichten.

(2) Die Höhe der Rente ist nach Billigkeit zu bemessen. Dabei sind die dem Berechtigten durch die Ausübung des Rechts zugute kommenden Einsparungen und der Umfang der Belästigung des Nachbarn angemessen zu berücksichtigen.

## § 33
### Anschluß an Fernheizungen

Die Vorschriften dieses Abschnitts gelten entsprechend für den Anschluß eines Grundstücks an eine Fernheizung, sofern derjenige, der sein Grundstück anschließen will, einem Anschlußzwang unterliegt.

## Siebenter Abschnitt
## Fenster- und Lichtrecht

## § 34
### Inhalt und Umfang

(1) In oder an der Außenwand eines Gebäudes, die parallel oder in einem Winkel bis zu 60° (alte Teilung) zur Grenze des Nachbargrundstücks verläuft, dürfen Fenster oder Türen, die von der Grenze keinen größeren Abstand als 2,50 m haben sollen, nur angebracht werden, wenn der Nachbar seine Einwilligung erteilt hat.

(2) Hat der Nachbar die nach Absatz 1 erforderliche Einwilligung zum Anbringen eines Fensters erteilt, so muß er mit später zu errichtenden baulichen Anlagen einen Abstand von 2 m von diesem Fenster einhalten. Dies gilt nicht, wenn die später errichtete bauliche Anlage den Lichteinfall in das Fenster nicht oder nur geringfügig beeinträchtigt oder wenn die Einhaltung eines geringeren Abstandes baurechtlich geboten ist.

(3) Absatz 2 Satz 1 gilt nur, wenn die Einwilligung schriftlich erteilt ist. Die Unterzeichnung der Bauunterlagen genügt nicht.

(4) Absatz 1 gilt entsprechend für Balkone, Terrassen und ähnliche Bauteile, die einen Ausblick zum Nachbargrundstück gewähren. Der Abstand wird vom grenznächsten Punkt des Bauteils gemessen.

## § 35
### Ausnahmen

Eine Einwilligung nach § 34 ist nicht erforderlich

1. soweit die Anbringung der Fenster, Türen oder Bauteile (§ 34 Abs. 4) baurechtlich geboten ist,

2. für Lichtöffnungen, die nicht geöffnet werden können und entweder mit ihrer Unterkante mindestens 1,80 m über dem Fußboden des zu erhellenden Raumes liegen oder undurchsichtig sind,

3. für Lichtschächte und Öffnungen, die unterhalb der angrenzenden Erdoberfläche liegen,

4. für Fenster oder andere Öffnungen zur Belichtung oder Belüftung von Ställen in Dorfgebieten (§ 22 Abs. 5 der Landesbauordnung),

5. für Außenwände gegenüber Grenzen zu öffentlichen Verkehrsflächen, Grünflächen und Gewässern, wenn die Flächen oder Gewässer mindestens 3 m breit sind.

## § 36
### Ausschluß des Beseitigungsanspruchs

Der Anspruch auf Beseitigung einer Einrichtung im Sinne des § 34, die einen geringeren als den dort vorgeschriebenen Abstand einhält, ist ausgeschlossen, wenn der Nachbar nicht innerhalb von zwei Jahren nach dem Anbringen Klage auf Beseitigung erhoben hat.

## Achter Abschnitt
## Dachtraufe

### § 37
### Ableitung des Niederschlagswassers

(1) Der Eigentümer und der Nutzungsberechtigte eines Grundstücks müssen ihre baulichen Anlagen so einrichten, daß Niederschlagswasser nicht auf das Nachbargrundstück tropft, auf dieses abgeleitet wird oder übertritt.

(2) Absatz 1 findet keine Anwendung auf freistehende Mauern entlang öffentlicher Straßen, Grünflächen und Gewässer, es sei denn, daß die Zuführung des Wassers zu wesentlichen Beeinträchtigungen führt oder dadurch Dritte gefährdet werden.

### § 38
### Anbringen von Sammel- und Abflußeinrichtungen

(1) Wer aus besonderem Rechtsgrund verpflichtet ist, Niederschlagswasser aufzunehmen, das von den baulichen Anlagen eines Nachbargrundstücks tropft oder in anderer Weise auf sein Grundstück gelangt, darf auf seine Kosten besondere Sammel- und Abflußeinrichtungen auf dem Nachbargrundstück anbringen, wenn damit keine erhebliche Beeinträchtigung verbunden ist. Er hat diese Einrichtungen zu unterhalten.

(2) Für die Verpflichtung zur vorherigen Anzeige der Rechtsausübung und zum Schadensersatz gelten die §§ 6 und 19 entsprechend.

## Neunter Abschnitt
## Einfriedungen

### § 39
### Einfriedungpflicht

(1) Innerhalb eines im Zusammenhang bebauten Ortsteiles ist der Eigentümer eines Grundstücks auf Verlangen des Nachbarn verpflichtet, sein Grundstück einzufrieden, wenn dies zum Schutze des Nachbargrundstücks vor wesentlichen Beeinträchtigungen erforderlich ist, die von dem einzufriedenden Grundstück ausgehen.

(2) Soweit baurechtlich nichts anderes vorgeschrieben ist oder gefordert wird, richtet sich die Art der Einfriedung nach der Ortsübung. Läßt sich eine ortsübliche Einfriedung nicht feststellen, so gilt ein 1,2 m hoher Zaun aus festem Maschendraht als ortsüblich. Reicht die nach Satz 1 oder 2 vorgeschriebene Art

der Einfriedung nicht aus, um dem Nachbargrundstück angemessenen Schutz vor Beeinträchtigungen zu bieten, so hat der zur Einfriedung Verpflichtete die Einfriedung in dem erforderlichen Maße zu verstärken oder zu erhöhen.

## § 40
## Kosten der Einfriedung

(1) Wer zur Einfriedung seines Grundstücks verpflichtet ist, hat die hierzu erforderlichen Einrichtungen auf seinem eigenen Grundstück anzubringen und zu unterhalten.

(2) Sind zwei Nachbarn an einem Grenzabschnitt nach § 39 gegenseitig zur Einfriedung verpflichtet, so kann jeder von ihnen verlangen, daß eine gemeinsame Einfriedung auf die Grenze gesetzt wird. Die Nachbarn haben die Kosten der Errichtung und der Unterhaltung der Einfriedung je zur Hälfte zu tragen. Als Kosten sind die tatsächlichen Aufwendungen einschließlich der Eigenleistungen zu berechnen, in der Regel jedoch nicht mehr als die Kosten einer ortsüblichen Einfriedung (§ 39 Abs. 2 Satz 1). Höhere Kosten sind nur zu berücksichtigen, wenn eine aufwendigere Art der Einfriedung erforderlich oder vorgeschrieben war; war die besondere Einfriedungsart nur für eines der Grundstücke erforderlich oder vorgeschrieben, so hat der Eigentümer dieses Grundstücks die Mehrkosten allein zu tragen.

## § 41
## Anzeigepflicht

(1) Die Absicht, eine Einfriedung zu errichten, zu beseitigen, durch eine andere zu ersetzen oder wesentlich zu verändern, ist dem Nachbarn mindestens zwei Wochen vor Beginn der Arbeiten anzuzeigen.

(2) Die Anzeigepflicht besteht auch dann, wenn der Nachbar weder die Einfriedung verlangen kann noch zu den Kosten beizutragen hat.

(3) Ist der Nachbar für denjenigen, der eine Einfriedung errichten will, nicht alsbald erreichbar, so genügt eine Anzeige an den unmittelbaren Besitzer des Nachbargrundstücks.

## § 42
## Grenzabstand von Einfriedungen

(1) Einfriedungen müssen von der Grenze eines landwirtschaftlich genutzten Grundstücks, das außerhalb eines im Zusammenhang bebauten Ortsteils liegt und nicht in einem Bebauungsplan als Bauland ausgewiesen ist, auf Verlangen des Nachbarn 0,5 m zurückbleiben. Dies gilt nicht gegenüber Grundstücken, für die nach Lage, Beschaffenheit oder Größe eine Bearbeitung mit Gespann oder Schlepper nicht in Betracht kommt. Von der Grenze eines Wirtschaftsweges (§ 2 Abs. 5 des Landesstraßengesetzes) müssen Einfriedungen 0,5 m zurückbleiben.

(2) Der Anspruch auf Beseitigung einer Einfriedung, die einen geringeren Abstand als 0,5 m einhält, ist ausgeschlossen, wenn der Nachbar nicht innerhalb von zwei Jahren nach dem Anbringen Klage auf Beseitigung erhoben hat. Dies gilt nicht im Falle des Absatzes 1 Satz 3.

(3) Wird eine Einfriedung, die einen geringeren Abstand als 0,5 m einhält, durch eine andere ersetzt, so ist Absatz 1 anzuwenden. Dies gilt auch, wenn die Einfriedung in einer der Erneuerung gleichkommenden Weise ausgebessert wird.

## Zehnter Abschnitt
## Bodenerhöhungen

### § 43
### Grundsatz

Wer den Boden seines Grundstücks über die Oberfläche des Nachbargrundstücks erhöht, muß einen solchen Abstand von der Grenze einhalten oder solche Vorkehrungen treffen und unterhalten, daß eine Schädigung des Nachbargrundstücks insbesondere durch Absturz oder Pressung des Bodens ausgeschlossen ist. Die Verpflichtung geht auf den Rechtsnachfolger über.

## Elfter Abschnitt
## Grenzabstände für Pflanzen

### § 44
### Grenzabstände für Bäume, Sträucher und einzelne Rebstöcke

Eigentümer und Nutzungsberechtigte eines Grundstücks haben mit Bäumen, Sträuchern und einzelnen Rebstöcken von den Nachbargrundstücken – vorbehaltlich des § 46 – folgende Abstände einzuhalten:

1. mit Bäumen (ausgenommen Obstbäume), und zwar

    a) sehr stark wachsenden Bäumen mit artgemäß ähnlicher Ausdehnung wie Bergahorn (Acer Pseudoplatanus), Sommerlinde (Tilia platyphyllos), Pappelarten (Populus), Platane (Platanus acerifolia), Roßkastanie (Aesculus hippocastanum), Stieleiche (Quercus robur), ferner Douglasfichte (Pseudotsuga taxifolia), Fichte (Picea abies), österreichische Schwarzkiefer (Pinus nigra austriaca), Atlaszeder (Cedrus atlantica) 4 m,

    b) stark wachsenden Bäumen mit artgemäß ähnlicher Ausdehnung wie Hainbuche (Carpinus betulus), Vogelbeere (Sorbus aucuparia), Weißbirke

(Betula pendula), Zierkirsche (Prunus serrulata), Kiefer, (Pinus sylvestris), Lebensbaum (Thuja occidentalis) 2 m,

c) allen übrigen Bäumen 1,5 m;

2. mit Obstbäumen, und zwar

    a) Walnußsämlingen 4 m,

    b) Kernobstbäumen, auf stark wachsenden Unterlagen veredelt, sowie Süßkirschenbäumen und veredelten Walnußbäumen 2 m,

    c) Kernobstbäumen, auf schwach wachsenden Unterlagen veredelt, sowie Steinobstbäumen, ausgenommen Süßkirschenbäume 1,5 m,

3. mit Sträuchern (ausgenommen Beerenobststräuchern), und zwar

    a) stark wachsenden Sträuchern mit artgemäß ähnlicher Ausdehnung wie Alpenrose (Rhododendron-Hybriden), Haselnuß (Coryplus avellana), Felsenmispel (Cotoneaster bullata), Flieder (Syringa vulgaris), Goldglöckchen (Forsythia intermedia), Wacholder (Juniperus communis) 1 m,

    b) allen übrigen Sträuchern 0,5 m;

4. mit Beerenobststräuchern, und zwar

    a) Brombeersträuchern 1,0 m,

    b) allen übrigen Beerenobststräuchern 0,5 m;

5. mit einzelnen Rebstöcken 0,5 m;

6. mit Baumschulbeständen 1,0 m,

wobei die Gehölze mit Ausnahme der Baumschulbestände von Sträuchern und Beerenobststräuchern die Höhe von 2 m nicht überschreiten dürfen, es sei denn, daß die Abstände nach Nummern 1 oder 2 eingehalten werden,

7. mit Weihnachtsbaumpflanzungen 1,0 m,

wobei die Gehölze die Höhe von 2 m nicht überschreiten dürfen, es sei denn, daß die Abstände nach Nummer 1 eingehalten werden.

## § 45
### Grenzabstände für Hecken

(1) Der Eigentümer und der Nutzungsberechtigte eines Grundstücks haben mit Hecken gegenüber den Nachbargrundstücken – vorbehaltlich des § 46 – folgende Abstände einzuhalten:

1. mit Hecken über 1,5 m Höhe 0,75 m,

2. mit Hecken bis zu 1,5 m Höhe  0,50 m,

3. mit Hecken bis zu 1,0 m Höhe  0,25 m.

(2) Hecken im Sinne des Absatzes 1 sind Schnitt- und Formhecken, und zwar auch dann, wenn sie im Einzelfall nicht geschnitten werden.

## § 46
### Ausnahmen

(1) Die doppelten Abstände nach den §§ 44 und 45, in den Fällen des § 44 Nr. 1 a und Nr. 2 a jedoch die 1½fachen Abstände mit Ausnahme der Abstände für die Pappelarten (Populus), sind einzuhalten gegenüber Grundstücken, die

1. dem Weinbau dienen,

2. landwirtschaftlich, erwerbsgärtnerisch oder kleingärtnerisch genutzt werden, sofern nicht durch Bebauungsplan eine andere Nutzung festgelegt ist, oder durch Bebauungsplan dieser Nutzung vorbehalten sind.

(2) Die §§ 44 und 45 gelten nicht für

1. Anpflanzungen, die hinter einer undurchsichtigen Einfriedung vorgenommen werden und diese nicht überragen,

2. Anpflanzungen an den Grenzen zu öffentlichen Grünflächen und zu Gewässern,

3. Anpflanzungen zum Schutze von erosions- oder rutschgefährdeten Böschungen oder steilen Hängen,

4. Anpflanzungen gegenüber Grundstücken außerhalb des geschlossenen Baugebietes, die geringwertiges Weideland (Hutung) oder Heide sind oder die landwirtschaftlich oder gartenbaulich nicht genutzt werden, nicht bebaut sind und auch nicht als Hofraum dienen.

## § 47
### Berechnung des Abstandes

Der Abstand wird von der Mitte des Baumstammes, des Strauches, der Hecke oder des Rebstocks bis zur Grenzlinie gemessen, und zwar an der Stelle, an der die Pflanze aus dem Boden austritt.

## § 48
### Grenzabstände im Weinbau

(1) Der Eigentümer und der Nutzungsberechtigte eines dem Weinbau dienenden Grundstücks haben bei der Anpflanzung von Rebstöcken folgende Abstände von der Grundstücksgrenze einzuhalten:

1. gegenüber den parallel zu den Rebzeilen verlaufenden Grenzen die Hälfte des geringsten Zeilenabstandes, gemessen zwischen den Mittellinien der Rebzeilen, mindestens aber 0,75 m bei Zeilenbreiten bis zu 2 m und 1,40 m bei Zeilenbreiten von über 2 m,

2. gegenüber den sonstigen Grenzen, gerechnet vom äußersten Rebstock oder der äußersten Verankerung der Erziehungsvorrichtung an, mindestens 1 m.

(2) Absatz 1 gilt nicht für die Anpflanzung von Rebstöcken an Grundstücksgrenzen, die durch Stützmauern gebildet werden, sowie in den in § 46 Abs. 2 genannten Fällen.

## § 49
### Grenzabstände für Wald

(1) Wird ein Wald neu begründet oder verjüngt, so sind gegenüber Nachbargrundstücken folgende Abstände einzuhalten:

1. gegenüber dem Weinbau dienenden Grundstücken  10 m,

2. gegenüber öffentlichen Verkehrsflächen und Wirtschaftswegen  3 m,

3. gegenüber sonstigen Grundstücken, die nicht mit Wald bepflanzt sind,

   bei Neubegründung  6 m,

   und bei Verjüngung  4 m,

4. gegenüber Grundstücken, die mit Wald bepflanzt sind  2 m.

(2) Absatz 1 gilt nicht gegenüber Grundstücken im Sinne von § 46 Abs. 2 Nr. 3 und 4.

(3) Der nach Absatz 1 freizuhaltende Streifen kann mit Laubgehölzen bepflanzt werden, deren natürlicher Wuchs bei einem Grenzabstand bis zu 3 m die Höhe von 6 m und bei einem Grenzabstand bis zu 1 m die Höhe von 2 m nicht überschreitet.

## § 50
### Abstände von Spaliervorrichtungen und Pergolen

(1) Mit Spaliervorrichtungen und Pergolen, die eine flächenmäßige Ausdehnung der Pflanzen bezwecken, und die nicht höher als 2 m sind, ist ein Abstand von 0,50 m, und, wenn sie höher als 2 m sind, ein um das Maß der Mehrhöhe größerer Abstand von der Grenze einzuhalten.

(2) Absatz 1 gilt nicht in den in § 46 Abs. 2 genannten Fällen.

## § 51
### Ausschluß des Beseitigungsanspruchs

(1) Der Anspruch auf Beseitigung von Anpflanzungen, die geringere als die in den §§ 44 bis 50 vorgeschriebenen Abstände einhalten, ist ausgeschlossen, wenn der Nachbar nicht innerhalb von fünf Jahren nach dem Anpflanzen Klage auf Beseitigung erhoben hat. Dies gilt nicht für Anpflanzungen an der Grenze eines Wirtschaftsweges.

(2) Werden für die in Absatz 1 genannten Anpflanzungen Ersatzpflanzungen vorgenommen, so gelten die §§ 44 bis 50.

## § 52
### Nachträgliche Grenzänderungen

Die Rechtmäßigkeit des Abstands einer Anpflanzung wird durch nachträgliche Grenzänderungen nicht berührt; § 51 Abs. 2 ist entsprechend anzuwenden.

## Zwölfter Abschnitt
## Verjährung

## § 53
### Verjährung

(1) Ansprüche auf Schadensersatz nach diesem Gesetz verjähren in drei Jahren von dem Zeitpunkt an, in welchem der Verletzte von dem Schaden und der Person des Ersatzpflichtigen Kenntnis erlangt, ohne Rücksicht auf diese Kenntnis in dreißig Jahren von der Vornahme der Handlung an.

(2) Andere, auf Zahlung von Geld gerichtete Ansprüche nach diesem Gesetz verjähren in vier Jahren. Die §§ 198 bis 225 des Bürgerlichen Gesetzbuches sind anzuwenden. Die Verjährung beginnt mit dem Schluß des Jahres, in welchem der Anspruch entsteht.

(3) Im übrigen unterliegen die Ansprüche nach diesem Gesetz nicht der Verjährung.

## Dreizehnter Abschnitt
## Schlußbestimmungen

## § 54
### Übergangsvorschriften

(1) Der Anspruch auf Beseitigung von Einrichtungen im Sinne des § 34, von Einfriedungen und von Pflanzen, die bei Inkrafttreten dieses Gesetzes vorhanden

sind und deren Grenzabstände den Vorschriften dieses Gesetzes nicht entsprechen, ist ausgeschlossen, wenn sie dem bisherigen Recht entsprechen oder wenn der Nachbar nicht innerhalb von zwei Jahren nach Inkrafttreten dieses Gesetzes Klage auf Beseitigung erhoben hat.

(2) Der Umfang von Rechten, die bei Inkrafttreten dieses Gesetzes auf Grund des bisherigen Rechts bestehen, richtet sich nach den Vorschriften dieses Gesetzes.

(3) Ansprüche auf Zahlung von Geld auf Grund der Vorschriften dieses Gesetzes bestehen nur, wenn das den Anspruch begründende Ereignis nach Inkrafttreten dieses Gesetzes eingetreten ist; anderenfalls behält es bei dem bisherigen Recht sein Bewenden.

## § 55
### (Aufhebungsbestimmung)

## § 56
### Inkrafttreten

Dieses Gesetz tritt am 1. Januar 1971 in Kraft.

# Landesbauordnung Rheinland-Pfalz (LBauO)
## vom 8. März 1995 (GVBl. S. 19)

## § 9
## Übernahme von Abständen und Abstandsflächen auf Nachbargrundstücke

(1) Soweit nach diesem Gesetz oder nach Vorschriften auf Grund dieses Gesetzes Abstände und Abstandsflächen auf dem Grundstück selbst liegen müssen, kann gestattet werden, daß sie sich ganz oder teilweise auf andere Grundstücke erstrecken, wenn öffentlich-rechtlich gesichert ist, daß sie nicht überbaut und auf die auf diesen Grundstücken erforderlichen Abstände und Abstandsflächen nicht angerechnet werden. Vorschriften, nach denen eine Überbauung zulässig ist oder ausnahmsweise gestattet werden kann, bleiben unberührt.

(2) Die bei der Errichtung eines Gebäudes vorgeschriebenen Abstände und Abstandsflächen dürfen auch bei nachträglichen Grenzänderungen und Grundstücksteilungen nicht unterschritten oder überbaut werden. Absatz 1 gilt entsprechend.

# Anmerkungen

## Übersicht

| | Rdn. |
|---|---|
| 6 Übernahme von Abständen und Abstandsflächen auf Nachbargrundstücke | |
| 6.1 Allgemeines | 301 |
| 6.2 Erstreckung von Abständen auf andere Grundstücke (Absatz 1) | 302–308 |
| 6.3 Verbot der rechtlichen Beeinträchtigung von Abständen (Absatz 2) | 309 |

# 6 Übernahme von Abständen und Abstandsflächen auf Nachbargrundstücke (§ 9)

## 6.1 Allgemeines

301  Die Bestimmung des § 9 entspricht inhaltlich dem früheren § 20 LBauO 1974. Sie wurde unter Berücksichtigung der Bestimmungen über die Abstandsflächen neu gefaßt. Sinn und Zweck der Vorschrift ist es, eine variablere und umfangreichere Ausnutzung der Grundstücke zu erreichen, ohne daß die Grundstücksgrenzen geändert zu werden brauchen.

## 6.2 Erstreckung von Abständen auf andere Grundstücke (Absatz 1)

302  Nach § 8 Abs. 2 Satz 1 müssen die Abstandsflächen auf dem Grundstück selbst liegen. Von dieser Grundregelung gibt es zwei Ausnahmen: Zum einen dürfen die Abstandsflächen nach § 8 Absatz 2 Satz 2 auch auf öffentlichen Verkehrs-, Grün- oder Wasserflächen liegen, jedoch nur bis zu deren Mitte; und zum anderen besteht nach § 9 Abs. 1 die Möglichkeit, daß nach pflichtgemäßem Ermessen durch die Bauaufsichtsbehörde gestattet werden kann, daß sich die Abstandsflächen und Abstände ganz oder teilweise auf andere Grundstücke erstrecken.

Vor allem bei schmalen Grundstücken kann ein Bedürfnis bestehen, mit dem Bauvorhaben näher an die Grundstücksgrenze heranzurücken, als dies nach den Vorschriften über Abstände und Abstandsflächen zulässig wäre. Dies kann natürlich nur „zu Lasten" des oder der danebenliegenden Grundstücke geschehen. In einem solchen Fall, in dem das eigene Grundstück zur Unterbringung der Abstandsflächen nicht ausreicht, besteht die Möglichkeit des Erwerbs des notwendigen Geländestreifens auf dem Nachbargrundstück. In vielen Fällen ist der Eigentümer des Nachbargrundstücks aber nicht bereit, sein Grundstück oder Teile davon zu veräußern. In diesen Fällen besteht die Möglichkeit, das Nachbargrundstück „mit der Abstandsfläche" zu belasten, d. h. die Abstandsfläche ganz oder teilweise auf das Nachbargrundstück zu legen. Dies ist allerdings nur möglich, wenn öffentlich-rechtlich gesichert ist, daß diese Flächen nicht überbaut und auf diesen Grundstücken erforderliche Abstände und Abstandsflächen nicht angerechnet werden. Das bedeutet auch, daß die für die Verlagerung der Abstandsfläche auf das Nachbargrundstück erforderliche Fläche nicht bereits bebaut oder als Abstandsfläche verbraucht sein darf.

303  Da eine „öffentlich-rechtliche" Sicherung gefordert wird, reicht eine privatrechtliche Vereinbarung, etwa durch Eintragung einer Grunddienstbarkeit (§ 1018 ff., 1090 ff. BGB) zu Lasten des Nachbargrundstücks und zugunsten des

Baugrundstücks im Grundbuch, nicht aus. Dies gilt auch, wenn der Bauherr gleichzeitig Eigentümer des Nachbargrundstücks ist, auf das sich eine Abstandsfläche erstrecken soll. Solche Grundbucheintragungen können nämlich jederzeit durch Vereinbarung der beteiligten Privatparteien gelöscht werden, ohne daß die Bauaufsichtsbehörde hiervon Kenntnis erhält oder hierauf einwirken könnte. Die Abstandsflächen wären dann nicht mehr gesichert. Aus diesem Grunde wird eine öffentlich-rechtliche Sicherung verlangt, um eine dauernde Sicherung zu gewährleisten.

Im Regelfall wird die öffentlich-rechtliche Sicherung dadurch erfolgen, daß an dem anderen Grundstück, also dem Nachbargrundstück, eine Baulast bestellt wird. Die Definition der Baulast befindet sich in § 84 Abs. 1 LBauO. Danach kann der Grundstückseigentümer durch Erklärung gegenüber der Bauaufsichtsbehörde öffentlich-rechtliche Verpflichtungen zu einem sein Grundstück betreffenden Tun, Dulden oder Unterlassen übernehmen, die sich nicht schon aus öffentlich-rechtlichen Vorschriften ergeben. Für den Fall der Übernahme einer Abstandsfläche bedeutet dies, daß der Eigentümer des Nachbargrundstücks damit einverstanden ist, daß von seinem Grundstück eine Teilfläche, die z. B. in einem Lageplan genau zu kennzeichnen ist, dem benachbarten Grundstück bei der Bemessung der Abstandsfläche zugerechnet wird. Eine entsprechende Erklärung des Eigentümers des Nachbargrundstücks muß gegenüber der Bauaufsichtsbehörde abgegeben werden. Sie bedarf gem. § 84 Abs. 2 der Schriftform. Die Unterschrift muß öffentlich beglaubigt oder vor der Bauaufsichtsbehörde geleistet oder vor ihr anerkannt werden. 304

Die Baulast wird in das Baulastenverzeichnis, das von der Bauaufsichtsbehörde geführt wird, eingetragen und mit dieser Eintragung wirksam. Sie wirkt auch gegenüber dem Rechtsnachfolger (vgl. § 84 Abs. 1 Satz 2).

Durch die Baulast ergibt sich eine unter Umständen erhebliche Beschränkung der Bebaubarkeit des belasteten Grundstücks, da die belastete Fläche auch künftig nicht überbaut werden darf und sich auch keine Abstandsfläche eines auf dem belasteten Grundstück zu errichtenden Gebäudes auf die mit der Baulast belegte Fläche erstrecken darf.

Durch eine Baulast können nicht nur bauordnungsrechtliche, sondern auch planungsrechtliche Hindernisse beseitigt und die Genehmigungsfähigkeit eines Vorhabens hierdurch hergestellt werden. Sieht also eine Norm des Bauplanungsrechts die rechtliche Sicherung bestimmter Voraussetzungen vor (vgl. die Sicherung bestimmter Nutzungen in § 35 Abs. 1 Nr. 2 d und Abs. 6 BauGB), dann kann dies auch durch eine Baulast geschehen (OVG Lüneburg in BRS 44 Nr. 77). 305

Die öffentlich-rechtliche Sicherung kann sich auch aus entsprechenden Festsetzungen eines Bebauungsplanes ergeben. Dies kann z. B. der Fall sein, wenn der

Bebauungsplan Flächen festsetzt, die von einer Bebauung freizuhalten sind (§ 9 Abs. 1 Nr. 10 BauGB), da die Freihaltung dieser Fläche dann aufgrund der planungsrechtlichen Festsetzung öffentlich-rechtlich gesichert ist. Dagegen mag man einwenden können, daß Festsetzungen in Bebauungsplänen wegen ihrer Abänderbarkeit nicht verläßlich sind, andererseits bedarf die Änderung eines entsprechenden Bebauungsplanes aber der Beteiligung der Bauaufsichtsbehörde, so daß im Rahmen des Genehmigungsverfahrens bzw. des Anzeigeverfahrens auf die öffentlich-rechtliche Sicherung geachtet werden kann.

306 In den Fällen der Verlagerung der Abstände und Abstandsflächen auf Nachbargrundstücke ist eine diesbezügliche Befreiung von der Vorschrift des § 8 Abs. 2 Satz 1 nicht mehr erforderlich.

Sind die Voraussetzungen für die Erstreckung der Abstände oder Abstandsflächen auf andere Grundstücke erfüllt, ist noch eine Gestattung durch die Bauaufsichtsbehörde notwendig, wie sich aus dem Wort „kann" ergibt. Ein Rechtsanspruch auf eine solche Ausnahme besteht also nicht.

Nach § 9 Abs. 1 Satz 2 bleiben Vorschriften, nach denen eine Überbauung zulässig ist oder ausnahmsweise gestattet werden kann, unberührt. Daraus folgt, daß Anlagen, die in Abstandsflächen zulässig sind oder zugelassen werden können, auf diesen Flächen auch dann zulässig sind bzw. gestattet werden können, wenn die Flächen mit einer Baulast belastet sind. Vorschriften, die unberührt bleiben, sind z. B. § 8 Abs. 5 und Abs. 10.

Die Baulasterklärung des Verpflichteten ist nur bei hinreichend bestimmtem Inhalt wirksam (VGH Kassel in NVwZ-RR 1990, 6).

Baulasterklärungen müssen dem Bestimmtheitsgebot für Verwaltungsakte entsprechen. Eine Pflicht zum Handeln oder Dulden muß daher in der Baulasterklärung regelmäßig genauer umschrieben werden als eine Unterlassenspflicht (OVG NRW, Urt. v. 15. 5. 1992, NJW 1993, S. 1284 = BRS 54 Nr. 158).

Im übrigen sind Baulasten vorhabenbezogen, so daß eine Baulasterklärung zur Sicherung der Zufahrt zu einem bestimmten Vorhaben regelmäßig dahin auszulegen ist, daß nur der durch die typische Nutzung des Vorhabens entstehende Verkehr gesichert werden soll (OVG NRW, a. a. O.).

307 Aus § 84 LBauO ergibt sich, daß die Baulast rechtliche Verpflichtungen des Eigentümers gegenüber der der Bauaufsichtsbehörde, aber – in der Regel – keine unmittelbaren Rechtsbeziehungen zwischen dem Belasteten und dem Begünstigten begründet (vgl. VGH Hessen, BRS 54 Nr. 161). Der Begünstigte kann von der Behörde allein gestützt auf die Baulast kein Tätigwerden zur Durchsetzung der mit der Baulast übernommenen Pflichten beanspruchen. Das Ziel der Baulast ist, die Voraussetzungen des Bauordnungsrechts und des Bauplanungsrechts für die bauliche Nutzung des von der Baulast begünstigten

Grundstücks zu sichern und das Entstehen baurechtswidriger Zustände zu verhindern. Sie ist weder geeignet noch in der Lage, anstelle privater schuldrechtlicher oder sachenrechtlicher Verpflichtungen ein Rechtsverhältnis eigener Art zwischen dem Begünstigten und dem Belasteten zu begründen (VGH Hessen, a. a. O.). Da die Bauaufsichtsbehörde auf die Baulast verzichten kann, ggf. auch muß, wenn ein öffentliches Interesse an der Baulast nicht mehr besteht, der Begünstigte hierbei aber nicht zustimmen muß, sondern lediglich gehört werden soll (vgl. § 84 Abs. 4), empfiehlt es sich für den durch die Baulast Begünstigten, die Verpflichtungen zusätzlich noch schuldrechtlich oder sachenrechtlich (Grunddienstbarkeit) abzusichern, wenn diese Verpflichtungen unabhängig vom Bestand der Baulast gewährleistet sein sollen.

Der behördliche Verzicht auf eine eingetragene Baulast ist nur bei einer Änderung der tatsächlichen Verhältnisse möglich, wenn nämlich das öffentliche Interesse am Fortbestand der Baulast entfallen ist (OVG Lüneburg in BRS 44 Nr. 77). **308**

Eine Pflicht zur Übernahme einer Baulast kann sich – abgesehen von vertraglichen Bindungen – auch aus einer Grunddienstbarkeit ergeben (BGH in NJW 1969, 1607 und NVwZ 1990, 192).

Eine Baulast erlischt nicht durch die Zwangsversteigerung des belasteten Grundstücks, sondern gilt auch gegenüber dem Ersteher (OVG Hamburg, BRS 54 Nr. 160).

### 6.3 Verbot der rechtlichen Beeinträchtigung von Abständen (Absatz 2)

Die bauordnungsrechtlich erforderlichen Abstände und Abstandsflächen sind **309** nicht nur bei der Errichtung oder Änderung von Gebäuden und anderen baulichen Anlagen einzuhalten. Sie dürfen auch durch nachträgliche Grenzänderungen und Grundstücksteilungen nicht unterschritten oder überbaut werden. Es soll damit verhindert werden, daß durch entsprechende Maßnahmen später bauordnungswidrige Zustände entstehen.

Unter Grundstücksänderungen versteht man behördliche Akte, also z. B. die Umlegung, die Grenzregelung oder die Enteignung. Bei einer Grundstücksteilung geht die Initiative vom Eigentümer aus. Die Teilung eines bebauten Grundstücks oder eines Grundstücks, dessen Bebauung genehmigt ist, bedarf zu ihrer Wirksamkeit der Genehmigung der Bauaufsichtsbehörde. Vor Erteilung der Genehmigung ist zu prüfen, ob durch die Teilung Verhältnisse geschaffen würden, die der Landesbauordnung oder den Vorschriften aufgrund der Landesbauordnung zuwiderlaufen (vgl. § 83 LBauO).

Nach § 9 Abs. 2 Satz 2 gilt der Absatz 1 entsprechend. Das bedeutet, daß eine Teilung auch dann vorgenommen werden kann, wenn vorher eine entsprechende Baulast begründet wird.

Beispiel:

Ein Gebäude hat aufgrund seiner Höhe einen Abstand von 5,0 m einzuhalten. Nun soll eine Grundstücksteilung in der Weise durchgeführt werden, daß ein 2,0 m breiter Geländestreifen von dem Grundstück abgetrennt wird, so daß auf dem Grundstück selbst nur noch ein Abstand von 3,0 m verbleibt. Die Genehmigung nach § 83 kann dann erteilt werden, wenn das abgetrennte Grundstück mit einer entsprechenden Baulast versehen wird.

# Das neue Bauordnungsrecht Rheinland-Pfalz

*Bauordnungsrecht Rheinland-Pfalz*
**Moog/Schmidt**

Landesbauordnung
Rheinland-Pfalz
**Textausgabe**
LBauO 1995
mit Vorschriften,
Begründungen und Verweisungen

**LBauO
Rheinland-Pfalz**

3. Auflage
Werner Verlag

Landesbauordnung Rheinland-Pfalz
## Textausgabe
LBauO 1995 mit Vorschriften, Begründungen und Verweisungen
Von Geschäftsführer, Architekt Dipl.-Ing. Wilfried E. Moog, Ltd. Stadtbaudirektor a. D., und Ltd. Regierungsdirektor Franz-Josef Schmidt
3., neubearb. und erweit. Auflage 1996. 320 Seiten 14,8 x 21 cm, kart. DM 68,-/öS 496,-/sFr 68,-
ISBN 3-8041-4387-3

Die Neufassung der Landesbauordnung Rheinland-Pfalz vom März 1995 einschließlich weiterer Vorschriften erforderte eine Neuauflage des seit Jahren in der Praxis bewährten Werkes. Neben der LBauO '95 sind wie bisher die für gängige bauliche Anlagen wesentlichen bauordnungsrechtlichen Vorschriften in ihrer neuesten Fassung beinhaltet. Sie sind entweder den zugehörigen Paragraphen der Landesbauordnung zugeordnet oder – soweit sie umfangreich sind – unter Hinweis selbständig abgedruckt. Die Gesetzesänderungen vom 8. März 1995 werden durch Fettdruck im Gesetzestext hervorgehoben, und die Änderungsbegründung des Gesetzgebers oder, soweit diese fehlt, eine Erläuterung der Verfasser wird den jeweiligen Paragraphen angefügt.

Hauptanlaß für die Neufassung der LBauO war zunächst die Umsetzung der EG-Bauproduktenrichtlinie in Landesrecht, die Verstärkung des Umweltschutzes beim Bauen und die Unterstützung der Gemeinden bei der Bewältigung der Probleme mit dem innerstädtischen Kraftfahrzeugverkehr und der Stellplatzpflicht. Während der Beratungen in den Ausschüssen des Landtags sind weitere, im wesentlichen formelle Änderungen hinzukommen. Durch Genehmigungsfiktion, ein Genehmigungsfreistellungsverfahren und verstärkte Beteiligung privater Sachverständiger im Baugenehmigungsverfahren, tragen diese dem vielfältigen Wunsch auf weitere Vereinfachung, Beschleunigung und Kosteneinsparung Rechnung. Die Verfahrensänderungen sind auch weitere Schritte hin zu einem Rückzug des Staates aus dem Bauaufsichtsrecht und zu einer weiteren Stärkung, damit aber auch zur größeren Verantwortlichkeit der am Bau Beteiligten und ein Einstieg in die Privatisierung des öffentlichen Baurechts.

Die Verfasser hoffen, mit der Neuausgabe den mit den Fragen und Problemen des Bauordnungsrechts befaßten Architekten, Ingenieuren, Unternehmungen, Planern, Baubehörden und Verwaltungsrechtlern eine Hilfe in aktueller Fassung an die Hand zu geben.

---

*Bauordnungsrecht Rheinland-Pfalz*
**Moog/Schmidt**

Landesbauordnung
Rheinland-Pfalz
**Abstandsflächen und Abstände**
nach der neuen LBauO vom 8. März 1995
mit Erläuterungen zum öffentlichen und privaten Nachbarrecht

**LBauO
Rheinland-Pfalz**
mit Abdruck des
Nachbarrechtsgesetzes für Rheinland-Pfalz

3. Auflage
Werner Verlag

## Abstandsflächen und Abstände
nach der neuen Landesbauordnung Rheinland-Pfalz vom 8. 3. 1995 mit Erläuterungen zum öffentlichen und privaten Nachbarrecht
Von Geschäftsführer, Architekt Dipl.-Ing. Wilfried E. Moog, Ltd. Stadtbaudirektor a. D., und Ltd. Regierungsdirektor Franz-Josef Schmidt
3., neubearb. und erweit. Auflage 1997. 192 Seiten 14,8 x 21 cm, kart. DM 36,-/öS 263,-/sFr 36,-
ISBN 3-8041-4388-1

Die neue Landesbauordnung für das Land Rheinland-Pfalz ist am 1. April 1995 in Kraft getreten. Sie hat eine Reihe von Änderungen beim § 8 – Abstandsflächen – zum Gegenstand. Die Änderungen, aber auch die fortentwickelte Rechtsprechung, machen eine weitere Überarbeitung des seit Jahren in der Praxis bewährten Werkes erforderlich.
Auch nach der Änderung bleibt das Abstandsflächenrecht die unübersichtlichste und mithin schwierigste Materie des Bauordnungsrechtes. Gleichzeitig nehmen Gebäudeund Grenzabstände in einem ganz hohen Maß Einfluß auf wirtschaftliches und gestalterisch sinnvolles Bauen.
Der Gesetzgeber ist mit dem Ziel angetreten, das Bauen zu erleichtern und zu vereinfachen. Auch mit den Neuerungen des Abstandsflächenrechts hat er dieses Ziel sicher nicht erreicht. Die Komplexität in Verbindung mit der neueren Rechtsprechung nimmt weiter zu. Bundesweit betrachtet schreitet die Zersplitterung und Rechtsunsicherheit eher noch voran, und der Blick ins Gesetz hilft bei wichtigen Problemen kaum weiter. In dieser dritten, neu überarbeiteten und erweiterten Auflage werden die Regelungen des § 8 – Abstandsflächen – und § 9 – Übernahme von Abstandsflächen auf Nachbargrundstücke – wie bisher abschnittsweise und sukzessiv erläutert und durch Skizzen praxisgerecht verständlich gemacht.

Die in der Zwischenzeit bei der Anwendung der neuen Abstandsflächenregeln gewonnenen Erfahrungen und Erkenntnisse finden in dieser Auflage ihren Niederschlag. Weiterhin werden die neueste Rechtsprechung, die Erläuterungen und die Entscheidungen der obersten Bauaufsichtsbehörde dargestellt und kommentiert sowie durch weitere Skizzen erläutert. Darüber hinaus werden die Nachbarschutzaspekte der neuen Regelung weiter vertieft und in ihrer Bedeutung zum privaten Baurecht dargestellt.
Das Buch soll ein Beitrag zur Erleichterung des Verständnisses und der Anwendung der Abstandsflächenregeln für Baubehörden, für Architekten, für entsprechend tätige Ingenieure und Planer, für die übrigen am Bau Beteiligten und für Verwaltungsrechtler sein.

---

**Erhältlich im Buchhandel!**

# Werner Verlag

Postfach 10 53 54 · 40044 Düsseldorf